公路桥梁养护维修技术

侯孝斌　毛立军　杜菊平　主编

吉林科学技术出版社

图书在版编目（CIP）数据

公路桥梁养护维修技术 / 侯孝斌，毛立军，杜菊平主编． — 长春：吉林科学技术出版社，2022.8
ISBN 978-7-5578-9404-7

Ⅰ．①公… Ⅱ．①侯… ②毛… ③杜… Ⅲ．①公路桥－保养②公路桥－维修 Ⅳ．① U448.145.7

中国版本图书馆 CIP 数据核字（2022）第 113585 号

公路桥梁养护维修技术

主　　编	侯孝斌　毛立军　杜菊平
出 版 人	宛　霞
责任编辑	金方建
封面设计	树人教育
制　　版	树人教育
幅面尺寸	185mm×260mm
开　　本	16
字　　数	350 千字
印　　张	15.625
印　　数	1-1500 册
版　　次	2022年8月第1版
印　　次	2022年8月第1次印刷
出　　版	吉林科学技术出版社
发　　行	吉林科学技术出版社
地　　址	长春市南关区福祉大路5788号出版大厦A座
邮　　编	130118

发行部电话/传真　0431-81629529　81629530　81629531
　　　　　　　　　　　　　　81629532　81629533　81629534
储运部电话　0431-86059116
编辑部电话　0431-81629510
印　　刷　廊坊市印艺阁数字科技有限公司

书　　号　ISBN 978-7-5578-9404-7
定　　价　65.00 元

版权所有　翻印必究　举报电话：0431—81629508

前　言

随着我国综合实力的不断提高，交通事业快速发展。公路运输以其快捷便利等优点，在综合交通运输中发挥着重要作用。公路建设的快速发展对促进国民经济和社会的发展和进步发挥了至关重要的作用。公路在使用过程中，其路基、路面及桥梁设施，交通工程设施和服务设施等，会因行车荷载及环境因素的作用而逐渐损坏，这将造成公路服务水平的逐步下降。因此，在公路交付使用后，仍需继续投入大量的资金对各条公路进行维护，使各条公路保持较高的服务水平。

为保证行车安全、舒适、畅通，必须加强公路的养护管理，提高使用质量和服务水平。随着社会经济的飞速发展，道路交通量日益增大，车辆大型化、重型化现象日趋明显，公路桥梁运营安全面临严峻挑战。为保证桥梁处于正常工作状态，满足运营要求，同时尽可能地延长桥梁的使用寿命，必须认真开展桥梁状况调查，分析桥梁的技术状况，针对危害的产生原因和后果，进行合理化分析，采取有效、先进、经济的技术措施进行桥梁养护。目前，我国公路已经进入建养并重的时期，如何去做好公路桥梁的全面养护工作，对于增强公路的服务功能，延长公路使用周期，降低养护成本，缓解养护投入压力，确保公路安全畅通等将起到积极的作用。及时对公路病害的状况进行监测，并采用新技术、新材料、新工艺，进行科学合理的养护维修，提高使用品质，延长使用寿命，是目前面临的紧迫任务，也是公路技术人员普遍关心的问题。

本书在编写过程中，参阅了大量的著作、论文，查阅和引用了网络、期刊等相关资料，因涉及内容较多，无法一一列出，在此谨向这些作者致以衷心的感谢！由于笔者水平有限且著述时间仓促，加之公路路面养护技术涉及面广、发展速度快、区域差异大，诸多新技术存在未涉及或总结不到位的地方，书中错误和不当之处在所难免，敬请各位读者和专家学者批评指正。

目录

第一章 路基养护 1
- 第一节 路基养护的内容及要求 1
- 第二节 路基的日常养护 2
- 第三节 常见路基病害的处理 6
- 第四节 特殊地区路基的养护 14

第二章 路面养护 20
- 第一节 路面养护的内容及要点 20
- 第二节 沥青类路面的养护 21
- 第三节 水泥混凝土路面的养护 40

第三章 公路水泥混凝土路面的养护与维修 49
- 第一节 概述 49
- 第二节 水泥混凝土路面的状况调查与评定 52
- 第三节 水泥混凝土路面的日常性养护 56
- 第四节 水泥混凝土路面的破损处理技术 61
- 第五节 水泥混凝土路面的修复与表面功能恢复 70
- 第六节 水泥混凝土路面的加铺与加宽 77
- 第七节 水泥混凝土路面的修补材料 86

第四章 公路养护技术与生产管理 96
- 第一节 养护管理的组织机构 96
- 第二节 养护的技术管理 97
- 第三节 养护的生产管理 117

第五章　桥面的养护与维修 127

第一节　铁路桥梁桥面的养护与维修 127

第二节　公路桥梁桥面的养护与维修 137

第六章　桥梁支座的养护与维修 151

第一节　支座的类型 151

第二节　桥梁支座常见的缺陷和病害 152

第三节　桥梁支座的养护维修 154

第四节　桥梁支座的更换 159

第七章　桥涵构造物的养护与维修 164

第一节　概述 164

第二节　桥梁的检查、评定与检验 167

第三节　桥梁上部构造的维护与加固 178

第四节　桥梁下部构造的维护与加固 190

第五节　涵洞的维护与加固 193

第六节　调治构造物的维护与加固 198

第七节　桥涵构造物的预防性养护 199

第八章　公路突发灾害的预防治理 213

第一节　水毁的防治 213

第二节　冰害的防治 220

第三节　雪害的防治 222

第四节　沙害的防治 229

第九章　防洪与抢修 233

第一节　桥涵防洪、防寒、防凌 233

第二节　紧急抢修 237

参考文献 243

第一章 路基养护

第一节 路基养护的内容及要求

一、路基养护内容

路基养护应对公路各部门进行日常巡视和定期检查,发现病害时要及时查明原因,采取有效措施进行修复或加固,消除病害根源。其作业范围主要包括:维修、加固路肩、边坡;疏通、改善排水设施;维护、修理各种防护构造物;清除塌方、积淤,处理塌陷,检查险情,防止水毁;观察和预防、处理翻浆、滑坡、泥石流等病害;有计划、有针对性地对局部路基进行加宽、加高,改善急弯、陡坡和视距不良路段,使之逐步达到所要求的技术标准。

根据交通运输部发布的《公路养护工程管理办法》和《公路养护技术规范》(JTG H10—2009)规定,路基养护工程的分类见表1-1。

表1-1 路基养护工程分类

工程分类	小修保养	中修工程	大修工程	改建工程
养护内容	保养: 整理路肩、边坡,修剪路肩、分隔带草木,消除杂物,保持路容整洁; 疏通边沟,保持排水系统畅通; 消除挡土墙、护坡滋生的有碍设施功能发挥的杂草,修理伸缩缝、疏通泄水孔及清除松动石块。 小修: 小段开挖边沟、截水沟或分期铺砌边沟; 清除零星塌方,填补路基缺口,轻微沉陷翻浆的处理; 桥头接线或桥头、涵顶跳车的处理; 修理挡土墙、护坡、护坡道、泄水槽、护栏和防冰雪设施的局部损坏; 局部加固路肩	局部加宽、加高路基,或改善个别急弯、陡坡、视距; 全面修理、接长或个别添建挡土墙、护坡、护坡道、泄水槽及铺砌边沟; 清除较大塌方,大面积翻浆、沉陷处理; 整段开挖边沟、截水沟或铺砌边沟; 过水路面的处理; 平交道口的改善; 整段加固路肩	在原有技术等级内整段改善线形; 拆除、重建或增建大挡土墙、护坡等防护工程; 大塌方的清除及善后处理	整段加宽路基、改善公路线形,提高技术等级

二、路基的养护要求

路基是公路的重要组成部分，是公路的基础。它与路面共同承担车辆荷载，并把车辆荷载传递到地基。路基的强度和稳定性直接影响路面的平整度和强度，是保证路面稳定的基本条件，因此必须保持路基土密实，排水性能良好，各部分尺寸和坡度符合要求，及时消除不稳定因素。

路基养护工作应符合下列基本要求：

第一，路基各部分经常保持完整，各部分尺寸保持规定的标准要求，不损坏变形，经常处于完好状态。

第二，路肩无车辙、坑洼、隆起、沉陷、缺口，横坡适度，边缘顺适，表面平整坚实、整洁，与路面接槎平顺。

第三，边坡稳定、坚固、平顺，无冲沟、松散，坡度符合规定。

第四，边沟、排水沟、截水沟、跌水井、泄水槽（路肩水簸箕）等排水设施无淤塞、无高草，纵坡符合要求，排水畅通，进出口维护完好，保证路基、路面及边沟内不积水。

第五，挡土墙、护坡及防雪、防沙等设施保持完好无损坏，泄水孔无堵塞。

第六，加强不良地质路基边坡崩塌、滑坡、泥石流等灾（病）害的巡查、防治、抢修工作。

第二节 路基的日常养护

一、路肩的养护

路肩是保护路面和为保证临时停车所需两侧余宽的重要组成部分。路肩及其横坡应整形顺适。其养护措施是：路肩应保持适当的横坡，坡度顺适。硬路肩横坡与同类型路面横坡相同；土路肩或草皮路肩的横坡应比路面横坡大 2%，以利于排水。

当路肩的横坡过大或过小时，应及时整修陡坡路段的路肩，防止被暴雨冲成纵横沟槽。正确的防护措施如下：

第一，自纵坡坡顶起，每隔 20 m 左右两侧交叉设置 30～50 cm 的斜向截水明槽，并用碎（砾）石填平，同时在路肩边缘处设置高 10 cm、顶宽 10 cm、底宽 20 cm 的拦水土坡，在每条截水明槽处留一淌水缺口，其下面的边坡用草皮或砌石加固，使雨水集中在截水明槽内排出。

第二，在暴雨中，可沿路肩截水明槽下侧临时设置阻水坡，迫使雨水从槽内排出，但雨后应立即铲除。中、低级路面的路肩上自然生长的草皮也应予保留。植草皮应选择适宜于当地土壤的草籽，成活后需加以维护和修整，使草高不超过 15 cm。丛集的杂草应铲除重铺，以保持路容美观。如路肩草中淤积沙土过多妨碍排水时，应予立即铲除，恢复路肩应有的横坡度。

第三，路肩外侧易被洪水冲刷或牲畜踩踏形成缺口，可结合实施 GBM 工程，用石块、水泥混凝土预制块（或现浇）砌筑宽 20 cm 左右的路肩边缘带（护肩带），以保护路肩，美化路容。

为减少路肩的养护工作量，对于行车密度大的路线，应利用当地出产的沙石等材料，有计划地将土路肩进行加固，或用沥青、水泥混凝土材料改铺成硬路肩。硬路肩的横坡度应与路面的横坡相同。硬路肩的类型大体可分为以下几种：沙石加固的硬路肩，如泥结碎（砾）石、烧陶粒；稳定类硬路肩，如石灰土二灰碎石、泥结碎（砾）石、水泥土等；综合结构硬路肩，如在基层上做沥青表面处置的综合结构路肩。采用草皮来加固路肩，但草高不得高于 10 cm，否则应进行修剪。

路肩上严禁堆放任何杂物。对于养路材料，应在公路以外相连路肩处，根据地形情况，选择适宜地点设置堆料台。

二、边坡的养护

边坡包括路堑边坡和路堤边坡，是保护路基的重要组成部分。边坡养护与维修的要求是坡面保持平顺、坚实无冲沟，其坡度符合设计规定。应经常观察路堑，特别是深路堑边坡的稳定情况，以便及时处理边坡病害。

对于石质路堑边坡，应经常观察坡面岩石风化情况，以及危岩、浮石的变动，发现问题，及时采取适当的措施处理，如清除、抹面、喷浆、勾缝、嵌补、锚固等，避免危及行车、行人安全和堵塞边沟，影响排水。

土质路堑边坡出现冲沟时，应及时用黏土填塞捣实；如出现潜流涌水，可开沟隔断水源，将水引向路基以外。

对于填土路堤边坡形成的冲沟和缺口，应及时用粘接性良好的土修补拍实。对于较大的冲沟和缺口，修理时应将原边坡挖成台阶形，然后分层填筑压实，并注意与原坡面衔接平顺。对于路堤中间部分用粉煤灰填筑的路基，尤其应注意加强边坡的养护。发现冲沟、缺口应及时修理，以防止粉煤灰流失，影响路基的整体强度和稳定。

对于边坡、碎落台、护坡道等易出现缺口、冲沟、沉陷、塌落或受洪水及边沟流水冲刷时，应根据水流、土质等情况，采取种草、铺草皮、栽灌木丛、铺柴束、篱格填石、投放石笼、干砌或浆砌片石护坡等措施，进行防护和加固。

边坡上的植被对保护边坡大有益处，不能铲除，并禁止在边坡上割草、放牧。同时，严禁在边坡上及路堤坡脚、护坡道上挖土取料或种植农作物。

目前，土工合成材料的发展为边坡防护、加固提供了新材料、新技术和新方法。常用于边坡防护、加固的土工合成材料有土工网、土工格栅、防老化的塑料编织布、土工膜袋等，使用上述材料进行边坡防护和加固的优点是施工简便、进度快、造价低、效果好。

三、排水设施的养护

路基排水系统能否正常工作，直接影响路基的稳定性。因此，加强对各排水设施的日常养护与维修，是确保路基稳定的关键环节。

在春融前，特别是汛前、雨期，应全面对边沟、截水沟以及暗沟（管）等排水设施进行检查疏通，保持水流通畅，防止雨水集中冲坏路堤。暴雨后应重点检查，如有冲刷、损坏，须及时修理加固，如有堵塞应立即疏通。

对于土质边沟，应经常保持设计断面，满足排水要求，并应特别注意排水口的设置和排水畅通。沟底应保持不小于0.5%的纵坡，在平原地区排水有困难的路段，不宜小于0.3%。边沟内不能种植农作物，更不能利用边沟做排灌渠道。边沟外边坡也应保持一定的坡度，以防崩塌，堵塞边沟。

在养护工作中，要针对现有排水系统不完善的部分逐步加以改进、完善，充分发挥各种排水设施的功能。例如，对有积水的边沟，应将水引至附近低洼处；对疏松土质或黏土上的沟渠，需结合地形、地质、纵坡、流速等实际情况，综合考虑加固。

如发现渗沟、盲沟出水口处长草、堵塞，应进行清除和冲洗；对有关渗沟应经常检查疏浚，以保证管内水流通畅；如发现反滤层淤塞失效，则应翻修，并剔除其中较小颗粒的沙石，以保证其孔隙能便利地排水；如位置不当，则应另建渗沟或盲沟。

可使用针刺无纺布做反滤层，针刺无纺布的规格可选用200～300 g/m²，使用时，应注意无纺布的有效孔径要小于渗流黏粒的粒径。

四、挡土墙的养护

挡土墙是支撑路基填土或山坡土体，以防填土或土体失稳的构造物，是公路的重要组成部分。其技术措施的好坏对公路有较大的影响，有时甚至会造成阻车现象。因此，必须认真进行养护，除经常检查外，每年还应在春、秋两季进行定期检查。另外，在反常气候或地震、重车通过的异常情况下，应进行特殊检查，发现裂缝、倾斜、鼓肚、滑动、下沉或表面风化、泄水孔不通、墙后积水、地基错台或空隙等情况，应查明原因，观察其发展情况，并根据结构种类，针对损坏实情，采取合理的措施进行修理加固，同时建立技术档案备查。损坏严重时，可考虑全部或部分拆除重建。重建或增建挡土墙，应根据公路所在地区地形及水文地质等条件合理选择挡土墙类型。挡土墙工程的养护针对不同的情况有不同的技术措施。

（一）瓦工或混凝土砌块石挡墙裂缝、断缝的处理

如裂缝、断缝已停止发展，则应立即进行修理、加固，应将裂缝缝隙凿毛，用水泥沙浆填塞；对混凝土挡墙裂缝，可采用环氧树脂胶合。

（二）挡土墙发生倾斜、鼓肚、滑动或下沉的处理

挡土墙发生倾斜、鼓肚、滑动或下沉时，可采取以下措施：

1. 锚固法

锚固法适用于水泥混凝土挡墙或钢筋混凝土挡墙。采用高强钢筋做锚杆，穿入预先钻好的孔内，用水泥沙浆灌满锚杆插入岩体部位，固定锚杆，待沙浆达到一定强度后，对锚杆进行张拉，然后用锚头固紧。

2. 套墙加固法

在原墙外侧加宽基础，加厚墙身，按图纸施工时，应挖除一部分墙后回填土，减小土压力；同时，应注意新旧基础和墙身的结合。套墙加固法是凿毛旧基础利旧墙身，必要时设置钢筋锚栓或石榫，以增强连接。墙后回填土必须分层填筑并夯实。

3. 增建支撑墙加固法

在挡墙外侧，每隔一定的间距增建支撑墙。支撑墙的基础埋管深度、尺寸和间距应通过计算确定。

4. 重砌处理

原挡土墙损坏严重，采用以上加固方法不能达到设计强度要求时，则应考虑将损坏部分拆除重建。为防止不均匀沉降，新旧挡墙之间应设置沉降缝，并应注意新旧挡墙接头的协调。

5. 砌石或石笼处理

对滑动、下沉破坏的挡土墙，如地基处理工程复杂，为防止危及未损坏部分，可采用干砌块石或堆码石笼的方法进行加固。

（三）泄水孔病害的处理

泄水孔如有堵塞，应及时疏通。如疏通工程艰巨或困难，应针对地下水情况，另行选择适当位置增设泄水孔，或在墙背后沿挡墙增设墙后排水设施，一般可增设盲沟将水引出路基以外，以防止墙后积水，引起土的压力增加或冻胀。

（四）挡土墙工程其他病害的处理

第一，挡土墙表面出现风化剥落时，应将风化表层凿除，喷涂水泥沙浆保护层。当风化剥落严重时，应将风化部分拆除重砌。

第二，添建或接长挡墙，应与线路或原挡土墙协调。对挡墙两端连接的边坡，若被水流冲成槽或缺口，应及时填补、夯实，恢复原状。

第三，锚杆式及加筋土挡土墙，应经常注意有无变形、倾斜或肋柱、挡板损坏、断裂。如有损坏，应及时修理、加固或更换。对暴露的锚头、螺母、垫圈应定期涂刷防锈漆，同时应经常检查锚头螺母是否有松动、脱落，如有松动、脱落应及时紧固和补充。

第三节　常见路基病害的处理

一、路基沉陷

（一）路基沉陷的原因

路基层位不同，承受载荷情况及受外界气候变化的影响就不同，因此路基沉陷的原因也是多方面的。一般认为路基沉陷由以下原因造成：

1. 地质地形自身的缺陷

公路沿线所在地域往往地质条件恶劣，承载力达不到要求，特别是在流沙、泥沼等劣质土壤地段。填料土壤中混入这些腐殖土、泥沼土、冻土等，容易导致填料的规格不一，填料间的空隙大，最终使得填料约束能力有限，地基压实程度达不到工程质量要求，在外界因素的刺激下，原公路路基土壤易下沉和移位，造成路基的沉陷。

2. 气候或天气的影响

公路所在地区的气候条件、降水量大小、洪涝干旱、季节温差等都会对路基造成不同程度的影响。极端的天气，不是造成了路面下毛细水上升，就是温差过大，造成土壤结构的破坏、强度降低，使得公路路堤产生不均匀下沉，导致路基沉陷。

3. 荷载车辆的影响

公路在建成通车后，车流量会随着交通的完善，比原设计中预计的流量有所增加；在我国，车辆超载现象也比较常见，无疑会给公路路基造成超负荷影响。渗透性材料一般选用公路路基填土材料，这种材料的空隙率很大，在大量的超载车辆和公路自身的重量作用下，填料的密实度会逐渐增大，而空隙率会逐渐减小，从而造成公路路基沉陷。

4. 公路设计中存在的缺陷

公路路基的设计质量是其日后稳固支撑的关键，设计不合理或设计缺陷都会直接导致日后路基的沉陷。在公路的勘察设计阶段，对地质资料的审查不周密，对外界环境破坏力估计不足，或对路基的防护措施不到位，最终将导致路基在环境因素的干扰下，出现不同程度的沉陷或其他路基灾害。在设计中，路基的排水设计也应该充分考虑到当地降水量的影响，一旦有过多的水分侵入路基，就会使得路基填料的含水量增加，降低路基的强度和稳定性。排水不畅通极易造成路基的下沉，形成路基沉陷。常见公路路基的沉陷形式有路基沉陷、边坡滑塌等。

（二）路基沉陷的防治对策分析

路基沉陷的成因决定了其具有很多不确定性，因此对路基的危害防治应从公路工程的设计中就予以充分考虑，并在工程施工中严格按照设计要求来实现质量达标，还要在公路路基养护中制定科学合理的养护方案，使路基始终保持健康的状态，从而避免路基灾害的发生或降低路基灾害带来的损失。为防治路基沉陷常采用以下对策：

1. 勘察设计阶段重视路基的灾害预防

公路勘察设计中的不规范和不到位是路基沉陷的重要原因。在公路勘察设计阶段，不能仅依靠设计者的经验和设计原则来确定路基的施工标准；还要结合路基所处地质环境和所承受的车辆载荷情况，来实际分析路基应当具备的抗压迫和承载能力，再进一步做出优化设计方案。部分业主往往在施工中只注重工程成本的控制，在公路设计阶段忽视或放弃了地质资料的整理，也没有给设计单位提供必要的路基所处地质环境资料，导致设计人员在设计过程中对路基沉陷没有做出必要的考虑，引起后期公路通行中发生路基灾害事故。因此，在工程设计过程中有必要对公路沿线的地质资料进行有效的审视，并在公路纵横断面设计时，有目的地选取典型的区段进行沉陷技术设计。

2. 路基加固技术措施

公路施工质量是保证路基良好的关键环节，施工队伍的管理水平、技术水平和作业水平都是工程质量的内在核心。其中技术管理和技术措施的采用十分关键。为了保证公路通车后的安全稳定性，对公路路基的沉陷危害必须采用科学、合理、有效的技术措施进行加固防治。

（1）换填法

填土换填法主要是针对路基沉陷不深且面积较小时采用。它将原受损路基中的填料挖除，更换成符合规范的填料重新整平压实。所用换填土宜选择塑性指数优良的粉质黏土或沙砾土；挖除病害的路基时面积应适当扩大，并呈台阶形状，填土时由下往上逐层填筑，碾压密实，压实度应较之原来的基础高出1%~2%。这种方法简便易行，没有太多的技术要求，在实际中应用较为广泛。

（2）固化剂法

固化剂分为液态和固态两类。液态的固化剂主要是水玻璃，固态的固化剂有石膏、石灰、水泥等。作为一种特殊的建筑材料，固化剂可以在多种场合发挥作用。当路基沉陷发生时，假若路基填料受限，且要求数量较小时，可以在原填料中混合一些固化剂进行加固处理。液态固化剂的使用，往往是通过将浆液打入填料使填料产生凝结达到固化效果，适用于深层土的固化凝结；固态固化剂的使用是与填料混合加压来形成固结硬化，主要适用于浅层填料的固化。固化剂的种类和用途不同，在公路工程施工中应根据不同的需求及时填料的性质来选择固化剂。

（3）成桩加固法

成桩加固法主要有粉喷桩法、生石灰桩及灰土、碎石和干拌水泥碎石桩挤密法等。对于处理 10 m 以内路基下沉的病害，采用粉喷桩加固技术是十分有效的。粉喷桩是通过固体固化剂的注入，在软基之间进行一定的物理和化学变化，形成具有一定强度和硬度的桩体；同时，在桩体周围的土质也随之发生变化，并与桩体一起承担载荷，起到加固的作用。采用这种方法时，应仔细分析路基沉陷的状况，严格按照规范要求进行粉喷桩的施工设计和施工作业。粉喷桩的处理过程属于隐蔽工程，因此，应特别注意施工中的质量控制和检验。

（4）压力注浆法

压力注浆法通过注浆管使浆液在一定压力的作用下渗透、充填进路基的空隙或砂石间的空间，再经过一段时间的人工控制，使原本松散的路基变成强度高、结构成一体的新路基实体，实现路基强度的提高。这种方法适用于路基沉陷面积大、深度大的情况，注浆的扩散情况受灌浆压力的影响，实际应用中可以根据填料的种类、受损形状及路基的密实度、强度等因素，具体确定注浆的形式和灌浆压力，必要时还应进行现场试验。

二、路基翻浆

当排水不畅、路基土质不良、含水过多，经行车反复作用，路基会出现弹簧、鼓包、裂缝、冒浆、车辙等现象，称为翻浆。

路基翻浆根据导致其发生的水类来源和翻浆时路面的变形破坏程度，可分为五种类型和三个等级，分别见表1-2、表1-3。

表1-2 翻浆分类

序号	翻浆类型	导致翻浆的水类来源
1	地下水类	受地下水的影响，土基经常处于潮湿状态，导致翻浆。地下水包括上层滞水、潜水、层间水、裂隙水、泉水、管道漏水等。潜水多见于平原区，层间水、裂隙水、泉水多见于山区
2	地表水类	受地表水的影响，土基潮湿，导致翻浆。地表水主要指季节性积水，也包括路基、路面排水不良而造成的路旁积水和路面积水
3	土体水类	因施工遇雨或用过湿的土填筑路堤，造成土基原始含水量过大，在负温度作用下使上部含水量显著增加导致翻浆
4	气态水类	在冬季强烈的温差作用下，土中水主要以气态形式向上运动，聚积于土基顶部和路面结构层内，导致翻浆
5	混合水类	受地下水、地表水、土体水或气态水等两种以上水类综合作用产生的翻浆。此类翻浆需根据水源主次定名

表 1-3 翻浆分级

翻浆等级	路面变形破坏程度
轻	路面龟裂、潮湿、车辆行驶时有轻微弹簧
中	大片裂纹、路面松散、局部鼓包、车辙较浅
重	严重变形、翻浆冒泥、车辙很深

翻浆现象是一个四季都在发生变化的过程，应根据各个季节不同的现象，采取适当的养护措施，加强预防性的防治工作，以防止或减轻翻浆病害。

（一）路基翻浆的春季养护

春季是翻浆的暴露时期，在天气转暖的情况下，翻浆发展很快，养护工作的主要内容是抢防。

一旦发现路面有潮湿斑点，发生龟裂、鼓包、车辙等现象，表明路基已发软，翻浆已经开始露头。此时应对其长度、起讫时间、气温变化、表面特征等进行仔细的调查分析，找出原因，及时采取养护措施，防止翻浆加重。

第一，在路肩上开挖横沟，及时排除表面积水。横沟间距一般为 3～5 m，沟宽为 30～40 cm，沟深至路面基层以下，高于边沟沟底。

第二，及时修补路面坑槽和路肩坑洼，保持路面和路肩平整，以利于尽快排除表面积水。

第三，如条件许可，应控制重型车辆通过或令车辆绕道行驶。

第四，在交通量较小、重车通过不多的公路上，用木料、树枝等做成柴排，铺于翻浆路段，上面再铺碎石、沙土，暂时维持翻浆期间的通车。

第五，沙桩防治。当路基出现翻浆迹象时，在行车带部位开挖渗水井，井深至冰冻层以下，当渗水基本停止后，淘干渗水，填入粗沙或碎（砾）石，形成沙桩。

（二）路基翻浆的夏季养护

夏季是翻浆的恢复期，这时养护的主要内容是修复翻浆破坏的路基、路面，采取根治翻浆的措施。

当路基翻浆停止渐趋稳定时，对维持通车的临时设施，应立即拆除或填平，恢复原状。治理翻浆，首先是分析翻浆原因，根据不同情况采取下列治理措施：

第一，因路基偏低，排水不良而引起的翻浆，若地形条件许可，可采用挖深边沟，降低水位的方法进行治理，或用透水性良好的土提高路基，保持路基上部土壤干燥。

第二，路基土透水性不良，提高路基又困难时，宜将路基上层挖除，换填 40～60 cm 厚的沙性土和碎（砾）石，压实后重铺路面。

第三，设置透水性隔离层。其位置应在地下水位以上，用粗集料铺筑，厚度为 10～20 cm，分向路基两侧做成 3% 的横坡。为避免泥土堵塞，隔离层的上下两面各铺筑 1～2 cm 厚的苔藓、泥炭、草皮或土工布等其他透水性材料作为防淤层。连接路基边坡的部位，应铺大块片石防止碎落。隔离层上部与路基边缘的高差力不小于 50 cm，底部高出边沟底 20～30 cm。

第四，设置不透水隔离层。在路面不透水的路基中，设置不透水隔离层。隔离层横跨全路基，称为贯通式；隔离层铺至沿出路面边缘外 50～80 cm，称为不贯通式。不透水隔离层所用材料和厚度为：

①沥青含量为 8%～10% 的沥青土或 6%～8% 的沥青沙，厚度为 2.5～3.0 cm。

②沥青直接喷洒，厚度为 2～5 mm。

③用油毛毡（一般为 2～3 层）或不易老化的特制塑料薄膜摊铺。

第五，为防止水的冻结和土的膨胀，可在路基中设置隔温层，以减小冰冻层深度。厚度一般不小于 15 cm。隔温材料可用泥炭、炉渣、碎砖等，直接铺在路面下。其宽度每边宽出路面边缘 30～50 cm。

第六，设置盲沟以降低地下水位，截断地下水潜流，使路基保持干燥。

①在路肩上设置横向盲沟。其位置应与路中心线垂直。当路基纵坡大于 1% 时，则与路中心线构成 60°～75° 的斜度，两侧相互交错排列，间距为 5～10 m，沟底宜做成 4%～5% 的坡度。

②当地下水潜流顺路基方向从路基外侧向路基流动，可在路基内设横向截水盲沟或在路基外设纵向渗沟，不使其侵入路基。盲沟的设置应与地下水含水层的流向成正交，并深入该层底部，以截断整个含水层。

③如地下水位较高，可在路基边沟底下设置纵向盲沟。其深度一般为 1～2 m，但应根据当地毛细作用高度和需要降低的水位要求而定。

④盲沟应选择渗水良好的碎（砾）石填充。对较深的截水盲沟，则应按填充料颗粒的大小分层填入（下大、上小），也可埋设带孔的泄水管。沟面用草皮反铺掩盖，覆以密实的结合料，以防止地表水渗入。

第七，改善路面结构层。铺设沙（砾）垫层以隔断毛细水上升，增进融冰期蓄水、排水作用，减小冻结或融化时水的体积变化，减轻冻胀和融沉作用。铺设水泥稳定类、石灰稳定类、石灰工业废渣类等路面基层结构层，以增强路面的板体性、水稳性和冻稳性，提高路面的力学强度。

（三）路基翻浆的秋季养护

秋季养护的主要内容是排水，防止水分进入路基，保持路基处于干燥状态，减少冬季冻结过程中由于温差作用向路面下土层聚流的水分。所以秋季养护要做好下列工作：

第一，随时整修路面、路肩、边坡面，要维护好路拱和平整度，如有裂纹、松散、车辙、坑槽、搓板、纵向冲沟等病害，应及时处理，避免积水。

第二，路肩要保持规定的排水横坡，尤其应在雨后夯压密实，保持路肩坚实平整。边坡要保持规定坡度，拍压密实，防止冲刷和坍塌堵塞边沟，造成积水。

第三，修整地面排水设施，保证地面排水通畅。

第四，检查地下排水设施，保证地下水能及时排出。

（四）路基翻浆的冬季养护

冬季养护的主要内容是采取措施减轻路基水分在温差作用下向路基上层聚积的程度，同时防止水分渗入路基。冬季养护的主要工作如下：

第一，及时清除翻浆路段的积雪。防止路基下层水分大量聚积到路基上层，致使翻浆加重。

第二，经常上路检查，发现路面出现裂缝、坑槽等要及时修补，及时排除融化雪水。

第三，对往年有翻浆而尚未根治的路段以及发现翻浆苗头的路段，应在翻浆前做好准备工作，包括准备好抢防的用料。

三、路基滑坡和塌方

滑坡、塌方成因复杂，因此，在防治和处理滑坡、塌方时，要针对各种不同的情况采取不同的防治措施。公路上的滑坡多发生于路基上的边坡，这是因为修筑公路破坏了地貌自然的平衡。因此，防治滑坡的措施应以排水疏导为主，再配合抗滑支撑措施，或上部减重来维持边坡平衡。为防止地表水和潜流水流入坍体，可采取表1-4中的措施。

表1-4 滑坡排水措施参考表

名称	适用条件	布置及设计施工原则
环形截水沟	滑体外	截水沟应设在滑坡可能发展的边界5 m以外，根据需要可设数条，分段拦截地表水，向一侧或两侧的自然沟系排出。在坡度陡于1∶1的山坡上，常采用陡坡排水槽来拦截山坡上方的坡面径流。沟槽断面以满足宣泄坡面径流为准，如土质渗水性强，应采用黏性土、石灰三合土或浆砌片石铺砌防渗层
树枝状排水系统	滑体内	结合地形条件，充分利用自然沟系作为排水渠道，汇集并旁引坡面径流于滑坡体外排出，排水布置应尽量避免横切滑体，主沟宜与滑移方向一致。支沟与主沟斜交30°～45°。如土质松软，可就土夯成沟形，上铺黏性土或石灰三合土加固。通过裂缝处，可用搭叠式木质水槽或陶管，混凝土槽、钢筋混凝土槽，以防山坡变形拉断水沟，使坡面水集中下渗
明沟与渗沟相配合的引水工程	滑体内的含水或湿地	目的在于排除山坡上层滞水和疏干边坡土体含水，埋入地下部分类似集水渗沟，露出地面部分是排水明沟
平整夯实自然山坡坡面	滑体内	如山坡土质疏松，坡面水易于阻滞下渗，应对坡面整平夯实，填塞裂缝，防止坡面径流汇集下渗
绿化工程（植树、铺种草皮）	山坡滑体内	绿化工程是配合表面排水的一项有效措施，特别对渗水严重的黏性土滑坡和浅层滑坡，效果显著。在滑坡面种植灌木及阔叶树，可疏干滑体水分，根系起加固坡面土层的作用。铺种草皮可滞缓坡面径流流速，防止冲刷，减少下渗，避免坡面泥土淤塞沟槽

少量的塌方，要及时清除；大的坍塌，要先疏通单车道维持通车，同时做好排水和安全行车。

对边坡裂缝，应用胶泥或砂浆填塞捣实，防止雨水渗入基体。

滑坍边坡上坍落的悬岩、危石，要严格注视其变化，对可能发生的崩塌，宜采取预先爆破或刷坡的方法处理，以免危及行车和行人安全。

设置支挡工程，维持土体平衡，支挡工程有以下几类：

第一，抗滑垛，一般用于滑体不大，自然坡度平缓，滑动面位于路基附近或坡脚下部较浅处的滑坡。它是依靠片石垛的自重以增加抗滑力的一种简易抗滑措施。

第二，抗滑挡土墙，在滑坡下部修建抗滑挡土墙，是整治滑坡常用的有效措施之一。抗滑挡土墙一般多采用重力式结构，其尺寸应根据坍滑情况，经过计算确定。

第三，抗滑桩是一种用桩的支撑作用稳定滑坡的有效抗滑措施。一般适用于非塑性体层和中厚度滑坡前缘，以及使用重力式支撑建筑物圬工量过大、施工困难的场合。

四、排水设施病害

路基地面排水结构物，一般包括边沟、截水沟、跌水、急流槽、倒虹吸管、渡槽等，统称沟渠。不同的结构形式，养护方法也不同。

（一）边沟的养护

第一，路肩有高草影响路面排水时，应根据草的生长情况经常修剪，使其不高于15 cm，以不阻水为宜。

第二，当边沟纵坡大于3%～4%时，沟底应用片石铺砌加固，冰冻较轻地区也可用三合土或四合土加固。

第三，边沟进出口应经常检查，发现有堵塞物应及时清除，使水流畅通。

（二）截水沟（天沟）的养护

第一，在春融前，特别是汛前，应全面进行检查、疏浚。

第二，雨中及时排除堵塞物，疏导水流、保持水流畅通，防止水流集中冲坏路基。

第三，暴雨后应重点检查，如有冲刷损坏，必须及时修理加固。

（三）排水沟、跌水及急流槽的养护

排水沟、跌水及急流槽的养护办法与边沟、截水沟相同。

（四）暗沟的养护

第一，应经常进行检查，如发现堵塞、淤积，应进行及时冲洗。

第二，雨季应保证流水畅通。

（五）渗沟的养护

第一，如发现沟口长草、堵塞，应及时清理和冲洗。

第二，如碎（砾）石层淤塞不通时，应翻修，并剔除颗粒较小的沙石。

第三，如位置不当，应根据情况另行修建。

（六）排水沟的加固

边沟、截水沟、排水沟等，应结合地形、地质、纵坡、流速等实际情况，综合考虑加固。对松软土（细沙质土或粉沙土），当流量较大或纵坡度为1%～2%时；或黏性较大的土（粉沙质黏土或沙质黏土）纵坡度为3%～4%时，沟底可用片石铺砌加固，沟壁用草皮加固。

疏松土，纵坡度大于3%时，或黏性较大的土，纵坡度大于4%时，沟底及沟壁，均应用片石或水泥混凝土预制块铺砌加固或设置跌水。冰冻较轻地区也可用三合土或四合土捶面方法加固。

五、防护与加固工程损坏

一般来说，把用作防止路基被冲刷和风化，主要起隔离作用的设施称为防护工程。防护与加固工程损坏主要是指挡土墙、驳岸等防护工程，在水流的不断冲刷下，基础失稳产生滑移破坏。防护与加固工程的养护应根据其损坏的原因采用不同的处理措施。

（一）防护与加固工程损坏的原因

第一，防护与加固工程所处地基软弱或基础设置不深。

第二，加固工程位置选择不合理，挤压河道，引起局部冲刷。

第三，对山区小型排水构造物的测设，缺乏系统设计。山区排水构造物不但要排水，还要考虑输沙因素，因此容易造成堵塞，水漫路面，冲毁路基。

（二）防护与加固工程损坏的防治

第一，防护与加固工程处在软弱的地基时，要采用换土或采用沙砾、碎石、灰土等进行填筑。

第二，防护与加固工程基础埋深，对于无冲刷地基，应在天然地基以下至少1m；有冲刷时，应在冲刷线以下至少1 m。

第三，挡土墙应设置排水设施，以排除墙后填料中的水分，防止墙后积水致使墙身受到额外的静水压力，减少冬季冰冻地区填料的冻胀压力，消除黏土填料浸水的膨胀压力。

第四，路堑挡土墙后的地面应做好排水处理，设置排水沟，必要时夯实地表土以减少雨水和地表水下渗。而墙体前的边沟，则应予以铺砌加固以防边沟水进入基础。

第五，浆砌片（块）石墙身，泄水孔尺寸可为 5 cm×10 cm、10 cm×10 cm、15 cm×20 cm 或直径为 5～10 cm 的圆孔，视泄水量大小而定，泄水孔的间距一般为 2～3 m，上下泄水孔宜错开布置，最下层泄水孔的出口应高于地面。若为路堑墙，出水口应高于边沟水位 0.3 m；若为浸水挡土墙，设在常水位以上 0.3 m。

第六，沿河路堤设置挡土墙时，应结合河流情况布置，注意墙后仍需要保持水流顺畅，不要挤压河道，引起局部冲刷。

第四节　特殊地区路基的养护

一、软土地区路基的养护

泥沼和软土具有含水丰富、透水性小、压缩性大、抗剪强度低、承载能力差等特性。我国东北的大小兴安岭、长白山、三江平原、松辽平原及青藏高原和西北地区的湖盆洼地、高寒山地均分布有泥沼；在内陆湖塘盆地、江河湖海沿岸和山河洼地则分布有近代沉积的软土。

泥沼软土地带的路基容易出现路基基底土被压缩而产生较大的沉降，基底土被挤压塑流，向两侧或路堤下坡一侧隆起使路堤下陷、滑动以及因冰冻膨胀而产生弹簧、翻浆等病害。泥沼和软土地带路基的病害，应根据不同情况采取下列防治措施：

（一）降低水位

视情况加深路堤两侧边沟，以降低水位，促进路基土渗透固结。

（二）反压护道

当路堤下沉，两侧或路堤下坡一侧隆起时，采取在路堤两侧或一侧填筑适当高度与宽度的护道，使路堤两侧（或单侧）被挤出隆起的趋势得以平衡。

（三）换土

将病害处路堤下的软土全部挖出，换填强度较高、渗透性较好的沙砾石、碎石。抛石挤淤为强迫换土的一种形式，适用于软土液性指数大、层厚较薄、片石能沉达下卧硬层者。

（四）侧向压缩

在路堤坡脚砌筑纵向结构，限制软土侧向挤出，可采用板桩、木排桩、钢筋混凝土桩、片石齿墙等。

（五）其他治理方法

其他治理方法主要有沙石垫层、石灰桩、沙井（桩）以及土工织物等。

（六）栽种绿植

路堤两侧边坡，宜栽植柳、枫、杨等亲水性好、根系发达的树木，以增强路基抵抗冲刷和侵蚀的能力。

二、黄土地区路基的养护

黄土具有疏松、湿陷、遇水崩解、膨胀等特性，处于黄土地区的路基有下列常见病害：
第一，路堤沉陷。
第二，路缘石周围渗水。
第三，路肩和边坡在多次干湿循环后，出现裂缝、小块剥落、小型塌方、沟槽、陷穴、滑塌或在地下水及地表水的综合作用下形成泥流，使路肩、边坡受到破坏。
第四，边沟被水冲深、蚀宽，使路肩、边坡受到破坏。
对病害的治理，应针对不同情况，采取不同的加固措施。

（一）公路通过纵向、横向沟壑时

对边坡病害的治理可采取下列措施：
第一，沟壑边坡疏松土层，采用挖台阶的办法清除。台阶宽度不小于1m。
第二，对疏松的坡面，应拍打密实，或用轻碾自坡顶沿坡面碾实；如坡度缓于1∶1，雨量适宜草类生长的，可用种草、铺草皮等方法加固。
第三，雨量较小、冲刷不严重时，可采用黏土掺拌铡草进行抹面，并每隔一段距离打入木楔，增强草泥与坡面的结合。
第四，雨雪量较大的地区，应采用石灰、黄土、细沙三合土或掺加炉渣的四合土进行抹面加固。
第五，高路堤边坡防护加固。植物护坡，宜选用根系发达、茎干低矮、枝叶旺盛、生长力强、多年生植物为宜；葵花拱式浆砌铺块，材料可采用混凝土块或块片石等，然后可考虑播种草秆和种植小灌木。

（二）路基出现的陷穴

应查清水的来源、水量、发展情况等，采用灌沙、灌泥浆填塞或挖开填塞孔道后再回填夯实，但事先要做好导水或排水措施。

（三）因地表水侵蚀，路肩上出现坑凹时

可采取下列措施：

第一，用沙、土混合料改善表层。

第二，路肩硬化采用无机结合料稳定类半刚性基层、沥青表处面层或其他硬化结构。

第三，路肩未硬化地段，为防止地表水渗入路面底层中，每隔 20 ~ 30 m 设一处盲沟。盲沟口与边坡急流槽相接，盲沟与盲沟之间铺设塑料薄膜防水层。

第四，在高路堤（大于 12 m）地段，为防止路基下沉，应在垫层下铺设塑料薄膜防水层（塑料薄膜厚度不小于 0.14 mm），并必须设盲沟。路面应采用水泥混凝土预制块铺砌。

第五，通过沟壑时，如未设置防护工程，应在上游一侧路基边坡底部先铺设塑料薄膜或其他隔水材料，然后贴在隔水层上铺砌浆砌片石坡脚，铺砌高度应高于常水位 20 ~ 50 cm。

三、红黏土地区路基的养护

红黏土为碳酸盐岩系出露的岩石经红土化作用形成的棕红、褐黄等色的高塑性黏土。其裂隙发育，液限一般大于 50，虽然强度较高，压缩性较小，但因与岩溶伴生，且含水量、液限均较一般黏土高，具有胀缩性。具有胀缩性的红黏土填筑路堤最显著的病害，是形成于路基表面和边坡坡面的收缩裂缝。收缩裂缝的发育程度与土性、填料的含水量、含水量的均匀性、气候条件以及胀缩循环的次数关系密切。土的膨胀性越强，失水后的收缩性也越强，即裂缝越发育；气候越干燥，水分在土中的分布越不均匀，其裂隙也越发育；红黏土经历的胀缩循环次数越多，土的结构强度就越低，其收缩裂隙越发育。

对于红黏土地区的路基一般采取以下方式进行养护：

第一，对于红黏土路堤边坡，采用非胀缩性的黏土作为包边土，包边土厚 1.5 m 左右，夯实后应防止坡面开裂及地表水的渗入。

第二，对于高路堤也可采用土工格栅加固边坡，约束红黏土的侧向膨胀。将土工格栅分层摊铺，与过湿的红黏土层一道填筑压实。土工格栅沿横断面的铺设宽度应不小于 2 m，铺网垂直间距为两层填土填筑压实厚度，土工格栅应反包坡面，用 U 形钉固定，并种植草皮。良好的草皮覆盖，能有效地抑制坡面开裂。

四、膨胀土地区路基的养护

膨胀土是一种颗粒高分散、成分以黏土矿物为主、对环境的湿热变化敏感的高塑性黏土，具有吸水膨胀、脱水收缩的特点。在这种地区建设工程往往会带来一系列的问题或事故，如地基隆起、路基开裂、边坡失稳等病害。

膨胀土路基边坡的完好率很低，病害较多。根据路基边坡破坏机理的不同，发生的部

位和变形的形态特征也有所区别，一般可将膨胀土路基边坡的破坏类型分为以下几类。

（一）坡面冲蚀

坡面冲蚀是膨胀土路基边坡坡面变形的常见现象，其影响深度一般在 0.5 m 以内，常见的深度为 0.2 m 或 0.3 m。

（二）表层溜坍

表层溜坍是膨胀土路基边坡大层土体变形的一种极为普遍的现象，主要发生在边坡的强风化层内，深度通常为 0.5~1.0m，很少超过 1.5 m。溜坍只能在雨季产生，发生在很缓的边坡上。

（三）边坡坍滑

边坡坍滑是膨胀土路基边坡的一种主要变形形式，是影响膨胀土边坡设计的主要因素。它以旋转滑动的方式出现，破坏面形状为上陡下缓，近似圆柱形曲面，深度一般为 3~5m。同时，对于边坡坍滑与表层溜坍有着不同的发生机理和破坏特征，防治措施也不同，应根据不同情况采取相应措施。

（四）工程滑坡

由于边坡开挖切断了软弱层以及其他原因致使堑坡土体滑动出现变形现象，最后出现以整体形式下滑的变形现象。一般情况下其规模较小、厚度不大，多呈牵引式出现，变形以平移为主。

调查表明，工程滑坡的产生与边坡的开挖有着密切的关系，但与边坡的坡度并无直接联系，如仅放缓边坡，并不能阻止滑坡的产生，必须将滑坡与边坡坍滑加以严格区别。根据上述膨胀土路基边坡的破坏类型以及特征，可以发现，受膨胀土的影响因素和破坏程度的不同可归纳为表层破坏与深层破坏两种基本形式。其中前者包括边坡冲蚀和溜坍，后者包括边坡坍滑与滑坡。通常情况下，冲蚀与溜坍是边坡整体稳定条件下所产生的局部破坏，处理措施应以坡面防护为主，辅以一定的边坡加固设备。坍滑与滑坡则影响边坡的整体稳定性，应以边坡的加固为主，采取必要的坡面防护处理措施。

膨胀土的胀缩性，使其对湿度特别敏感，同时因渗透性小，容易造成压实困难；另外，膨胀土还具有崩解性及风化性，易导致边坡的坍滑。针对膨胀土的特性，应采取如下养护方法：

第一，加强路基路面表面的排水处理。

第二，对破坏严重路段的路基土做换土处理或对路面之下一定厚度内的膨胀土做掺石灰处置。

第三，为避免路基内含水量变化过大，需完善路面内部的排水结构设计或者外部水温保持（植被或覆盖物）。

第四，路面面层和基层施工时，一定要按设计要求进行，并严格控制施工质量，注重施工工艺。

五、盐渍土地区路基的养护

当距离地表 1 m 内含有的容易溶解的盐类超过 0.3% 时即属盐渍土。由于盐渍土含盐类型（如氯化盐、硫酸盐、碳酸盐）和含盐量、含硝量以及其他因素的不同，对路基的破坏也不同。

因盐类有结胶和吸湿作用，故盐渍土在干旱季节和干旱地区，有利于路基稳定；一旦受到雨水、冰雪融化的淋溶，含水量激增，则会出现路基湿化坍塌、溶陷、路基发软，致使强度降低，丧失稳定，甚至失去承载力，导致路基容易出现下列病害：如道路泥泞、加重路基翻浆及冻胀病害；受水浸时，强度显著下降，发生沉陷；硫酸盐发生膨胀作用，使主体表面层结构破坏和疏松，以致路面被拱裂及路肩、边坡被侵蚀等。针对这些情况，主要采取以下措施：

第一，加密排水沟，沟底要保持 0.5% ~ 1% 的纵坡；路基填土低、排水困难的地段，应加宽、加深边沟或在边沟外增设横向排水沟，其间距不宜大于 500 m，沟底应有向外倾斜 2% ~ 3% 的横坡。

第二，对加深、加宽边沟的弃土，可堆筑在边沟外缘，形成护堤，以保护路基不被水淹。

第三，在盐湖地区用盐晶块修筑的路基表面，原来没有覆盖层或有失散的，应用沙土混合料进行覆盖和恢复；出现车辙、坑凹、泥泞，应清除浮土，洒泼盐水湿润，再填补碎盐晶块整平夯实，仍用沙土混合料覆盖压实。

第四，边坡经雨水或雪融后出现的沟槽、溶洞、松散等，可采用盐壳平铺或铺上黏土掺沙砾拍紧，防止疏松。

第五，为防止边坡水土流失，在坡脚处增设各侧宽 2 m 的护坡道，护坡道应高出常水位 20 cm 以上。护坡道上可选植耐盐性的树木或草本植物（如红柳、红杨、甘草、白茨等）予以稳定。

六、填沙路基的养护

细沙是一种较好的填筑路基的材料。在我国江河众多、河沙资源丰富的南方地区，利用河沙填筑路基，既可疏通河道，又能少占耕地，就地取材，降低工程造价。在实际工程中，填沙路基施工技术的应用已在一些地区展开。但河沙作为路基填筑材料，存在失水后易滑坍、不易压实、干稳定性差的缺陷，因此填沙路基的施工、养护应采取以下措施。

第一，当土工布以下土层渗透性较弱时，会出现因细沙灌水不能及时下渗而引起对土沙结合部位的浸泡。在实际施工中，采用挖渗水井的方法可以解决这个问题，也可以在不透水层顶面埋设花管通过包边灰土排出路基。

　　第二，当填沙路基在填筑与使用过程中外侧包边土塌陷，以及填沙路基因边缘压实不良导致浅层失稳破坏时，可以在路基边坡铺设混凝土预制空心块，间隔设沉降缝，用沥青麻絮填塞，空心部分回填土，人工夯实整平，再铺上草皮。

　　第三，每层压实后的宽度不得小于设计宽度。路堤填筑时，从最低处起分层填筑，逐层压实。地面横坡陡于 1 : 2.5 时，应做特殊处理，防止路堤沿基底滑动。

第二章 路面养护

第一节 路面养护的内容及要点

一、路面养护内容

根据交通运输部发布的《公路养护工程管理办法》和《公路养护技术规范》（JTG H10—2009）的规定，路面养护工程分类见表2-1。

表2-1 路面养护工程分类表

工程分类	小修保养	中修工程	大修工程	改建工程
养护内容	保养： 清除路面泥土、杂物，保持路面整洁； 排除路面积水、积雪、积冰、积沙，铺防滑料、灭尘剂或压实积雪维持交通； 沙土路面刮平，修理车辙； 碎砾石路面沙、扫面沙、添加面沙、洒水润湿，刮平波浪，修补磨耗层； 处理沥青路面的泛油、拥包、裂缝、松散等病害； 水泥混凝土路面日常清缝、灌缝及堵塞裂缝； 路缘石的修理和刷白。 小修： 局部处理沙石路的翻浆变形，添加稳定料； 碎砾石路面修补坑槽、沉降，整段修理磨耗层或扫浆铺沙； 桥头、涵顶跳车的处理； 沥青路面修补坑槽、沉陷，处理波浪、局部龟裂、啃边等病害； 水泥混凝土路面板块的局部修理	沙土路面处理翻浆，调整横坡； 碎砾石路面局部路段加厚、加宽，调整路拱加铺磨耗层，处理严重病害； 沥青路面整段封层罩面； 沥青路面严重病害的处理； 水泥混凝土路面严重病害的处理； 水泥混凝土路面接缝材料的整段更换； 整段安装、更换路缘石； 桥头搭板或过滤路面的整修	整段用稳定材料改善土路； 整段加宽、加厚或翻修重铺碎砾石路面； 翻修或补强重铺铺装、简易铺装路面； 补强、重铺或加宽铺装、简易铺装路面	整线整段提高公路技术等级。铺筑铺装、简易铺装路面； 新铺碎砾石路面； 水泥混凝土路面病害处理后，补强或重铺沥青混凝土路面

-20-

二、路面养护要求

第一，及时、经常地对路面进行保养和修理，防止路面松散、裂缝和拥包等各种病害的产生，通过对路面的保养和修理，保持和提高路面的平整度和抗滑能力，确保路面安全、舒适的行驶性能。

第二，通过对路面的修理和改善，保持和提高路面的强度，确保路面的耐久性。

第三，防止因路面损坏和养护操作污染沿线环境。

第二节　沥青类路面的养护

一、沥青类路面的技术状况评定

（一）路面性能评价

路面现有使用质量评价内容包括路面破损状况、行驶质量、强度及抗滑系数，评价指标关系如图 2-1 所示。

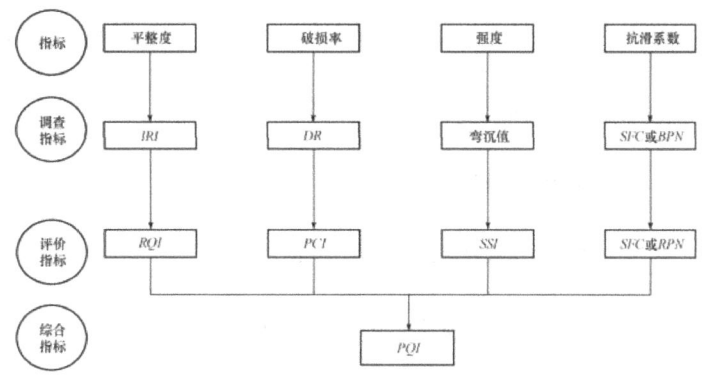

图 2-1　评价指标关系图

（二）路面破损状况

路面破损状况采用路面状况指数（PCI）进行评价，路面状况指数由沥青路面破损率（DR）计算得出。

1.路面破损可分为裂缝类、松散类、变形类及其他类四种类型，其具体分类及严重程度见表2-1。

表2-1 沥青路面破损分类分级

破损类型		分级	外观描述	分级指标	计量单位
裂缝类	龟裂	轻	初期龟裂、缝细、无散落、裂区无变形	块度：20～50 cm	m^2
		中	裂块明显、缝较宽、无或轻散落或轻度变形	块度：<20cm	
		重	裂块破碎、缝宽、散落重，变形明显，急待修理	块度：<20cm	
	不规则裂缝	轻	缝细，不散落或轻微散落，块度大	块度：>100 cm	m^2
		重	缝宽，散落，裂块小	块度：50～100 cm	
	纵裂	轻	缝壁无散落或轻微散落，无或少支缝	缝宽：≤5 mm	m^2
		重	缝壁散落重，支缝多	缝宽：>5 mm	
	横裂	轻	缝壁无散落或轻微散落，无或少支缝	缝宽：≤5 mm	m^2
		重	缝壁散落多，支缝多	缝宽：>5 mm	
松散类	坑槽	轻	坑浅，面积小（<1m²）	坑深：≤25 mm	m^2
		重	坑深，面积较大（>1m²）	坑深：>25 mm	
	麻面		细小嵌缝料散失，出现粗麻表面		m^2
	脱皮		路面面层层状脱落		m^2
	啃边		路面边缘破碎脱落，宽度10 cm以上		m^2
	松散	轻	细集料散失，路面磨损，路表粗麻		m^2
		重	粗集料散失，微坑多，表面剥落		

续 表

破损类型		分级	外观描述	分级指标	计量单位
变形类	沉陷	轻	深度浅，行车无明显不适感	深度：≤25 mm	m²
		重	深度深，行车明显颠簸不适	深度：＞25 mm	
	车辙	轻	变形较浅	深度：≤25 mm	m²
		重	变形较深	深度：＞25 mm	
	搓板		路面产生纵向连续起伏、似搓板状的变形		m²
	波浪	轻	波峰波谷高差小	高差：≤25 mm	m²
		重	波峰波谷高差大	深度：＞25 mm	
	拥包	轻	波峰波谷高差小	高差：≤25 mm	m²
		重	波峰波谷高差大	高差：＞25mm	
其他类	泛油		路表呈现沥青膜、发亮、镜面、有轮印		m²
	磨光		路面原有粗构造衰退或丧失，路表光滑		m²
	修补损坏面积		因破损或病害而采取修复措施进行处置，路表外观上已修补的部分与未修补部分明显不同		m²
	冻胀		路基下部的水分向上聚集并冻结成冰引起路面结构膨胀，造成路面拱起和开裂		m²
	翻浆		因路基湿软，路面出现弹簧、破裂、冒浆的现象		m²

2. 路面破损换算系数（K）

根据路面破损的严重程度和范围按表2-2确定。

表 2-2　路面破损换算系数（K）

破损类型	严重程度	换算系数（K）	破损类型	严重程度	换算系数（K）
龟裂	轻	0.6	松散	轻	0.2
	中	0.8		重	0.4
	重	1.0	沉陷	轻	0.4
不规则裂缝	轻	0.2		重	1.0
	重	0.4	车辙	轻	0.4
纵裂	轻	0.4		重	1.0
	重	0.6	波浪	轻	0.4
横裂	轻	0.2		重	0.8
	重	0.4	拥抱	轻	0.4
坑槽	轻	0.8		重	0.8
	重	1.0	磨光		0.6
麻面		0.1	修补损坏面积		0.1
脱皮		0.6
啃边		0.8	冻胀		1.0
搓板		0.8	翻浆		1.0
泛油		0.1

3. 路面破损率（DR）

路面破损率 DR 按下式计算：

$$DR = D/A \times 100 = \sum\sum D_{ij}K_{ij}/A \times 100$$

式中 D——路段内的折合破损面积（m²），$D = \sum\sum D_{ij}K_{ij}$。

A——路段的路面总面积（m²）。

D_{ij}——第 i 类损坏、j 类严重程度的实际破损面积（m²），如为纵、横向裂缝，其破损面积为：裂缝长度（m）×0.2；车辙破损面积为：长度（m）×0.4。

K_{ij}——第i类损坏、j类严重程度的换算系数，可查表2-2。

4.路面状况指数（PCI）

路面状况指数PCI的数值范围为0～100。其值越大，路况越好。PCI的计算公式为：

$$PCI = 100 - 15DR^{0.412}$$

5.路面破损状况的评价标准

根据路面破损情况，可将路面质量分为优、良、中、次、差五个等级，评价标准见表2-3。

表2-3 路面破损状况评价标准

评价指标	评价标准				
	优	良	中	次	差
路面状况指数PCI	PCI≥85	70≤PCI<85	55≤PCI<70	40≤PCI<55	PCI<40

（三）路面强度

1.路面强度指数（SSI）

沥青路面强度采用强度指数作为评价指标，按下式计算：

SSI = 路段设计弯沉值 / 路段代表弯沉值

2.路面强度的评价标准

路面强度的评价标准应符合表2-4的规定。

表2-4 路面强度的评价标准

评价指标	公路等级强度标准									
	优		良		中		次		差	
	高速公路、一级公路	其他公路、等级公路	高速公路、一级公路	其他公路、等级公路	高速公路、一级公路	其他公路、等级公路	高速公路、一级公路	其他公路、等级公路	高速公路、一级公路	其他公路、等级公路
强度指数SSI	SSI≥1.0	SSI≥0.83	0.83≤SSI<1.0	0.66≤SSI<0.83	0.66≤SSI<0.83	0.5≤SSI<0.66	0.5≤SSI<0.66	0.3≤SSI<0.5	SSI<0.5	SSI<0.3

（四）行驶质量指数

路面的行驶质量采用行驶质量指数（W）作为评价指标，行驶质量指数由国际平整度指数（IRD）计算。

1. 国际平整度指数（IRI）

国际平整度指数（IRI）可由反应类设备测定，测定结果需经试验标定。IRI 与其他设备的标定关系式一般为：

$$IRI = a + b \times BI$$

式中 BI——平整度测试设备的测试结果；

a，b——标定系数，在使用中，各地可根据实际的标定结果确定其取值；

IRI 国际平整度指数（m/km）。

2. 行驶质量指数（W）

路面行驶质量指数（RQI）与国际平整度指数（IRI）的关系为：

$$RQI = 11.5 - 0.75 \times IRI$$

式中 RQI——行驶质量指数，数值范围为 0 ~ 10。如出现负值，则 RQI 值为 0；如计算结果大于 10，则 RQI 值取 10。

路面行驶质量的评价标准见表 2-5。

表 2-5 路面行驶质量的评价标准

评价指标	评价标准				
	优	良	中	次	差
行驶质量指数 RQI	RQI≥8.5	7.0≤RQI＜8.5	5.5≤RQI＜7.0	4.0≤RQI＜5.5	RQI＜4.0

（五）路面抗滑性能

路面抗滑性能采用抗滑系数作为评价指标，抗滑系数以摆式仪的摆值（BPN）或横向力系数（SFC）表示。其评价标准见表 2-6。

表 2-6 路面抗滑能力评价标准

评价指标	评价标准				
	优	良	中	次	差
横向力系数 SFC	SFC≥50	40≤SFC＜50	30≤SFC＜40	20≤SFC＜30	SFC＜20
摆值 BPN	BPN≥42	37≤BPN＜42	32≤BPN＜37	27≤BPN＜32	BPN＜27

（六）路面综合评价指标

PQI 作为路面的综合评价指标，其值用分项指标加权计算得出的数值范围为 0 ~ 100。其值越大，路况越好。

$$PQI = PCI' \times P_1 + RQI' \times P_2 + SSI' \times P_3 + SFC' \times P_4$$

式中 P1、P2、P3、P4——相应指标的权重，按 PCI、RQI、SSI 及 SFC（或 BPN）的重要性确定，建议值见表 2-7；

PCI'、RQI'、SSI'、SFC'——相应指标的赋值，见表 2-8。

表 2-7 各指标权重建议值

权重	建议值		
	高速公路、一级公路	二级公路	二级以下公路
P1	0.25	0.3	0.35
P2	0.35	0.25	0.2
P3	0.1	0.25	0.35
P4	0.3	0.2	0.1

表 2-8 各指标的赋值

评价等级	PCI、RQI、SSI、SFC（或BPN）评定结果				
	优	良	中	次	差
相应指标的赋值	92	80	65	50	30

表 2-9 路面综合评价标准

评价指标	评价标准				
	优	良	中	次	差
路面质量指数 PQI	PQI≥85	70≤PQI＜85	55≤PQI＜70	40≤PQI＜55	PQI＜40

二、沥青类路面的养护对策

沥青路面的养护对策应根据公路等级、交通量及分项路况评价结果确定。分项路况评价指标包括路面强度、行驶质量、路面破损状况和抗滑性能等方面。路面综合评价指标仅用于对路面质量的总体评价。

公路养护管理部门可根据公路等级、交通量、分项路况的评价结果，结合养护资金情况，采取如下维修养护对策：

第一，在满足强度要求的前提下（路面的结构强度系数为中等以上时），若高速公路及一级公路的路面状况指数（PCI）评价为优、良或者二级及二级以下公路的路面状况指数评价为优、良、中时，以日常养护为主，并对局部破损进行小修；若高速公路及一级公路的路面状况指数（PCI）评价为中及中以下，或者二级或二级以下公路的路面状况指数评价为次及次以下，应采取中修罩面措施。

第二，在不满足强度要求的前提下（路面的结构强度系数为中等以下时），应采取大修补强措施以提高其承载能力。

第三，若高速公路及一级公路的行驶质量指数（RQI）评价为优、良或者二级及二级以下的公路的行驶质量指数评价为优、良、中时，以日常养护为主；若高速公路及一级公路的行驶质量指数（W）评价为中及中以下，或者二级及二级以下公路的行驶质量指数评价为次及次以下时，应采取罩面等措施改善路面的平整度。

第四，高速公路及一级公路的抗滑能力不足（SFC＜40）的路段，或二级及二级以下公路抗滑能力不足（SFC＜30或BPN＜32）的路段，应采取加铺罩面层等措施提高路表的抗滑能力。

第五，因路面不适应现有交通量或载重的需要，应通过提高现有路面的等级或加宽等改建措施提高道路的通行能力和服务质量。

三、沥青类路面的日常保养

第一，保持路面平整、横坡适度、线形顺直、路容整洁、排水良好。

第二，加强路况巡查，掌握路面情况，随时排除有损路面的各种因素，及时发现病害，研究分析病害产生的原因，并有针对性地及时对病害进行维修处理。

四、沥青类路面常见病害的原因及处置

（一）路面裂缝的分类及处置

1. 路面裂缝分类

在沥青路面的各类破损形式中，裂缝所占比重较大，也最为常见，在沥青路面养护维修工作当中，对裂缝破损的维修工作也最为普遍，而且频率最高、难度最大，裂缝破损对沥青路面的使用性能和使用寿命影响最大。按裂缝破损几何形状及成因，裂缝可分为以下几种：

（1）龟裂

此类裂缝形状呈一连串小多边形（或呈小网格状），一般其短边长度不大于40 cm，类似乌龟背壳上的花纹，故俗称为龟裂。龟裂是由于路面受交通荷载作用，其变形和挠度过大，在沥青路面的柔性不够及在重载车辆的反复碾压下，由于路面材料的疲劳而形成的一种裂缝，故有时亦将此类裂缝称为疲劳裂缝。龟裂可能是全面性的，也可能是局部性的，且大多数发生在行车道上。在龟裂的形成初期，由于裂缝轻微，对沥青路面的服务水平影响不大，但由于路面有龟裂而使得路表面的水渗入，造成底面层及路面基层强度的减弱，这样便会加速龟裂面积的扩大以及裂缝的扩展，而导致形成坑槽破损。

（2）块裂

此类裂缝形状呈不规则的大块多边形（或呈大网格状），其在形状上和尺寸上都有别于龟裂，通常其短边长度大于40 cm，长边长度小于3 m，且棱角较明显。块裂通常是由于铺设沥青路面的沥青混合料采用了大量的低针入度沥青和亲水性集料，或沥青发生老化失去弹性，而在交通荷载作用下导致脆裂；或由于在低温作用下使沥青混凝土产生缩裂，故有时亦将此类裂缝称为收缩裂缝。块裂在较开阔的广场、停车场和城市道路上普遍发生。这类裂缝常常会导致路表水渗入路基和路床，降低路面的结构强度而形成其他的损坏，如龟裂、车辙等。

（3）纵向裂缝

纵向裂缝为沿路面行车方向分布的单根裂缝。一般成熟的纵向裂缝都较长，达到

20～50 m。在路表水渗入路堤下地基范围较小的情况下，可能仅在中央分隔带两侧行车道上，甚至接近硬路肩的一侧产生一条纵向裂缝；在路表水渗入路堤下地基范围较大的情况下，可能在中央分隔带两侧行车道上和超车道上产生两条纵向裂缝，少数路段甚至有三条纵向裂缝。特别是当路基边部压实不足，路堤边部会产生沉降，导致在距路边30 cm左右处产生纵向裂缝。在沥青混合料摊铺时，由于纵向接缝处理不当，造成路面早期渗水或压实度未达到要求，在行车作用下亦会在纵向接缝处形成纵向裂缝。由于地基和填土在横向不可避免的不均匀性，特别是在有路表水渗入地基的情况下，沥青路面产生细而小的纵向裂缝也是不可避免的。但是路面产生纵向裂缝过多过早，裂缝宽度过大和过长，将严重影响其使用性能和寿命。

（4）横向裂缝

横向裂缝为与路面行车方向垂直分布的单根裂缝。由于地基或填土路堤纵向不均匀沉降，或由于沥青混合料摊铺时横向接缝处理不当，会产生横向裂缝，并伴有错台现象。在温度变化大的地区，夏季完好的路面到了冬季会由于路面温度过低或温度变化过大，产生纵向近似等间距的横向裂缝，通常将这类横向裂缝称为温度裂缝。沥青路面出现的绝大部分横向裂缝是温度裂缝，该类裂缝一般从沥青面层表面开裂，逐渐向底面层和基层延伸、扩展，从而形成了上宽下窄的裂缝。有的横向温度裂缝会贯通路面的一部分，而大部分横向温度裂缝则贯通整个路面宽度。一条沥青路面会有多根横向温度裂缝，其纵向间距为5～10 cm。

（5）反射裂缝

此类裂缝是由于下铺层的裂缝向上传递而导致沥青面层产生与下铺层相似的裂缝，一般多发生在加铺层上。由于旧有的水泥路面的接缝和裂缝，或旧有沥青路面的纵向裂缝、横向裂缝和块裂等，在加铺时，未加以适当的处理而导致加铺层产生与下铺层裂缝相似形状的反射裂缝。另外，在新建的半刚性沥青路面上，半刚性基层受天长日久的温度变化引起的温缩裂缝或受外界环境湿度变化产生的干缩裂缝，也会向路表面扩展形成反射裂缝。由于底层或基层不连续处（接缝或裂缝）的水平运动或竖向运动，会使沥青路面的底面层产生较大的拉应力或剪应力，并最先开裂，然后裂缝逐渐向上延伸、扩展，并穿透整个面层，形成下宽上窄的裂缝。

（6）滑移裂缝

此类裂缝是在车辆刹车、转弯或加速时产生突然增大的水平力作用下，在道路表面上沿行车方向形成的一种新月形状的裂缝，它又称为U形裂缝，U形裂缝的顶端常指向作用力的方向。滑移裂缝最常发生在车辆刹车、转弯或加速的位置。当滑移裂缝由刹车引起时，滑移裂缝的末端（U形裂缝的顶端）指向行车方向；如果滑移裂缝是由车辆加速引起时，滑移裂缝的末端（U形裂缝的顶端）将指向车的后方。滑移裂缝通常是由于沥青路面表面层与底面层或面层与基层的黏结性不好，同时面层又受到较大的水平外力无法有效地传递给底层，而使表面层单独承受，造成道路表面被撕裂破坏。

2. 路面裂缝处置

沥青路面产生裂缝破损不仅影响路容美观和行车的舒适性，而且若不及时对裂缝进行填封修补，将会使路表水通过裂缝进入路面结构层内，导致路面的承载能力下降，进而造成路面局部或成片损坏，大大缩短路面的使用寿命。对沥青路面裂缝进行填封修补，其最终目的和效果可归纳为四个方面：恢复沥青路面行车的平顺性和舒适性；恢复沥青路面局部强度和承载能力；弥补裂缝处原有沥青路面的强度不足；避免沥青路面引发进一步的破坏。沥青混凝土路面裂缝的修补方法有很多种，一般根据裂缝的宽度、深度和开裂面积确定具体的修补工艺。

（1）密封胶开槽贴缝法

针对沥青混凝土路面较明显的横缝和纵缝，一般以灌缝法进行修补。沥青路面裂缝用灌缝法修补的传统施工工艺是直接灌注乳化沥青进行封闭处理。乳化沥青黏性较差，气温低时易变脆，气温高时易发生流动、溢出，使用寿命低，处理及时性差，维修裂缝的修补失效率半年内高达85%，1年后基本全部失效，需要重新灌注。这不仅需要大量的公路日常养护工作量，还大幅占用了养护费用。

密封胶开槽贴缝工艺的质量检验标准是：密封胶基本与路面齐平；灌缝充分饱满，表面平整，无颗粒状胶粒；灌缝胶经碾压后不发生脱落变形，保持足够的弹性。

（2）表面封层技术防止裂缝

表面封层是一层用连续方式敷设在整个道路表面上的养护层，封层材料可以是单独的沥青或其他封层剂，也可以是沥青与集料组成的混合料。表面封层用于解决的养护问题主要有：复原或延缓表层沥青材料的氧化（老化）；重新建立路面的抗滑阻力；密封表面的微小裂缝；防止水从表面渗入路面结构层；防止集料从表面失落、崩解。目前，常用的表面封层技术有：雾层封层、还原剂封层、石屑封层、稀浆封层（微表封层）等。其中稀浆封层在实际施工中使用得较多。

（3）薄层罩面法

薄层罩面也是一种较早采用的传统预防性养护方法，它是在原有路面上加铺一层厚度不超过2.5 cm的热沥青混合料的。薄层罩面可以有效地防止品质正在下降的路面继续恶化，改善其平整度、恢复它的抗滑阻力，校正路面的轮廓，对路面也有一定的补强作用，但在多数情况下费用效益相比其他预防性养护方法差。薄层罩面在施工中最大的困难是由于层面较薄、容易冷却又不宜使用振动压路机，因而不易达到较高的密实度，因此，正确地进行混合料设计、温度控制、碾压工艺和压路机选型显得尤为重要。

采用改性沥青作为黏结剂铺筑的薄层罩面在耐久性和抗滑性能方面都优于普通沥青的薄层罩面，但碾压温度要求更高，由于散热快而引起的压实困难就更大，为了适应薄层路面快速压实的需要，近些年来出现了某些专为压实薄层路面而设计的高频振动压路机。此类振动压路机的振幅极低，只有0.2 mm左右，但频率则高达70 Hz左右。这样匹配的振动参数,由于大大降低了振动冲击力可以避免压碎集料,但又能保持在较高的单位时间内输入被压材料的振动能量。

(4)沥青混凝土路面裂缝病害的其他修复措施

沥青混凝土路面裂缝其他的修补措施主要有压浆法、沥青灌缝等措施。

第一,压浆法即在路基填土层中利用设备压入纯净的水泥浆,以此有效地固结路基。水泥浆的选用需结合路基的各项数据谨慎选择。压浆法修补沥青混凝土路面主要是从路基修补上进行作用,以防止沉降裂缝的产生。压浆法对机械化程度要求很高,费用也较大。

第二,沥青灌缝是沥青混凝土路面裂缝早期的一种修补方法。其具体操作多是人工融化沥青后灌注入沥青混凝土路面裂缝中。这种方法操作简单、费用低,但是修补效果非常不好,难以达到路面裂缝修补的基本目标,是一种低端修补技术,目前此技术已基本被淘汰。

(二)路面麻面、松散的处置

第一,对大面积的麻面、松散路段,可在气温上升(10℃以上)后,清扫干净,重做喷油封层,喷布沥青 $0.8 \sim 1.0 \, kg/m^2$ 后,撒 $3 \sim 5(8) \, mm$ 石屑或粗沙($5 \sim 8 \, m/1\,000 \, m^2$),用轻型压路机压实。

第二,由于油温过高,沥青老化失去黏结性而造成松散,应将松散部分全部挖除后,重做面层。

第三,由于基层或土基软化变形而引起的路面松散,先处理基层或土基的病害,再重做面层。

第四,如因酸性石料与沥青黏附性差造成路面松散,应将松散部分挖除后,重做面层。重做面层的矿料不应再使用酸性石料,在缺乏碱性石料的地区,应在沥青中掺加抗剥离剂、增黏剂,改善沥青与矿料的黏附力,提高沥青混合料的水稳性。

(三)路面坑槽的分类及处置

坑槽是沥青路面局部破损中最常出现的一种。坑槽修补也是沥青路面日常养护维修工作中一项难度很大而又费工费时的工作,沥青路面出现坑槽,其引起行车颠簸、振动产生的冲击荷载是正常荷载的 $1.5 \sim 2$ 倍。对坑槽若不进行及时修补和加强,在冲击荷载的作用下,坑槽破损会加快而连成一片,致使局部路段大面积损坏,严重影响路面的使用寿命和车辆行驶安全。

坑槽按破损形式不同,可以分为以下几类:

1. 表面层产生坑槽

由于沥青路面局部表面层混合料空隙率较大、沥青与石料间的黏附力不强,路表水(雨水或雪水)进入并滞留在表面层沥青混合料中,在大量快速行车的作用下,一次一次产生的动水压力(孔隙水压力)使表面层的沥青从石料表面剥落下来,沥青路面便会出现局部松散破损,散落的石料被车轮甩出,路面自上而下逐渐形成坑槽。这类坑槽通常深度为 $2 \sim 4 \, cm$,

是各类坑槽中最早产生，也是产生数量最多的一类。由于沥青混合料的不均匀性，坑槽总是首先在局部沥青混合料空隙率较大处产生，因此它通常是随机分布的一个个孤立的坑槽。这类坑槽在以半级配沥青混合料为表面层的沥青路面上出现最多。

2. 表面层和中面层同时产生坑槽

当沥青路面表面层和中面层都是空隙率较大的半开级配沥青混合料，而底面层为空隙率较小的密级配沥青混合料时，路表的自由水较易渗入并滞留在表面层和中面层内；当表面层是半开级配、中面层为密级配沥青混合料时，降水时间较长或路表有积水，使自由水渗入表面层后有较长时间从表面层的薄弱处渗入中面层，并滞留在表面层和中面层内。大量快速行车使此两面层内的沥青混合料中部分石料上的沥青剥落，使沥青混合料失去黏结强度，导致路表面产生网裂、形变（局部沉陷）和向外侧推挤，并最终出现崩解（粒料分离），大量大块破碎料被行车带离，形成坑槽，此类坑槽完全形成后深度一般为 9 ~ 10 cm。此类坑槽产生数量不是太多，但也不少见。

3. 底面层和基层间产生坑槽

路表水透过沥青面层（两层式或三层式）滞留在底面层和基层之间，在大量高速行车荷载（特别是重载车辆）作用下，自由水产生很大的压力并冲刷基层混合料表层细料，形成灰白色浆。灰浆又被荷载压挤，通过各种形状不同和宽窄不同的裂缝（横缝、纵缝、斜缝、网缝）到达道路表面；行车驶过后，部分灰浆和自由水又流回底面层和基层之间，如此一上一下，如挤筒的吸排水作用，反复冲刷裂缝，使裂缝两侧产生新裂缝及碎裂破坏，并出现以裂缝为中心的局部下陷形变。当挤出的灰浆数量大时，可能立即产生坑槽；在数量小时，可使路面形成网裂或局部变形，这样路表水更容易渗入基层顶面，并形成恶性循环，最终导致坑槽出现。这类坑槽完全形成后，深度通常都大于 10 cm，并且绝大多数都出现在车流量较大的行车道上或重载车辆较多的道路上。

4. 刚性组合式路面（含桥面）上产生坑槽

在水泥混凝土板上铺筑薄沥青面层的刚性组合式路面也是沥青路面的一种，为降低噪声和提高雨天行车安全性，铺筑的薄沥青面层的厚度通常为 3.5 ~ 4.0 cm；而为了提高路面的平整度及改善行车舒适性，其铺设厚度一般为 5 ~ 8 cm。沥青面层与水泥混凝土板之间的黏附性不太好，若路表水透过沥青面层滞留在耐水性较好的刚性板上，在车辆荷载作用下会产生挤水压力，使两者之间的黏附性变得更差，并出现分层。由于沥青混合料摊铺厚度的不均匀性，沥青面层局部厚度过薄（< 4 cm），使得面层在车辆荷载的水平推力作用下推移而形成剥落和脱皮，最终产生坑槽。这类坑槽常出现在桥面上，且多数是成片出现。虽然桥梁、通道和立体交叉等构造物的总长度不长，沥青混合料面层铺装面积不大，但其单位面积出现坑槽的数量最多。

沥青路面产生坑槽破损不仅严重影响路面的表面功能和使用性能，还引发出交通安全问题，并造成路面更严重的破损，对沥青路面坑槽进行修补，其最终目的和效果可归纳为四个方面：恢复沥青路面的表面功能；恢复沥青路面的局部强度和承载能力；弥补坑槽破损处原有沥青路面强度和耐水性的不足；避免沥青路面引发更严重的破损。

坑槽修补主要是针对坑槽、局部网裂、龟裂等病害的修补和加强，同时还可以对局部沉陷、拥包以及滑移裂缝等病害进行修补。通常沥青路面坑槽修补的施工工艺为：测定破坏部分的范围和深度，按"圆洞方补"原则，划出大致与路中心线平行或垂直的挖槽修补轮廓线（正方形或长方形）。开槽应开凿到稳定部分，槽壁要垂直，并将槽底、槽壁清除干净。在干净的槽底、槽壁薄刷一层黏结沥青，随即填铺备好的沥青混合料；新填补部分应略高于原路面，待行车压实稳定后保持与原路面相平。坑槽修补的方法较多，一般有热补法、喷补法、热再生法三种。

（1）热补法

其修补工序是：首先用破碎工具铲除修补部位旧路面，然后喷洒沥青黏结层，填充新的热拌沥青混合料，并摊平、压实。根据实际情况，部分高速公路在采用热补法之后使用抗裂贴，取得较好的使用效果。

（2）喷补法

此方法利用高压喷射方式，将乳化沥青经过喷管与输送来的集料相混合，通过控制喷管上的乳液、集料和压缩空气3个开关，把混合料均匀、高速地喷洒到坑槽中，达到密实的黏结效果，无须碾压，无须沥青混凝土拌合厂配合，且不受气候变化影响。

（3）热再生法

其修补方法是：先将高效热辐射加热板放置到待补区域，使得旧沥青路面软化，然后把被软化的沥青旧料，喷洒乳化沥青使旧料现场再生，补充新沥青混合料拌合，并摊铺、压实。这种方法可对旧料进行现场再生利用，减少了环境污染、资源浪费，降低了维修成本，进行修补作业时不受气候变化影响。

除上述几种坑槽修补方法外，还有一些特殊的或新近发展的方法。如采用沥青混合料预制块修补，沥青路面破损处开槽修补的尺寸应等于预制块的倍数，预制块之间的接缝用填缝料填塞。这种坑槽修补方法较为简单，修补料的配比容易控制，密实度能得到保证。日本研究出一种名为"荒川式斜削施工法"的方法，此法是在返土、压平和补铺沥青混合料前，先将被切坑槽的边缘，用特制工具切成45°斜坡形，然后用喷燃器将边缘烧成粗糙形状，接着再铺压沥青混合料。这样可使新料和旧料紧密吻合在一起，不易出现裂缝。

（四）拥包的处置

第一，由于基层原因引起的较严重拥包，先用挖补方法处理基层，待基层稳定密实后，再重做面层。

第二，因施工时操作不慎，将沥青漏洒在路基上形成的拥包，将拥包除去即可。

第三，因面层沥青用量过多或细料集中而产生的较严重拥包，或路面连续多次出现拥包且面积较大，但路面基层仍属稳定，则可用机械或人工将拥包全部除去，并低于路表面约 10 mm。扫尽碎屑、杂物及粉尘后用热沥青混合料重做面层。

第四，对已趋稳定的轻微拥包，应将拥包用机械刨削或人工挖除。

（五）泛油的处置

1. 对于泛油路段

先取样做抽提试验，求出油石比，然后确定不同的处置措施。

第一，严重泛油路段，先撒一层 10~15 mm 粒径或更大的碎石，用压路机强行压入路面，等基本稳定后，再分次撒上 5~10 mm 粒径的碎石，并碾压成型。

另外，还可将含油量过高的软层铣刨清除后，重做面层。

第二，泛油较重路段，根据情况可先撒 5~10 mm 粒径的碎石，用压路机碾压，待稳定后，再撒 3~5 mm 粒径的石屑或粗沙，并用压路机或引导行车碾压。

第三，轻度泛油路段，可撒 3~5 mm 粒径的石屑或粗沙，用压路机或控制行车碾压。

2. 施工要求

第一，处置时间应选择在泛油路段已出现全面泛油的高温季节。

第二，撒料应顺行车方向撒，先粗后细；做到少撒、薄撒、匀撒，无堆积、无空白。

第三，禁止使用含有粉粒的细料。

第四，采用压路机或引导行车碾压，使所撒石料均匀压入路面。

第五，如采用行车碾压，应及时将飞散的粒料扫回，待泛油稳定后，将浮动的多余石料清扫并回收。

（六）啃边的处置

第一，挖出破损边缘，切成纵横规则断面，并适当挖深，采取局部加厚面层边部的办法修复。

第二，改善加固路肩或铺设硬路肩，使路肩平整坚实，与路基边缘衔接平顺，并保持路肩应有的横坡，以利排水。

第三，在路面边缘设置路缘石，其顶面与路面面层平齐，以防止啃边。

第四，平交道口或曲线半径较小的路基内侧，可适当加宽路面。

（七）脱皮的处置

第一，由于面层与基层之间黏结不良而脱皮者，应先清除脱落和已松动部分的面层，清扫干净，喷洒透层沥青后，重新铺面层。

第二，如沥青面层层间产生脱皮，应将脱落及松动部分清除，在下层沥青面上涂刷黏结沥青，并重做沥青层。

第三，由于面层与上封层之间黏结不好，或初期养护不良而引起脱皮，应先清除脱皮和松动部分，清扫干净后，洒上黏层沥青，重新做上封层。

（八）路面沉陷的处置

因路基不均匀沉降而引起的局部路面沉陷，若土基和基层已经密实稳定，不再继续下沉，可只修补面层，并根据路面的破损状况分别采取下列处置措施：

第一，路面略有下沉，无破损或仅有少量轻微裂缝，可在沉陷处喷洒或涂刷黏层沥青，再用沥青混合料将沉陷部分填补，并压实平整。

第二，因路基沉陷导致路面破损严重，矿料已松动或脱落形成坑槽的，应按坑槽的维修方法处置。

（九）波浪、搓板的处置

第一，因基层强度不足或稳定性差引起波浪时，应挖掉面层，补强基层后，再铺面层。

第二，因面层和基层间有夹层而引起波浪时，应挖除面层、清除不稳定夹层后，喷洒透层沥青，重铺面层。

第三，小面积面层搓板（波浪），也可在波谷内填补沥青混合料找平，但必须黏结牢固，稳定密实；起伏较大者，则铲除波峰部分进行重铺。

第四，严重的大面积波浪或搓板，应将面层全部挖除，重铺面层。

（十）翻浆的处置

第一，因基层水稳定性不良或含水量过大造成的翻浆，应挖去面层及基层全部松软的部分。将基层材料晾晒干，并适当增加新的硬粒料（有条件时应换填透水性良好的沙砾或工业废渣等），分层（每层不超过15 cm）填补并压实，最后铺筑面层。

第二，低温季节施工的石灰稳定类基层发生上层翻浆，应挖除到坚硬处，另换新料，修衬基层和重铺面层，也可考虑采取短期封闭交通的办法防止翻浆蔓延扩大。

第三，对于因排水不良而造成的翻浆，可加深边沟，增设纵横盲沟，加速路基排水；或供用水稳定性好的垫层、基层，重修面层或增设隔离层。

五、沥青类路面的预防性养护

沥青路面罩面按其使用功能可分为普通型罩面（简称罩面）、防水型罩面（简称封层）和抗滑层罩面（简称抗滑层）三种。

（一）罩面

1.适用范围

罩面主要用于消除破损、完全或部分恢复原有路基平整度、改善路基性能等修复工作。

2. 材料要求

第一，结合料宜使用性能较好的黏稠型道路石油沥青、乳化石油沥青、改性乳化沥青或改性沥青。

第二，宜选择耐磨、强度高的石料。

第三，高速公路、一级公路宜采用中粒式、细粒式密级配沥青混凝土或沥青玛蹄脂结构，二级及二级以下公路可采用热拌沥青碎石混合料结构，三级及三级以下公路可采用沥青表面处置层结构。

3. 厚度要求

罩面厚度应根据所在路段的交通量、公路等级、路基状况、使用功能等综合考虑确定。

第一，当路基状况指数、行驶质量指数为中、良等级，路面仅有轻度网裂时，可采用较薄的罩面层厚（1～3 cm）。

第二，当路基破损、平整度、抗滑三项指标都在中等级以下，又要求恢复到优、良等级时，应采用较厚的罩面层（3～5 cm）。

第三，高速公路、一级公路罩面宜采用4～5 cm的厚度，其他公路可采用较薄的罩面层（1～4 cm）。

第四，各级公路的罩面层厚度不得小于最小施工层厚度。

（二）封层

1. 适用范围

封层主要用于提高原有路面的防水性能、平整度和抗滑性能的修复工作。

2. 材料要求

第一，封层的结合料宜采用乳化石油沥青、改性乳化石油沥青。

第二，矿料宜选用耐磨、强度高的石料。

第三，各种材料技术指标应符合有关规范规定。

第四，高速公路、一级公路可采用沥青稀浆封层养护，但宜采用粗粒式改性乳化沥青混合料，其他等级公路可采用乳化沥青混合料。

3. 厚度要求

第一，交通量较大、重型车较多的路段宜采用厚约1.0 cm的封层。

第二，在中等交通量路段宜采用厚约0.7 cm的封层。

第三，在交通流量小、重型车少的路段宜采用厚约0.3 cm的封层。

（三）抗滑层

1. 适用范围

抗滑层适用于提高路基抗滑能力的修复工作。

2. 材料要求

第一，选用适合铺筑抗滑表层的材料和沥青混合料。

第二，高速公路、一级公路宜选用重交通道路石油沥青、改性石油沥青、改性乳化石油沥青作为结合料。

第三，选用抗滑耐磨的石料，磨光值应大于42。

第四，所用材料技术指标应符合有关规范要求。

3. 厚度要求

第一，用于高速公路、一级公路时厚度不宜小于4 cm。

第二，二级公路宜采用中粒、细粒式沥青混凝土结构，也可采用热拌沥青碎石或沥青表面处置结构，厚度不得小于最小施工层厚度。

第三，三、四级公路可采用乳化沥青封层结构，厚度可为0.5~1.0 cm。

4. 施工要求

按规范规定，施工时应符合下列要求：

第一，对确定罩面的路段，在罩面前必须完成各种病害的处置修复工作，并清除路面上的泥土杂物。

第二，根据施工气温、旧沥青路面状况等因素采取相应施工工艺措施，罩面前必须喷洒黏层沥青，确保新老沥青层的结合。有条件时，洒黏层沥青前最好用机械打毛处理。

第三，当气温低于10℃或路面潮湿时，不得浇洒黏层沥青，不得摊铺沥青罩面层。

第四，采用乳化沥青稀浆封层时，必须有固定的专业人员、固定的专业乳液生产和施工（撒布、摊铺）设备、专职的检测试验人员，并按有关规定进行检测和质量控制。稀浆封层撒布机在使用前，应根据稀浆混合料配合比设计，对集料、乳液、填料、加水量进行认真调试，调试稳定后，方可正式摊铺。

六、沥青类路面的补强与加宽

（一）一般要求

当公路的交通量增大或重车增多时，原有路基的宽度、厚度不能满足行车需要时，则应进行路基的加宽和加厚。在路基加宽时，根据路基情况可分别采用双侧或单侧加宽，如路基过窄，则应在加宽路基后再加宽路基。在路堤加宽时，应注意新旧路基的结合，避免不均匀沉陷。在路堑加宽开挖进坡时，必须自上而下进行，严禁采用大爆破，以免边坡失稳。

路基加宽时，一般可按原路基的分层结构、厚度、使用材料和操作方法进行铺筑。当采用单侧加宽时，应将原路基刮松，增做三角垫层，使加宽后的路拱左右对称。

路基加厚时，应通过调查根据设计确定其厚度，但需注意满足最小压实厚度的要求。当厚度大于最大压实厚度时，应分层铺筑。在路基开始加厚的接头处，在纵向可将原路基挖松 5～10m，挖松深度以不小于加厚路基材料的最大粒径为宜，做成缓坡搭接，以保证新旧路基搭接顺适，不致产生推移。

当路基既要加宽又需加厚时，应先进行加宽，然后进行加厚；待路基稳定后及时铺筑磨耗层和保护层。

（二）施工要求

加宽接槎一般采用摩擦热接法。施工时应使原路面露出坚硬的边缘，刨切时不使原路基面层与基层的粒料松动，使边缘保持垂直，清除干净后，在接槎处均匀涂一层黏结沥青，然后沿边缘覆盖厚度为 10 cm、宽度为 20 cm 的热沥青混合料（石油沥青混合料 130℃～160℃，煤沥青混合料 90℃～120℃）预热路基边缘，待接槎处的沥青路基软化后，再将预热的混合料按厚度摊平，随即用热夯夯实，并用烙铁熨平，紧接着进行碾压。

如原路基有路缘石，应将路缘石移栽至新加宽（或加厚）路基的外侧，并重新夯实路肩后，在路缘石里侧涂黏结沥青。

补强加厚路基时，原有沥青面层经检验调查并进行技术经济比较后，除需再生利用者外，一般可不铲除。但补强仅需在原有路基上加铺沥青补强层时，当原有沥青面层有不稳定软层时则应予铲除，或在夏季气温较高时撒布粗矿料（粒径一般为软层厚度的 0.9 倍），用重型压路机强行压入的方法使其稳定，并对原有路基的其他破损应先予处置，必要时可设平整层。

加厚路基的厚度不大，一般可不调坡。如厚度高差较大，则应统一调坡变更标高，使路基标高提高后的纵坡顺适，并与周围环境相协调。

加宽、加厚同时进行时，宜采用单幅施工、单幅通车的方式，一般不宜中断交通。

七、沥青类路面的翻修与再生利用

为了节约能源，减少环境污染，合理利用筑路资源，少占筑路废料堆放用地和降低路面工程造价，在沥青路面大修、改善工程中，推广采用旧沥青面层的利用技术，是当前国内外养路部门普遍重视的问题。

旧沥青面层的利用，一般可分为两种情况：一是将旧面层的结合料、旧集料进行再生，组配成合格的再生沥青混合料供重新铺筑路面使用，叫作再生利用；二是旧面层在破碎后仅需掺加少量结合料或矿料后使用，叫作重复利用。再生利用按施工温度可分为热拌再生法和冷拌再生法两种。为了改善和提高再生混合料的路用性能，在加入的新沥青中可掺加诸如橡胶热塑性聚合物、硫黄等外掺剂。

不论采用何种利用方法，事先均应进行认真的调查、检测和详细的技术经济分析，因地制宜，量材使用。其利用范围应符合以下规定：

第一，再生利用基本适合各种沥青路基结构的面层。

第二，重复利用仅限于用作面层下嵌锁型基层或联结层；或用作交通量较小路段的路面层下层，但表面必须用新的沥青混合料做封层；也可在交通量不大的次要公路上直接用作面层以及用来作为改善高级、次高级路基的路肩或平交道口次要道路的路基和小面积破损的修补。

再生利用时使用的外接剂或软化剂，以及添加新的集料与旧沥青混合料的掺配方法，可按以下步骤进行：

第一，首先应根据原路基的结构、材料情况，分段采样进行混合料的抽提试验，测定其沥青含量（油石比）以及沥青的针入度、软化点、延度、化学组分，有条件和需要时，还应测定沥青的绝对黏度、流变指数、沥青质和软沥青质的溶度参数等指标，并进行集料的筛分试验，以便针对性地选用再生剂、掺加新的沥青和集料的品种与规格，为再生利用提供翔实、科学的设计依据。

第二，按公路等级、交通量、施工条件等选定再生沥青路面结构类型、使用的层位和相应的沥青针入度指标，即再生沥青所需的针入度。

第三，通过试验确定外掺剂或软化剂的种类和剂量。当旧沥青掺入新沥青及外掺剂或软化剂后，经试验取其针入度、延度和软化点符合要求者，即可作为选定的外掺剂或软化剂及其所需的剂量。

第四，确定新的矿料级配，根据旧矿料级配及其掺配（利用）率、旧矿料细化程度，选择掺配新的粗集料，使其合成级配符合组成要求。

第五，确定结合料用量可按如下方法确定：再生沥青混合料的结合料用量，应包括旧沥青混合料中已有的旧沥青含量、外掺剂或软化剂含量和新沥青的掺配数量。

配合比例应根据新集料用量与旧沥青混合料的比例，以及再生混合料的总油石比，通过马歇尔试验确定。

第六，旧沥青面层再生利用的施工方法主要如下：

①挖揭旧面层，可采用人工或路面铣刨机按面层厚度挖削，应避免破坏基层，并宜在气温较低的季节进行。

②清理、选择旧料，应选用光泽好、不干涩发脆的旧料，并清除附着的黏土、石粉等杂质，收集储运到拌合厂（场）；堆场地基应平整坚实，排水良好，多雨地区宜设雨栅遮阳避雨，保持干燥、松散，料堆高度一般小于 1.5 m，以不结块为度。

③破碎。破碎有冷破碎法和加热破碎法两种。冷破碎法是在气温较低时采用破碎机械破碎后，用筛分机筛除超规格大颗粒及尘土、石粉，按规格将旧料分别堆存备用；加热破碎法即采用各种热能（如太阳能、红外线加热器或炒料器）使沥青旧料热熔分解。

④制备再生沥青混合料

步骤一：掺加再生剂，宜预先将需要掺加的再生剂（常用的有润滑油、机油、玉米油等）喷洒掺拌在沥青旧料中，静止数小时或 1~3d，使再生剂渗入，软化旧料；也可在拌制再生混合料时，将再生剂喷洒入旧料。

步骤二：施工配料，按再生混合料的组成设计，视再生混合料的拌制方式将旧料、新集料、新沥青及再生剂（如有需要）进行配料。若采用人工拌和或间歇式拌和机拌和，可将设计的重量配合比折算成体积比，然后根据每盘（或每鼓）的拌和量计算出旧料、新集料的松方体积和新沥青再生剂的掺加剂量，以确保配料的准确；除自动控制剂量的连续式拌和机拌制外，凡是将旧料、新料分别通过调节传输带的送料速度（控制料斗出料口大小）和控制沥青泵阀门开关来控制掺配比例的，应通过标定和熟练技术工人的操作来达到正确掌握掺配比例。

步骤三：每次掺加新沥青的数量为总沥青量与旧料掺配量中旧沥青含量之差。

步骤四：再生沥青混合料的拌和，必须准确掌握加热、掺配工艺和剂量，切实控制拌和温度，一般新集料先进入高温区，加热温度可达160℃~230℃，而旧料宜进入余热区通过热交换和余热升温熔化，待新旧集料混合后再加入新沥青拌和至颜色均匀一致出料，出料温度应在140℃~160℃。

步骤五：认真做好工地试验，检验再生沥青混合料的沥青含量、物理力学性能等指标，如有不符合设计要求的，应及时检查原因，修正配合比或工艺，以确保工程质量。

步骤六：再生沥青路面的摊铺、碾压、初期养护等工艺、质量要求与一般沥青路面施工基本相同。

第三节　水泥混凝土路面的养护

一、水泥混凝土路面的技术状况评定

根据《公路水泥混凝土路面养护技术规范》（JTJ 073.1—2001）规定，采用路面状况指数（PCI）和断板率（DBL）两项指标评定路面破损状况。

（一）依据路段破损状况调查得到的病害类型、轻重程度和密度数据

按下列公式确定该路段的路面状况指数（PCD，以100分制表示。

$$PCI = 100 - \sum_{i=1}^{n}\sum_{j=1}^{m_j} DP_{ij}W_{ij}$$

式中　i 和 j 病害种类和轻重程度；

n——病害种类总数；

m_i——i 种病害的轻重程度等级数；

DP_{ij}——i 种病害和 j 种轻重程度的单项扣分值；

W_{ij}——同时出现多种破损时，i 种病害和 j 种轻重程度扣分值的修正系数。

单项扣分值 DR_{ij} 和修正系数 W_{ij}，应由有代表性的成员组成的评定小组通过实地评定试验后确定。

（二）依据路段破损状况调查得到的断裂类病害的板块数

依据路段破损状况调查得到的断裂类病害的板块数，按断裂缝种类和严重程度的不同，采用不同的权系数进行修正后，由下式确定该路段的断板率（DBL），以百分数表示。

$$DBL = \left(\sum_{i=1}^{n} \sum_{j=1}^{m_i} DB_{ij} W'_{ij} \right) / BS$$

式中 DB_{ij}——i 种裂缝病害和 j 种轻重程度的板块数；

W'_{ij}——i 种裂缝病害和 j 种轻重程度的修正权系数，按表 2-10 确定；

BS——评定路段内的板块总数。

表 2-10 断板率修正权系数 W'_{ij}

裂缝类型	交叉裂缝			角隅断裂			纵、横、斜向裂缝		
轻重程度	轻	中	重	轻	中	重	轻	中	重
权系数 W'	0.60	1.00	1.50	0.20	0.70	1.00	0.20	0.60	1.00

（三）路面破损状况的评定

路面破损状况分为五个等级，各等级的路面状况指数和断板率的评定标准见表 2-11。

表 2-11 路面破损状况等级评定标准

评定等级	优	良	中	次	差
路基状况指数 PCI	≥85	84～70	69～55	54～40	<40
断板率 DBL/%	≤1	2～5	6～10	11～20	>20

（四）路面结构承载能力的评定

按《公路水泥混凝土路面设计规范》（JTG D40—2011）中规定的方法进行。

（五）路面行驶质量采用行驶质量指数（RQI）进行评定

以 10 分制表示。行驶质量指数同路面平整度指数 IRI 之间的关系，应由有代表性的成员组成的评定小组通过实地评定试验建立，也可参照下列关系式确定行驶质量指数：

RQI=10.5-0.75IRI

行驶质量分为五个等级，各等级评定标准见表 2-12。

表 2-12 行驶质量等级评定标准

评定等级	优	良	中	次	差
行驶质量指数 RQI	≥8.5	8.4～7.0	6.9～4.5	4.4～2.0	<2.0

（六）路面表面抗滑能力

采用横向力系数 SFC 或抗滑值 SRV 以及构造深度两项指标评定。路面抗滑能力分为五个等级，各个等级评定标准见表 2-13。

表 2-13　路面抗滑能力等级评定标准

评定等级	优	良	中	次	差
构造深度 /mm	≥0.8	0.7～0.6	0.5～0.4	0.3～0.2	<0.2
抗滑值 SRV	≥65	64～55	54～45	44～35	<35
横向力系数 SFC	≥0.55	0.54～0.45	0.44～0.38	0.37～0.30	<0.30

二、水泥混凝土路面的养护对策

水泥混凝土路面的养护对策应根据公路等级、交通量及路况评价结果确定。公路养护管理部门可根据公路等级、交通量、路况的评价结果，结合养护资金情况，采取如下维修养护对策：

第一，高速公路及一级公路的路面破损状况等级为优和良，或者二级及二级以下公路的路面破损状况等级为中及中以上时，可采取日常养护、局部或个别板块修补措施。

第二，高速公路及一级公路的路面破损状况等级为中及中以下，或者二级及二级以下公路的路面破损状况等级为次及次以下时，应采取全路段修复或改善措施，包括沥青混合料修补、板块破碎和碾压稳定、铺筑沥青混凝土或水泥混凝土加铺层以及修建纵向边缘排水设施等。

第三，高速公路及一级公路的路面行驶质量、抗滑能力等级为中及中以下，或者二级及二级以下公路的行驶质量等级为次及次以下时，应采取刻槽、罩面或加铺层等措施改善路面的平整度以提高路表面的抗滑能力。

第四，路面结构承载能力不能满足现有交通的要求时，应采取铺筑沥青混凝土或水泥混凝土加铺层措施提高其承载能力。

三、水泥混凝土路面的日常保养

第一，水泥混凝土路面养护工作必须贯彻"预防为主、防治结合"的方针。根据路面实际情况和具体条件，以及水文、地质、气象、交通和公路等级等情况，采取预防性、经常性的保养和相应的修补措施，对于较大范围的路基修理，应安排大、中修或专项工程，使路面处于良好的技术状况。

第二，水泥混凝土路面应以机械养护为主，并积极采用新技术、新材料、新工艺。

第三，水泥混凝土路面养护必须贯彻安全生产的方针，其安全技术、劳动保护等必须符合有关规定，做到安全生产、文明施工、保护环境。

四、水泥混凝土路面常见病害的原因及处置

水泥混凝土路面损坏可分为面层断裂类、面层竖向位移类、面层接缝类、面层表层损坏类等类型。面层断裂类主要指纵向、横向、斜向裂缝，交叉裂缝，断裂板等；面层竖向位移类主要指沉陷、胀起等；面层接缝类主要指接缝填缝料损坏、纵向裂缝张开、唧泥、板底脱空、错台、接缝碎裂、拱起等；面层表层损坏类主要指磨损、露骨、纹裂、网裂、起皮、活性集料反应病害、粗集料冻融裂纹、坑洞、修补损坏等。其损坏的分类分级见表2-14。

表2-14 水泥混凝土路面损坏分类分级

损坏类型		分级标准
面层断裂类	纵向、横向、斜向裂缝	轻：缝隙边缘无碎裂或错台的细裂缝，缝隙宽度小于3 mm；中：缝隙边缘中等碎裂或错台小于10 mm的裂缝，缝隙宽度小于15 mm；重：缝隙边缘严重碎裂或错台大于10 mm的裂缝，缝隙宽度大于15 mm
	交叉裂缝、断裂板	轻：板被轻微裂缝分割成2～3块；中：板被中等裂缝分割成3～4块，或被轻微裂缝分割成5块以上；重：板被严重裂缝分割成4～5块，或被中等裂缝分割成5块以上
面层竖向位移类	沉陷、胀起	轻：车辆以限速驶过时仅引起无不舒适感的轻微跳动；中：车辆驶过时产生不舒适感的较大跳动；重：车辆驶过时产生过大的跳动，引起严重不舒适或不安全感
接缝类	接缝填缝料损坏	轻：整个路段接缝填缝料情况良好，仅有少量接缝出现上述损坏；中：整个路段接缝填缝料情况尚可，1/3以下的接缝长度出现上述损坏，水和硬质材料易渗入或挤入；重：接缝填缝料情况很差，1/3以上的接缝长度出现上述损坏，水和硬质材料能自由渗入或挤入
	纵向裂缝张开	轻：接缝张开10 mm以下；重：接缝张开10 mm以上
	唧泥、板底脱空	轻：车辆驶过时有水从板缝或边缘唧出，或在板接（裂）缝或边缘邻近的表面残留有少量唧出材料的沉淀物；重：在板接（裂）缝或边缘的表面残留有大量唧出材料的沉淀物，车辆驶过时，有明显的颤动和脱空感
	错台	轻：错台量小于5 mm；中：错台量为5～10 mm；重：错台量大于10 mm
	接缝碎裂	轻：仅出现在接缝或裂缝两侧8 cm范围内，尚未采取临时修补措施；中：碎裂范围大于8 cm，部分碎块松动或散失，但不影响安全或危害轮胎；重：影响行车安全或危害轮胎
	拱起	轻：车辆以限速驶过时仅引起无不舒适感的轻微跳动；中：车辆驶过时产生不舒适感的较大跳动；重：车辆驶过时产生过大的跳动，引起严重不舒适或不安全感

续 表

损坏类型		分级标准
面层表层损坏类	磨损、露骨	轻：深度≤3 mm；重：深度＞3 mm
	纹裂、网裂、起皮	轻：板大部分面积出现纹裂或网裂，但表面状况良好，无起皮；中：出现起皮，面积小于等于混凝土板面积的10%；重：板出现起皮，面积大于混凝土板面积的10%
	活性集料反映病害	轻：板出现网裂，面层可能变色，但未出现起皮和接缝碎裂；中：出现起皮和（或）接缝碎裂，沿裂缝和接缝有白色细屑；重：出现起皮和（或）接缝碎裂的范围发展到影响行车安全或危害轮胎，路面表面有大量白色细屑
	粗集料冻融裂纹	轻：裂纹出现在缝或自由边附近0.3 m范围内，缝未发生碎裂；中：裂纹出现在缝或自由边附近，范围大于0.3 m，受影响区内缝出现轻微或中等碎裂；重：裂纹影响区内裂缝出现严重碎裂，不少材料散失
	坑洞	不分轻重程度
	修补损坏	轻：轻微破损，或边缘处有轻微碎裂；中：轻微裂缝或车辙、推移，边缘处有中等碎裂和10 mm以下错台；重：出现严重裂缝、车辙、推移或错台，重新进行修补

（一）水泥混凝土面层断裂类病害

纵向裂缝大多出现在路基横向有不均匀沉降的路段。横向或斜向裂缝，通常由于重载反复作用、温度或湿度梯度产生的翘曲应力或者干缩应力等因素单独或综合作用引起。在开放交通前出现的横向或斜向裂缝，则主要是施工期间锯切缝的时间安排不当所造成。角隅断裂通常由表面水侵入，地基承载力降低，接缝处出现唧泥，板底形成脱空，接缝传荷能力差，重载反复作用等综合作用所引起。有裂缝板在基层和路基浸水软化及重载反复作用下进一步断裂，便形成交叉裂缝和破碎板。

根据混凝土路面板的裂缝情况，可以采用如下修理方法分别予以处理：

第一，对宽度小于3 mm的轻微裂缝，可采取扩缝灌浆的方法，即顺着裂缝扩宽成1.5～2.0 cm的沟槽，清洁后填入粒径为0.3～0.6 cm的清洁石屑，将灌缝材料灌入扩缝内，养护至达到通车强度。

第二，对贯穿全厚的大于3 mm小于15 mm的中等裂缝，可采用条带罩面进行补缝。其方法为先用销缝机顺裂缝两侧各约15 cm，并与横缝平行方向锯成两道深为7 cm的缝口，凿除两横缝内的混凝土后，沿裂缝两侧10 cm每隔50 cm钻直径为1 cm、深为5 cm的钳钉孔，洗刷干净、晾干后，在槽壁及其底部涂刷水泥浆或环氧水泥沙浆，并在孔内填满水泥沙浆，把钳钉插入安装孔内，随即浇筑混凝土，进行振捣并整平。喷洒养护剂，锯缝后灌注填缝料。

第三，对宽度大于15 mm的严重裂缝可采用全深度补块。全深度补块分为集料嵌锁法、刨挖法和设置传力杆法。

（二）水泥混凝土面层竖向位移类病害

沉陷是路面在局部路段范围内的下沉，主要由路基填土或地基的固结沉降或不均匀沉降所引起；胀起是混凝土路面板在局部路段范围内的向上隆起，主要由路基的冻胀或膨胀土膨胀所引起。

1. 沉陷处理

为使沉陷的混凝土板恢复到原来的位置，可采用预升施工法进行处置。面板顶升的基本要求如下：

第一，面板在顶升前，应用水准仪测量下沉板的下沉量，测站距下沉处应大于 50 m，并绘出纵断面，求出升起值。

第二，在混凝土面板上钻孔，孔深应略大于板厚 2 cm，板块顶升宜采用起重设备或千斤顶。

第三，灌注材料可采用水泥沙浆。

第四，灌注材料压入后，每灌一孔应用木楔堵塞，压浆全部完毕，应拔出木楔，宜用高强水泥沙浆堵孔。

第五，压浆材料的抗压强度达到 6 MPa 时，方可开放交通。

2. 胀起的处理

当板端胀起但路面完好时，可用锯缝机缓慢地将拱起处两侧板的 2～3 道横缝加宽、切深，通过释放其应力予以处理；或切开拱起端，将板块恢复原位，然后用填缝料填封接缝。

当板端拱起板块已经发生断裂或破损时，则应根据破损情况分别按前述裂缝修理的方法予以处理。

（三）水泥混凝土面层接缝类病害

第一，纵向接缝张开病害是由于在纵缝内未按规定要求设置拉杆，相邻车道板块在温度和横向坡度的影响下出现横向位移，使纵缝缝隙逐渐变宽。

第二，唧泥和脱空病害是指板接（裂）缝或边缘下的基层细粒料被渗入缝下并积滞在板底的有压水从缝中或边缘处唧出，并由此造成板底面向基层顶面出现局部范围的脱空，接缝填封料失效。基层材料不耐冲刷、接缝传荷能力差和重载反复作用是引起唧泥的主要原因。

第三，唧泥发生和发展过程中，基层顶面受冲刷，细料被有压水冲积在近板底脱空区内，使接缝或裂缝两侧板面出现高程差，形成错台病害。错台的处置方法有磨平法和填补法两种，可根据错台的轻重程度选定。

①高差小于等于 10 mm 的错台，可采用机械磨平或人工凿平。

②高差大于 10 mm 的严重错台，可采用沥青沙或水泥混凝土进行处置。

第四，由于接缝施工不当（包括传力杆设置不当）或者缝隙内进入不可压缩材料，邻近接缝或裂缝约 60 cm 宽度范围内，出现并未扩展到整个板厚的裂缝，或者混凝土分裂成碎块或碎屑，这种损坏称作接缝碎裂病害。

第五，拱起是指水泥混凝土路面在气温升高时，因胀缝不能充分发挥作用，造成板体向上隆起的现象。其处置方法同胀起。

（四）水泥混凝土面层表层破坏类病害

磨损、露骨主要是由于行车荷载的反复作用，以及混凝土的耐磨性差造成的。混凝土面层表面水泥沙浆在车轮的反复作用下被逐渐磨损，沿轮迹带出现微凹的表面。长期磨损使表层沙浆几乎全部磨去，粗集料外露，并且部分粗集料被磨光。

纹裂或网裂是在混凝土板表面出现的一连串细裂纹，起皮是板上部 3～13 mm 深的混凝土出现脱落。这类病害主要是由施工或材料问题造成的。

粗集料冻融裂纹是在混凝土表面接近纵、横向接缝、自由边缘或裂缝处出现的许多密布的半月形细裂纹，裂纹表面常有氢氧化钙残留物，使裂纹周围变成暗色，并最终导致接缝或裂缝 0.3～0.6 m 范围内的混凝土崩解。这种病害主要是由某些粗集料的冻融膨胀压力所造成的，通常先从板的底部开始崩解。

由于冻融或膨胀，粗集料从混凝土中脱落出来而形成坑洞，其直径为 3～10 cm。出现个别坑洞，不作为病害。

对于坑洞补修，应根据不同情况采取相应措施。

第一，对于个别的坑洞，应清除洞内杂物，用水泥沙浆等材料填充，达到平整密实。

第二，对于较多坑洞且连成一片的，应采取薄层修补法进行修补。

①切割面积的图形边线，应与路中心线平行或垂直。

②切割的深度，应在 6 cm 以上，并将切割面内的光滑面凿毛。

③应清除槽内的混凝土碎屑，混凝土拌和物填入槽内，振捣密实，并保持与原混凝土面板齐平。

④喷洒养护剂养护。待混凝土达到通车强度后，方可开放交通。

第三，低等级公路对面积较大、深度在 3 cm 以内、成片的坑洞，可用沥青混凝土进行修补。

①用风镐凿除一个处置区，其图形边线应与路中心线平行或垂直。

②凿除深度以 2～3 cm 为宜，并清除混凝土碎屑。

③将凿除的槽底面和槽壁洒黏层沥青，其用量为 0.4~0.6 kg/m²。

④铺筑沥青混凝土并碾压密实平整。待沥青混凝土冷却后恢复通车时，应控制车速。

第四，表面起皮（剥落、露骨）处置，应根据公路等级和表面破损程度，采取不同的材料和施工方法进行，对局部板块的表面起皮（剥落、露骨）的处置，应根据公路等级和表面破损程度，采取不同的材料和施工方法进行。

①一般公路可采用稀浆封层处置。

②高速公路可采用改性沥青稀浆封层或沥青混凝土处置。

③对于较大面积的水泥混凝土面板表面起皮（剥落、露骨），可采取稀浆封层及沥青混凝土罩面措施。

各种病害的养护或修补措施可参考表2-15。

表2-15　各种病害的养护或修补措施

病害	可暂不修	填封裂缝	填封接缝	部分深度修补	全深度修补	换板	沥青混合料修补	板底堵封	板顶研磨	刻槽	边缘排水
纵、横、斜裂缝和角隅	L	L, M, H			H						
交叉裂缝和断裂板		L, M				M, H					
沉陷、胀起	L, M						M, H	H	M, H		
唧泥、错台	L		L, M					H	H		M, H
接缝碎裂	L			M, H	H		M, H				
拱起	L				M, H	H					
纵缝张开			L, H								
填缝料损坏	L		M, H								
纹裂或网裂和起皮	L, M			M, H			M, H				
磨损和露骨	磨损	磨损					露骨		磨光		
活性集料反应	L				H	M					
集料冻融裂纹	L			M, H	H						

注：表中L、M、H表示病害轻重程度等级：L——轻度；M——中等；H——严重。

五、水泥混凝土路面的改善

水泥混凝土路面整条路段出现较大面积的磨损、露骨，应采取铺设沥青磨耗层的措施，磨耗层可为沥青沙（厚度为 1.0～1.5 cm）、稀浆封层或改性沥青稀浆封层；对局部路段出现路面磨光，应采取机械刻槽的方法，以恢复水泥混凝土路面的表面平整度和摩擦系数。

对板面裂缝很多，或者表面磨损严重开始剥落的路段，可采取加铺面层的方法，以延长路面的使用寿命。加铺层可采用普通水泥混凝土、钢纤维混凝土、钢筋混凝土或沥青混凝土。

面层加铺的基本要求如下：

第一，加铺水泥混凝土面层之前应对旧混凝土路面病害进行处理。凿除破碎板，铺筑与旧板块等强度的水泥混凝土。

第二，清除干净旧混凝土面板表面杂物尘污，清除旧混凝土面板接缝杂物，灌入接缝材料，铺筑一层隔离层，隔离层根据所用材料不同，可分为沥青混凝土隔离层（厚度为 1.5～2.5 cm）、土工布隔离层、沥青油毡隔离层。

第三，铺筑混凝土加铺层，铺筑时应注意以下几点：

①加铺层厚度应通过计算确定，其计算应符合有关公路路面设计规范的规定。加铺层最小厚度：当采用水泥混凝土、钢筋混凝土时应不小于 18 cm；当采用钢纤维混凝土时可取普通混凝土路基板厚度的 0.65 倍，且不小于 12 cm；当采用沥青混凝土时应不小于 7 cm。

②加铺层的纵、横缝应与旧混凝土面板一致，拆模时必须做好锯缝标记。钢筋混凝土板厚横向伸缩缝间距宜为 10 m，并应设传力杆，其他缝的处理同普通混凝土板。

③路面加铺层的施工应符合公路路基有关施工规范的规定。

六、水泥混凝土路面的翻修

水泥混凝土路面翻修前应根据面积、土基、面层情况、交通量等，分别选用水泥混凝土路面或沥青路面结构。在翻修施工中应注意以下几点：

第一，破碎原路基面时，应以一块路面板为最小单位。

第二，旧板凿除应注意对相邻板块的影响，尽可能地保留原有拉杆，并及时清运混凝土碎块。

第三，应清除基层损坏部分，并将基层整平、砸实，对强度达不到的个别板块基层宜用 C15 贫混凝土补强。在混凝土路面板接缝处的基层上涂刷一道宽 20 cm 的沥青带。

第四，在路面排水不良地带翻修路面板时，应在路面板边缘及路肩设置路基纵、横向排水系统，以排除路面积水。

第五，在选用混凝土配合比及相应材料时，应根据路面通车时间的要求选用快速修补材料。

第三章 公路水泥混凝土路面的养护与维修

第一节 概述

  水泥混凝土路面也称刚性路面，其使用的材料、施工方法、施工工艺及路面结构形式等均不同于柔性路面。水泥混凝土路面由于具有强度高、稳定性好、刚度大、耐久性好、扩散荷载能力强等特点，目前已成为我国高架路面发展的重要形式。但其在使用过程中，由于经常受到交通荷载、环境条件等外部因素的作用，混凝土路面容易产生开裂、断板、沉陷、错台等病害，从而影响公路运输的效益和行车安全，因此必须采取积极措施，加强对水泥混凝土路面养护等方面的管理。水泥混凝土路面受设计、施工、养护与使用条件的限制较大，施工不当必然会给后期使用埋下隐患，养护不及时或过于苛刻的使用条件均会导致水泥混凝土路面出现各种破坏。水泥混凝土路面的早期病害主要有裂缝、唧泥、错台等。

  从20世纪80年代起，我国水泥混凝土路面得到迅速发展。但是，近几年水泥混凝土路面的使用状况不佳，使用寿命大大低于设计预期，尤其是一些以货运为主的重要交通干道，早期损坏严重，往往在开放交通的3～5年之内，结构性破坏（断板率）就达到20%以上。也就是说，目前一些水泥混凝土路面并没有体现出使用寿命长、养护费用低的优点。路面使用寿命的长短，除取决于建设质量的好坏外，在很大程度上也取决于养护工作的好坏。水泥混凝土路面作为高级路面，虽然具有使用寿命长、养护工作量小、耐久性好的特点，但在交通荷载和自然环境的综合作用下，水泥混凝土路面会出现各种损坏现象，而且路面一旦开始破坏，其破损就会迅速发展，且修补较其他路面困难。因此，必须在对水泥混凝土路面进行经常性认真检查的基础上，及时发现存在的问题和缺陷，采取有效的技术措施，做好预防性、经常性养护，保证路面处于完好状态，充分发挥水泥混凝土路面使用寿命长的特点和优势。当路面使用性能下降到最低可接受水平时，就必须采取有针对性的养护措施恢复其使用性能，否则将影响车辆的最低行驶速度、安全性、舒适性及道路的运输费用。

一、水泥混凝土路面养护的目的

  第一，通过日常保养，及时发现并修复损坏部分，使路面及其附属设施的各部分均保持完善、整洁、美观。

第二，保持路况良好，使路面具有良好的使用性能，路面各项性能指标均符合要求，以保障行车安全、舒适、畅通。

第三，及时采取合理的工程技术措施，通过周期性养护，提高路面的使用质量，延长路面的使用寿命。

二、水泥混凝土路面养护的工作内容

水泥混凝土路面养护是通过对路面各部分的日常检查、雨季前后检查、恶劣天气和灾害情况下的应急检查及定期检查，发现路面存在的病害及可能引起路面出现病害的因素，采取正确有效的预防、抢修、维修及加固措施，保证路面处于良好的技术状态和使用状态。水泥混凝土路面养护的工作内容包括以下几个方面。

第一，经常清扫行车道和硬路肩上的泥土和杂物，对于中间带、变速车道、爬坡车道、应急停车带，其上的泥土应清扫干净。

第二，路面各种接缝材料出现缺损和溢出时及时填补和清除，并防止泥土、沙石及其他杂物挤压进入接缝内，影响混凝土路面板的正常伸缩。

第三，经常检查和疏通路基路面排水设施，防止积水，以保护路面不受地表水和地下水的损害。

第四，及时清洗和恢复路面各种标线、导向箭头和文字标记，保持各种标线、标记完整无缺、清晰醒目。保持辅助和加强标线作用的突起路标无损坏、松动或缺失，并保持其反射性能。

第五，及时浇灌、剪修路肩外和中央分隔带内种植的乔木、绿篱和花草，以保持路容美观、整齐，及时防治病虫害，及时补植或更新空缺或老化的绿化植物，及时处理影响视距和路面稳定的绿化栽植。

第六，对路面、路肩和路缘石等的局部损坏应查清原因，采用合适的材料并采取相应的措施进行修复，以保持路面具有各级公路所要求的使用状态和服务水平。

第七，对路面的较大损坏，根据路面检查评定结果确定养护对策，安排大修、中修和专项工程进行维修和整治；局部路段路面损坏严重的应予以翻修，以达到设计标准；整个路段平整度、抗滑能力不足的，可以采取罩面处理，并铺筑加铺层，以恢复其表面功能；整个路段路面接缝填缝料失效的，应全面更换。

第八，对承载能力不足和不适应交通发展要求的路面，可根据不同情况进行加铺、加宽，以提高其承载能力和通行能力。

三、水泥混凝土路面养护的一般要求

第一，水泥混凝土路面的特点是在养护良好的条件下，使用年限比其他路面长，但一旦发生破坏、破损，就会迅速发展。因此，必须加强预防性、经常性养护，养护工作必须贯彻"预防为主、防治结合"的方针。根据路面的实际情况和具体条件，以及水文、地质、气候、交通和公路等级等情况，采取预防性、经常性的保养和相应修补，对较大范围的路面修理，应安排大修、中修或专项工程，使路面处于良好的技术状态。

第二，应保持对路面的经常性巡视和观察，及早发现缺陷，查清原因，不失时机地采取适当的措施，以保持路面状况的完好。

第三，水泥混凝土路面在使用过程中，必须对其使用质量进行定期的调查评价，有计划地进行修理和改善，以保持良好的服务状况。

第四，水泥混凝土路面养护应以机械养护为主，并积极采用新技术、新材料、新工艺，提高养护质量。

第五，水泥混凝土路面养护必须贯彻安全生产的方针，其安全技术、劳动保护等必须符合有关规定，做到安全生产、文明施工、保护环境。

四、水泥混凝土路面的养护质量标准

第一，水泥混凝土路面的养护质量标准应符合表3-1的规定。

表 3-1 水泥混凝土路面养护质量标准

项目		高速公路、一级公路	其他等级公路
平整度 /mm	平整度仪	2.5	3.5
	三米直尺/	5	8
	国际平整度指数 IRI（m/km）	4.2	5.8
抗滑	构造深度 TD/mm	0.4	0.3
	抗滑值 SRV/BPN	45	35
	横向力系数 SFC	0.38	0.30
相邻板高差 /mm		3	5
接缝填缝料凹凸 /mm		3	5
路面状况指数 PCI		≥70	≥55

第二，水泥混凝土路面在使用过程中，应对其使用质量进行检查。凡不符合养护质量标准的，应及时维修，或有计划地安排大修、中修或专项工程，予以改善和提高。恢复和改善工程的质量标准，可参照《公路工程质量检验评定标准》（JTG F801—2012）执行。

第二节 水泥混凝土路面的状况调查与评定

一、工作任务

水泥混凝土路面病害形式很多，为了便于对病害原因进行分析、研究，必须要制订出合理的预防对策，探讨维修和治理措施。

二、相关配套知识

（一）路面状况调查

为了解路面现状，选择相应的养护措施，制订养护政策，规划养护工程项目，编制养护计划，在进行路面改建设计时，应进行路面状况调查和评定。

路面状况调查和评定包含七个方面：路面破损状况、结构承载能力、行驶质量、抗滑能力、交通状况（车辆组成和轴载）、路基和路面排水状况及路面修建和养护历史。按调查需求和路面状况的不同，分别选择不同的调查内容和调查深度或细度，采用不同的评定指标和标准。

1. 路面破损状况调查

路面破损状况以病害类型、轻重程度、出现的范围或密度三项属性表征。各种病害和轻重程度出现的范围或密度，以调查路段（或子路段）内出现该种病害和轻重程度等级的混凝土板块数占该路段（或子路段）板块总数的百分率计。同一块板内存在多种病害或轻重程度等级时，以最显著的种类或最重的程度计入系数。

调查工作采用目测和仪具量测方法，每年或每两年进行一次，视破损状况发展速度而定。为确定需采取养护措施的路段（地点），或为路面改建设计提供依据而进行的调查，应沿整个调查路段逐块板进行；而为了解和评定路面现状对使用要求的适应程度，以制定养护政策，分配养护资金，规划养护工程项目，编制养护计划进行的调查，可采用抽样调查方法，抽样规模为10%左右（每千米选取100 m，或者每个子路段选取10%的子路段长度）。

2. 结构承载能力调查

考虑到路面破损严重或者路面需承受比原设计标准轴载数大得多的车辆荷载而进行设计时，应进行现有路面的结构承载能力调查和测定。

调查测定采用无破损试验和破损试验结合的方式进行。无破损试验主要采用承载板、静态弯沉仪（长杆）或落锤弯沉仪等仪器，测定试验荷载作用下的路表挠度曲线，评定接缝传荷能力，判断板底脱空情况。破损试验指钻取各结构层的试样，量取其厚度，并在室内进行强度和模量的测定。

3. 行驶质量调查

行驶质量调查可采用反应类仪器或断面类仪器进行路面平整度测定。不同类型仪器的测定结果，应按预先经过试验建立的关系曲线，统一换算成国际平整度指数。

平整度测定沿调查路段的各个车道逐千米进行。在路面使用初期，进行一次全线平整度测定，而后视交通量大小每隔2～4年测定一次，或者按情况需要对平整度差的路段进行测定。

4. 抗滑能力调查

抗滑能力调查包括路面表面摩阻系数和构造深度测定两项。摩阻系数可采用摆式仪测定路表面抗滑值，或采用偏转轮拖车测定侧向力系数SF，或采用锁轮拖车测定滑移指数SN得到。路表面构造深度采用沙容量法测定。

在路面使用初期，对各路段进行一次全面测定。按路段内各车道路表面的构造情况，分为若干个均匀段落，分别选择代表性测定地点。每隔2～4年测定一次，或根据需要对抗滑性能差或行车安全有疑问的路段进行测定。

（二）路面状况评定

采用路面状况指数PCI和断板率DBL两项指标评定路面破损状况。

第一，依据路段破损状况调查得到的病害类型、轻重程度和密度数据，按式3-1确定该路段的路面状况指数，以100分制表示。

$$\text{PCI} = 100 - \sum_{i=1}^{n}\sum_{j=1}^{m_i} \text{DP}_{ij} W_{ij} \quad (3\text{-}1)$$

$$\text{DP}_{ij} = A_{ij} D_{ij} B_{ij} \quad (3\text{-}2)$$

$$W_{ij} = \begin{cases} 2.5 R_{ij} & R_{ij} < 0.2 \\ 0.5 + 0.686(R_{ij} - 0.2) & 0.2 \leqslant R_{ij} < 0.55 \\ 0.74 + 0.28(R_{ij} - 0.55) & 0.55 \leqslant R_{ij} < 0.8 \\ 0.81 + 0.95(R_{ij} - 0.8) & R_{ij} \geqslant 0.8 \end{cases} \quad (3\text{-}3)$$

$$R_{ij} = \frac{\text{DP}_{ij}}{\sum_{i=1}^{n}\sum_{j=1}^{m_i} \text{DP}_{ij}} \quad (3\text{-}4)$$

式中：i, j——病害种类和轻重程度；

n——病害种类总数；

m_i——i 种病害的轻重程度等级数;

DP_{ij}——i 种病害和 j 种轻重程度的单项扣分值,它是破损密度 D_{ij} 的函数;

D_{ij}——i 种病害和 j 种轻重程度的板块数占调查路段板块总数的比例;

W_{ij}——同时出现多种破损时,i 种病害和 j 种轻重程度扣分值的修正系数;

R_{ij}——各单项扣分值占总扣分值的比值;

A_{ij},B_{ij}——系数,可参考表3-2确定。

其中,单项扣分值 DP_{ij} 和修正系数 W_{ij} 应由有代表性的成员组成的评定小组通过实地评定试验后确定。

表3-2 计算单项扣分值的系数 A_{ij} 和 B_{ij}

	A_{ij}			B_{ij}		
	轻	中	重	轻	中	重
纵、横、斜向裂缝	30		93	0.55	0.52	0.54
角隅断裂	49		95	0.76	0.64	0.61
交叉裂缝、断裂板	70	88	103	0.60	0.50	0.42
沉陷、胀起	49	65	92	0.76	0.64	0.52
唧泥	25	—	65	0.90	—	0.80
错台	30	60	92	0.70	0.61	0.53
接缝碎裂	23	30	51	0.81	0.61	0.71
拱起	49	65	92	0.76	0.64	0.52
纵缝张开	30		70	0.90		0.70
填缝料损坏	10	35	60	0.95	0.90	0.80
纹裂或网裂和起皮	22	60	90	0.70	0.60	0.50
磨损和露骨	20	—	60	0.70	—	0.50
坑洞		30	—		0.60	—
活性集料反应	25	47	70	0.90	0.80	0.70
修补损坏	10	60	90	0.95	0.60	0.54

第二,依据路段破损状况调查得到的断裂类病害的板块数,按断裂缝种类和严重程度的不同,采用不同的权系数进行修正后,由式3-5确定该路段的断板率DBL,以百分数表示。

$$DBL = \left(\sum_{i=1}^{n} \sum_{j=1}^{m_i} DB_{ij} W'_{ij} \right) / BS \quad (3-5)$$

式中:DB_{ij}——i 种病害和 j 种轻重程度的板块数;

W'_{ij}——i 种病害和 j 种轻重程度的修正权系数,按表3-3确定;

BS——评定路段内的板块总数。

表3-3 计算断板率的权系数 W'_{ij}

裂缝类型	交叉裂缝			角隅断裂			纵、横、斜向裂缝		
轻重程度	轻	中	重	轻	中	重	轻	中	重
权系数町 W'_{ij}	0.60	1.00	1.50	0.20	0.70	1.00	0.20	0.6	1.00

第三，路面破损状况分为五个等级，各等级的路面状况指数和断板率的评定标准如表3-4所示。

表3-4 路面破损状况等级评定标准

评定等级	优	良	中	次	差
路面状况指数 PCI	≥85	84~70	69~55	54~40	<40
断板率 DBL/（%）	≤1	2~5	6~10	11~20	>20

第四，路面结构承载能力的评定，按《公路水泥混凝土路面设计规范》（JTG D40—2011）中规定的方法进行。

第五，路面行驶质量采用行驶质量指数 RQI 进行评定，以 10 分制表示。行驶质量指数同路面平整度指数 IRI 之间的关系，应由有代表性的成员组成的评定小组通过实地评定试验确定，也可参照式3-6确定。

RQI=10.5 - 0.75IRI（3-6）

行驶质量分为五个等级，各等级的行驶质量标准如表3-5所示。

表3-5 行驶质量等级评定标准

评定等级	优	良	中	次	差
行驶质量指数 RQI	≥8.5	8.4~7.0	6.9~4.5	4.4~2.0	<2.0

第六，路面表面抗滑能力采用侧向力系数 SFC 或抗滑值 SRV 以及构造深度两项指标评定。

路面抗滑能力分为五个等级，各等级的评定标准如表3-6所示。

表3-6 路面抗滑能力等级评定标准

评价等级	优	良	中	次	差
构造深度/mm	≥0.8	0.7~0.6	0.5~0.4	0.3~0.2	<0.2
抗滑值 SRV	≥65	64~55	54~45	44~35	<35
横向力系数 SFC	≥0.55	0.54~0.45	0.44~0.38	0.37~0.30	<0.30

（三）水泥混凝土路面的养护对策

第一，高速公路及一级公路的路面损坏状况指数评价为优和良，二级及二级以下公路的路面损坏状况指数评价为中及中以上时，可采取日常养护和局部或个别板块修补措施。

第二，高速公路及一级公路的路面损坏状况指数评价为中及中以下，二级及二级以下公路的路面损坏状况指数评价为次及次以下时，采取全路段修复或改善措施，包括沥青混合料修补、板块破碎和碾压稳定、铺筑沥青混凝土或水泥混凝土加铺层以及修建纵向边缘排水设施等。

第三，高速公路及一级公路的路面行驶质量指数、抗滑性能指数评价为中及中以下，二级及二级以下公路的路面行驶质量指数、抗滑性能指数评价为次及次以下时，应分别采取措施，改善路面平整度，提高路表面的抗滑能力。

第四，路面结构承载能力不满足现有交通的要求时，应采取铺筑沥青混凝土或水泥混凝土加铺层措施，提高其承载能力。

第三节　水泥混凝土路面的日常性养护

一、工作任务

水泥混凝土路面病害形式很多，如果对刚出现的小病害不加重视，小病害有可能会发展成为大病害，从而造成路面的整体破坏，所以必须加强重视水泥混凝土路面的日常性养护工作。

二、相关配套知识

（一）水泥混凝土路面日常性养护的要求

第一，路面日常养护应符合下列要求：

①根据水泥混凝土路面日常养护工作的需要，制订日常养护工作计划，道路养管部门应编制月、季和年度养护计划，建立日常巡查制度，及时、准确地掌握路面状况等信息，有计划、有针对性地安排养护项目。

②水泥混凝土路面日常养护应做好预防性、经常性养护，通过经常的巡视检查，及时发现缺陷，查清原因，采取适当措施，清除障碍物，保持路面状况良好。

③水泥混凝土路面的养护质量应达到有关规范和标准规定的养护质量。

④养护作业应严格按照有关技术规范和标准执行。高速公路应采取机械化养护作业方式，迅速、优质、高效地处理各类路面损害和障碍，确保运行质量。

⑤树立高度的服务意识和安全意识，保证养护作业的安全，在路面养护作业中，应满足正常的行车需要，尽量避免完全封闭交通。

⑥不断探索和应用新材料、新设备、新技术、新工艺，以提高养护作业的时效性、机动性、安全性和可靠性。

第二，对于水泥混凝土路面出现的各类病害，必须及时、快速处理。当发现有危及行车安全的病害时，应立即修复或采取临时措施修复，并按有关规定安排修复。

第三，路面的日常养护应根据实际需要配置适用的机具，做好适当的材料储备，并建立可靠的养护材料供应网络，以确保路面养护作业正常进行。

第四，在高速公路上进行路面养护作业的人员，必须接受专门的岗前安全教育和养护作业规程的培训。

第五，在日常养护中，注意收集、利用气象信息和交通信息等相关信息。

①每天应记录天气情况。在多风、多雨、多雾、多雪及多冰冻季节，应随时注意天气的变化。必要时应与当地的气象台（站）保持联系，随时获取最新气象信息，以便及时采取相应措施。

②每月应进行交通量调查统计。

第六，同一横断面由水泥混凝土路面与其他类型路面组成时，水泥混凝土路面按本规范执行，其他路面按相应的规范要求执行。

（二）水泥混凝土路面日常性养护作业

1. 水泥混凝土路面日常养护

（1）应强调预防性和经常性的水泥混凝土路面日常养护

应强调预防性和经常性的水泥混凝土路面日常养护，通过经常性的巡视检查，及早发现缺陷，查清原因，采取适当措施，清除障碍物，保持路面状况良好。

（2）清扫保洁

①水泥混凝土路面必须定期清扫泥土和污物，与其他不同类型路面平面连接处及平交道口应勤加清扫，路面上出现的小石块等坚硬物应予以清除，中央分隔带内的杂物应定期清除，以保持路容整洁。

②路面清扫频率应根据公路状况、交通量大小及其组成、环境条件等确定。路面清扫宜采用机械作业，机械清扫留下的死角，应采用人工清除干净。采用机械清扫时应根据作业路段、面积和作业要求拟定行驶路线，以保证机械使用频率。交通量小的二级或二级以下水泥混凝土路面可采用人工进行日常清扫，清扫前应准备好工具，作业人员应着安全标志服，清扫时应面向来车，并避让行车以保证行车安全。

③路面清扫时，应尽量减少清扫作业产生的灰尘，以免污染环境、危及行车安全。清扫作业宜避开交通流量高峰时段进行。

④路面清扫后的垃圾应运至指定地点进行处理，不得随意倾倒。

⑤当路面被油类物质或化学药品污染时，应清洗干净，必要时用中和剂或其他材料处理后再用水冲洗。

⑥交通标志标牌、示警桩、轮廓标以及防撞栏等交通安全设施应定期擦拭，交通标志及标线受到污染后应及时清扫（洗），保持整洁、醒目。

⑦应保持交通标志标牌、标线、示警桩、轮廓标的完整，发生局部脱落、破损时应采用原材料进行修复或更换。

（3）接缝保养

接缝养护的质量直接影响水泥混凝土路面的使用周期和使用功能，接缝的失养可能导致水泥混凝土路面板块出现唧泥、脱空、冻胀、错台等病害，因此应对接缝进行适时的保养，保持接缝完好，表面平顺。

①防止硬质杂物落入接缝缝隙内，妨碍混凝土板块伸长，从而造成接缝破坏。

②保持接缝填料完好，防止雨水浸入接缝缝隙内软化路基，从而导致混凝土板块损坏。

③保持填缝料饱满、密实、黏结牢固，从而保证接缝完好、表面平整、不渗水。当气温上升造成水泥混凝土板伸长、填缝料挤出并高出路面，高速公路、一级公路超出 3 mm，其他等级公路超过 5 mm 时，应铲平。当气温下降造成水泥混凝土板收缩、接缝扩大有空隙时，应选择当地气温较低时灌注同样的填缝料，以防止泥、沙挤进接缝或雨水渗入接缝。

（4）填缝料的更换

①填缝料的更换是一项经常性的养护工作，填缝料局部脱落时应进行灌缝填补；填缝料脱落缺失大于⅓缝长或填缝料老化、接缝渗水严重时，应立即更换整条接缝的填缝料。

②填缝料更换的周期主要取决于填缝料自身的寿命与施工质量以及路面条件，填缝料的更换周期一般为 2~3 年。

③填缝料技术应符合技术规范的规定。

④填缝料的更换应做到饱满、密实、黏结牢固。清缝、灌缝宜使用专用机具。更换填缝料前，应将原填缝料及掉入缝槽内的沙石杂物清除干净，并保持缝槽干燥、清洁。填缝料灌注深度宜为 3~4 cm。当缝深过大时，缝的下部可填充多孔柔性垫底材料或泡沫塑料支撑条。填缝料的灌注高度夏天宜与面板平，冬天宜稍低于面板 2 mm。多余的或溅到面板上的填缝料应予以清除。填缝料更换宜选在春秋两季，或宜在当地年气温居中且较干燥的季节进行。

（5）排水设施养护

水泥混凝土路面、路肩、中央分隔带、边沟、边坡、截水沟、排水沟、挡土墙等组成路面排水系统。水泥混凝土路面若排水不畅，水渗入路面基层及路基后，会软化路面基层及路基，使混凝土板块破坏。此外，水泥混凝土路面积水形成水膜影响行车安全，故必须对其进行妥善的日常维护，保持系统的排水功能。当排水系统的整体功能不能满足要求时，应通过改善或改建工程进行完善提高。路面排水系统的要求如下。

①对路面排水设施，应采取经常性的巡查并与重点检查相结合的检查措施，发现损坏应及时安排修复，发现堵塞必须立即疏通，路段积水应及时排除。

②应坚持雨前、雨中、雨后上路检查制度。雨天应重点检查超高路段的中央分隔带纵向排水沟、横向排水管、雨水井、集水井等的排水状况，出现堵塞、积水应及时排除。

③排水构造物及路肩修复宜采用与原构造物相同的材料。

④保持路面横坡及路面平整度。当快车道是水泥混凝土路面、慢车道或非机动车道是沥青路面时，应保持沥青路面横坡大于水泥混凝土路面横坡。

⑤保持路肩横坡大于路面横坡，路肩横坡应顺适，并及时修复路肩缺口。

⑥路面板块裂缝应按规定要求进行缝隙封闭。

⑦路面接缝、路肩接缝及路缘石与路面接缝出现接缝变宽、渗水时，应进行填缝处理。

⑧定期修整路肩植物、清除路肩杂物，定期疏通路肩排水设施和中央分隔带排水设施，常年保持路面排水顺畅；及时清除路肩堆积物、杂草、污物；定期疏通路肩边沟、集水井、排水管、集水槽（由拦水带和路肩构成）、泄水口、急流槽等路肩排水设施；定期疏通中央分隔带的进水口、纵向排水沟、雨水井、集水井、横向排水管、渗沟等，同时定期清除雨水井、集水井污物。

⑨地下水常以毛细水、结合水、气态水和游离水形式存在于土和粒料类路面材料内，存在于路面基层、垫层和土基内的游离水会使材料强度降低，产生唧泥或造成路面冻胀破坏。为排除路面下的游离水，常沿水泥混凝土路面外侧边缘稳定基层上设置边部排水设施（一般采用多孔塑料管外包渗滤层），把可能唧泥或喷射出的板块与基层间的截留水排出。由于路面排水系统的不均匀沉降及重沉积物的聚积，应使用大量清水冲洗聚水管或采用管道清理工具疏通，要注意清除出水口的杂物、淤积物和堵塞物。

（6）日常养护中对病害的临时处理措施

水泥混凝土路面产生病害后，为避免病害的进一步恶化及保证道路使用的安全，在日常养护中常常要对病害采取临时性处理措施。病害的临时性处理具有经常性、周期性、预防性、及时性和快速性的特点，要求发现病害立即处理，确保行车安全。不能彻底处理病害时，必须采取临时处理措施，对病害的临时处理方法如下。

①为防止雨水从裂缝中渗透至基层和路基，对裂缝常常采用封闭处理。对表面裂缝及虽然贯穿板厚但面板仍能满足要求的裂缝，且面板稳定的，可采用聚氨酯类、烯类、橡胶类、沥青类胶黏剂对裂缝进行封闭。

②对裂缝造成板块强度不足的，采用环氧树脂类、酚醛和改性酚醛树脂类胶黏剂对裂缝进行封闭。封闭时首先将缝内脱落物及灰尘清除干净，一般采用铁钩和吸尘器等工具清理，对宽度小于 3 mm 的表面裂缝，也可以采用扩缝灌浆的办法封缝。

③为防止污染路面，在灌缝前应在缝的两侧撒沙或滑石粉，然后用灌缝机或灌缝器将封缝料灌入缝中，待封缝料冷却硬化后清理干净施工现场。

④临时处理坑洞的方法有填充沥青混凝土、沥青冷补材料、高强度水泥沙浆等，填充前应将坑洞内的松动物及尘土清除干净。

⑤沉陷的临时处理方法：当沉陷量较小时，可采取铺沥青混凝土的方式进行处理；当沉降量较大时，可在下面铺沥青碎石、上面铺沥青混凝土加以处理。

⑥对于断板，当断板无变形时，采取灌缝料将缝封闭；当断板有变形时，冬季可采取铺筑沥青冷补材料，一般情况可采用沥青混凝土进行临时处理，以保证行车安全。

⑦对于板角破损但无变形的，可采取封缝临时处理；对于板角破损且发生变形的，加铺沥青混凝土或沥青冷补材料补平碾压后开放交通。

2. 冬季养护

冰冻地区的公路在冬季常常积冰、积雪而造成路面太滑，经常发生交通事故。冰雪水渗入路面下常引发冻融病害，从而破坏水泥混凝土路面，加强冰雪地区路基和水泥混凝土路面冬季养护十分必要。冬季养护的要求如下。

①冰雪地区路段水泥混凝土路面冬季养护的重点是除雪、除冰、防滑，作业的重点是桥面、坡道、弯道、垭口及其他严重危害行车安全的路段。

②清除路面冰雪主要采用四种方法，即机械清理、化学处理、路面加热、减少冰与路面的黏着力。

③除雪、除冰、防滑要根据气象资料、沿线条件、降雪量、积雪深度、危害交通范围等确定作业计划，并做好机驾人员培训及机械设备、作业工具、防冻防滑材料的准备。

④除雪作业以清除新雪为主。化雪时，应及时清除雪水和薄冰。除冰困难的路段应以防滑措施为主，除冰为辅。除冰作业应防止破坏路面。

⑤清雪质量受温度影响较大，抓住有利时机融雪非常重要。在降雪量较大的情况下，当雪天转晴后，如室外温度在0℃以上，机械推除积雪后，只需撒非常少量的融雪剂，随着地表温度的增加和行驶汽车的轮胎与地面的摩擦，残留的薄雪将自行融化；室外温度在0℃以下时，清雪时间控制在上午10：00至下午2：00之间。

⑥机械清除积雪后，要及时撒融雪剂融雪、防冻，对桥面、高填方等温度较低的路段，要适当加大融雪剂洒布量。

⑦白天行车道的雪残留到夜晚未能融化而室外温度又较低时，由于路面有残存融雪剂不会形成冰面，但为了使雪尽快融化干净，要在清晨交通量增大之前，或者在一昼夜温度最低的时刻来临之前，再撒一层融雪剂防冻，然后借助过往车辆的车轮压、带、磨作用，加快残雪的融化速度。

⑧路面防冻防滑的主要措施：使用盐或其他融雪剂降低路面上的结冰点；使用沙等防滑材料或与盐掺和使用，加大轮胎与路面间的摩擦系数；防冻、防滑料施撒时间，主要根据气象条件（降雪、风速、气温）、路面状况等来确定，一般可在刚开始下雪时就撒布融雪剂或与防滑料掺和撒布，或者在路面出现冻结前1~2 h(需预估)撒布；防止路面结冰时，通常撒布一次防冻料即可；除雪作业时，撒布次数可以和除雪作业频率一致。

⑨在冰冻地区的冬季养护中，根据养护里程和面积及撒布次数准备防滑融雪材料。常用的融雪剂有氯化钠、氯化钙、氯化镁、异丙醇、乙二醇、氮和磷酸盐化合物等，广泛使用的是氯化钠和氯化钙。在使用融雪药剂时，应注意避免对路面的损伤，对汽车、护栏产生的腐蚀作用，对绿化植物的影响及对环境的污染。

⑩在冰冻和积雪期间，应经常巡视路面和涵洞。当冰阻塞涵洞时，要及时清除洞内的冰，防止涵洞堵塞；在春季气温回升冻融前，应将积雪及时清除至路肩以外，防止雪水渗入路肩；冰雪消融后，应清除路面上的残留物。禁止将含盐的积雪堆积于绿化带内，以防污染绿化植物及绿化地。

第四节 水泥混凝土路面的破损处理技术

一、任务描述

水泥混凝土路面病害形式很多，为便于对病害原因进行分析、研究，制定合理的预防对策，探讨维修和治理措施，《公路水泥混凝土路面养护技术规范》（JTJ 073.1—2001）把病害分为四大类：断裂类、接缝类、竖向位移类和表层类。

二、相关配套知识

（一）一般要求

第一，对各种路面病害的维修，应找准其产生的原因，并根据路面的结构类型、龄期、维修季节、气温等实际情况，采取相应措施。

第二，为防止病害发展和破损面积的扩大，对路面病害的处理应及时，宜早不宜迟。

第三，高速公路和一级公路路面病害的维修宜采用机械作业，其他等级的公路也应尽量提高维修作业的机械化水平。

第四，对病害的维修，事先应有周密的计划，做好材料准备，保证工序之间的衔接，凡需将原路面面层挖除后机械修补作业的坑槽、沉陷、车辙等，宜当日开挖当日修补。

第五，修补面积大于病害的实际面积，修补范围的轮廓线应与路面中心线平行或垂直并在病害以外 10 ~ 15 cm，应采取措施使修补部分与原路面连接紧密。

第六，在病害的处置中，凡需挖除原路面面层后重新铺设面层的，其技术要求应符合现行《公路水泥混凝土路面施工技术规范》（JTG/TF30—2014）的规定；凡需挖除原路面后重做基层的，其技术要求应符合现行《公路路面基层施工技术规范》（JTJ 034—2000）的规定。如果病害不是由于面层或基层材料的性质、结构层或级配类型引起的，重做时所采用的材料、结构及级配类型等宜与原路面相同。

第七，在维修作业时，为保证施工安全，应设置封闭交通及限制交通标志，设置安全显示器及锥形柱。

（二）裂缝维修

水泥混凝土路面的裂缝情况比较复杂，维修时应根据裂缝产生的原因和具体情况，采用不同的材料和相应的维修措施，常用的维修方法有扩缝灌浆、直接灌浆、条带补缝、全深度补块等方法。

1. 对宽度小于 3 mm 的轻微裂缝

可采取扩缝灌浆。

①顺着裂缝扩宽成 1.5 ~ 2.0 cm 的沟槽，槽深可根据裂缝深度确定，最大深度不得超过 2/3 板厚。

②清除混凝土碎屑，吹净灰尘后，填入粒径为 0.3 ~ 0.6 cm 的清洁石屑。

③根据选用的灌缝材料，按《公路水泥混凝土路面养护技术规范》（JTJ 073.1—2001）的规定进行配比，混合均匀后，灌入扩缝内。

④灌缝材料固化后，达到通车强度时，即可开放交通。

2. 对贯穿全厚的大于 3 mm 且小于 15 mm 的中等裂缝

可采取条带罩面方法进行补缝。

①在裂缝两侧切缝时，应平行于缩缝，且距裂缝距离不小于 15 cm。

②凿除两横缝内混凝土的深度以 7 cm 为宜。

③每间隔 50 cm 打一对钮钉孔，钳钉孔的大小应略大于钮钉直径 2 ~ 4 mm，并在两把钉孔之间打一对与钮钉孔直径相一致的耙钉槽。

④钳钉宜采用 φ16 的螺纹钢筋，使用前应除锈。包钉长度不小于 2 cm，弯钩长度为 7 cm。

⑤把钉孔必须填满沙浆，方可将钮钉插入孔内安装。

⑥切割缝的内壁应凿毛，并清除松动的混凝土碎块及表面尘土、裸石。

⑦浇筑混凝土时，应及时振捣密实、抹平，并喷洒养护剂。

⑧修补板块面板两侧，应加深缩缝，并灌注填缝料。

3. 对宽度大于 15 mm 的严重裂缝

可采用全深度补块。全深度补块分集料嵌锁法、刨挖法、设置传力杆法。

①集料嵌锁法适用于无筋混凝土路面交错的接缝，且接缝间隔小于 300 ~ 400 cm。其修补工艺如下。

a. 在修补的混凝土路面位置上，平行于缩缝画线，沿画线位置进行全深度切割。在保留板块边部的前提下，沿内侧 4 cm 的位置，锯 5 cm 深的缝。

b. 破碎、清除旧混凝土过程中不得伤及基层、相邻面板和路肩。若破除的旧混凝土面积当天无法完成混凝土浇筑时，其补块位置应做临时补块。

c. 全深锯口和半深锯口之间的 4 cm 宽条混凝土垂直面应凿成毛面。

d. 处理基层时，基层强度符合规范要求，应整平基层；基层强度低于规范要求时，应予以补强，并严格整平；若基层全部损坏或松软时，应按原设计基层材料重新做基层，其技术要求应符合现行《公路路面基层施工技术规范》（JTJ 034—2000）的规定。

e. 混凝土的配合比应根据设计弯拉强度、耐久性、耐磨性、和易性等要求，先用原材料进行配比设计，各种材料的物理性能及化学成分应符合现行《公路水泥混凝土路面设计规范》（JTG D40—2011）的规定。

f. 用水量应控制在混合料运到工地最佳和易性所需的最小值，最大水灰比为0.4。如采用JK系列混凝土快速修补材料，水灰比以0.3～0.4为宜，坍落度宜控制在2 cm以内。混凝土24 h弯拉强度应不低于3.0 MPa。

g. 混凝土摊铺应在混凝土拌合后30～40 min内卸到补块区内，并振捣密实。

h. 浇筑的混凝土面层应与相邻路面的横断面吻合，其表面平整度应符合现行《公路工程质量检验评定标准》（JTGF801—2012）的规定，补块的表面纹理应与原路面吻合。

i. 补块养护宜采用养护剂，其用量根据养护材料性能确定。

j. 做接缝时，将板中间的各缩缝锯切到1/4板厚处，将接缝材料填入缩缝内。

k. 混凝土达到通车强度后，即可开放交通。

②刨除法也称为倒T形法。适用于接缝间传荷很差部位的修补，在相邻板块横边的下方暗挖15 cm×15 cm的一块面积用于荷载传递。施工要求同集料嵌锁法。

③设置传力杆法适用于寒冷气候和承受重型交通荷载的混凝土路面。施工要求同集料嵌锁法。

a. 处理基层后，应修复、安设传力杆和拉杆。

b. 原混凝土面板没有传力杆或拉杆折断时，应采用与原规格相同的钢筋焊接或重新安设。安装时应在板厚1/2处钻出比传力杆直径为2～4 mm的孔，孔中心距30 cm，其误差不应超过3 mm。

c. 横向施工缝传力杆直径为ϕ25 mm，长度为45 cm，嵌入相邻保留板内深22.5 cm。

d. 拉杆孔直径宜比拉杆直径大2～4 mm，并应沿相邻板块间的纵向接缝板厚1/2处钻孔，中心距80 cm。拉杆采用ϕ16螺纹钢筋（长80 cm），40 cm嵌入相邻车道的板内。

e. 传力杆和拉杆宜用环氧沙浆牢牢地固定在规定位置，摊铺混凝土前，光圆传力杆的伸出端应涂少许润滑油。

f. 新补板块与沥青路肩相接时，应和现有路肩齐平。

g. 传力杆若安装倾斜或松动失效，应予以更换。

（三）板边、板角修补

水泥混凝土路面板角破损和板角断裂是水泥混凝土路面常见病害之一，如不及时修复，将导致病害的扩大，甚至造成整个面板的断裂，进而影响行车安全。

1. 板边修补的基本要求

第一，当对水泥混凝土面板边轻度剥落进行修补时，应将剥落的表面清理干净，用沥青混合料或接缝材料修补平整。

第二，当板边严重剥落时，采用中等裂缝维修的条带罩面方法进行修补。

第三，当板边全深度破碎，采用严重裂缝维修的全深度补块方法即集料嵌锁法、刨挖法、设置传力杆法进行修补。

2. 板角修补的基本要求

第一，板角断裂应按破裂面的大小确定切割范围。

第二，切缝后，凿除破损部分时，应凿成规则的垂直面。对原有钢筋不应切断，如果钢筋难以全部保留，至少也要保留 20～30 cm 长的钢筋头，且应长短交错。

第三，原有滑动传力杆如有缺陷，应予以更换并在新老混凝土之间加设传力杆，传力杆间距控制在 30 cm。

第四，基层不良时，可采用 C15 号混凝土浇筑基层。

第五，与原有路面板的接缝面，应涂刷沥青。如为胀缝，应设置接缝板。

第六，现浇混凝土与老混凝土面板之间的接缝应切出宽 3 mm、深 4 mm 的接缝槽，并灌入填缝材料。

第七，待混凝土达到强度后，方可开放交通。

（四）板块脱空处置

1. 简介

水泥混凝土路面板下封堵是一种预防性养护措施，它是对路面板下和基层、垫层中的空隙进行灌浆。由于空隙被填充，会减少未来发生唧泥或断板的可能性，但此项处置措施不能提高结构设计承载能力，也不能消除因温度变化和交通荷载而造成的错台。因此，板下封堵应在弯沉增大、尚未发现严重唧泥或严重裂缝时进行，如果弯沉很小，也不宜灌浆，以免因灌浆所造成的扰动使弯沉扩大。

2. 面板脱空的判定

板下封堵的首要问题是判定水泥混凝土路面板是否脱空，板块脱空的判定可采用弯沉测定法进行，弯沉的测定需用 5.4 m 长杆弯沉仪及相当于 BZZ-100 重型标准汽车。弯沉仪的测点与支座不应放在相邻两块板上，待弯沉车驶离测试板块后，方可读取百分表值。凡弯沉值超过 0.2 mm 的，应确定为板块脱空。

3. 灌浆前检查

灌浆前应检查压浆泵、发电机组各连接部件是否牢固，供电线路、电器是否正常，润滑部位液面是否足够，并彻底排清沙浆搅拌机的积水及残留物。

4. 确定灌浆孔位置

灌浆孔布置应根据路面板块的尺寸、下沉量大小、裂缝状况以及灌浆机械确定。根据各块板的弯沉值和损坏的具体情况，确定需灌浆加固的水泥混凝土板及范围，在混凝土板上确定孔位，并做好标记。

5. 钻孔作业

钻孔作业时，将钻孔机放置在确定的钻孔位置，开动钻机开关，钻头转向无误并有水流出，方能开始钻孔，孔的直径应略大于灌浆的喷嘴直径，一般为 50 mm 左右。孔的深度应穿过混凝土板，钻入稳定的基层 1~3 cm。灌浆孔与面板边的距离不应小于 0.5 m。在一块板上，灌浆孔的数量一般为 5 个，也可根据情况确定。

6. 灌浆

灌浆时应先灌注面板边缘的孔，再灌注面板中间的孔。将灌浆机的喷嘴插入孔中，并封紧以防止浆体从孔中流出。启动灌浆机，将压力泵的压力均匀增加到 1.0~1.5MPa（因机械不同需要的压力各异）时，进行灌浆，待浆体由其他孔中或板块四周挤出时，表明板下空隙已被灌满，应减小压力并将喷口提起，立即用木塞塞孔防止浆体溢出，至浆体初凝后拔出木塞。用高标号沙浆封孔、抹平，关闭压力泵，将灌浆机移到下一个孔继续灌浆，待一块板灌浆完毕后，再移至其他板块灌浆。

7. 开放交通

灌浆区板下的浆体经 2~3 d 的硬化，达到通车强度后，即可开放交通。

8. 板下封堵

水泥混凝土路面板和基层之间由于出现空隙而导致路面沉陷的，可采用沥青灌注、水泥浆、水泥粉煤灰浆和水泥沙浆灌浆等方法进行板下封堵。

（1）沥青灌注法

①灌浆孔的布置参照前面有关论述进行。

②灌浆孔钻好后，应采用压缩空气将孔中的混凝土碎屑、杂物清除干净，并保持干燥。

③宜采用建筑沥青，沥青加热熔化温度一般为 180℃。

④沥青洒布车或专用设备的压力为 200~400 kPa。灌注沥青压满后约 0.5 min，应拔出喷嘴，用木楔堵塞。

⑤沥青温度下降后，应拔出木楔，填进水泥沙浆，即可开放交通。

（2）水泥灌浆法

①灌浆孔的布设与沥青灌注法相同。

②灌注机械可用压力灌浆泵，灌注压力为 1.5~2.0 MPa。

③灌浆作业应先从沉陷量大的地方的灌浆孔开始，逐步由大到小。当相邻孔或接缝中冒浆，可停止泵送水泥浆，每灌完一孔应用木楔堵孔。

④待沙浆抗压强度达到 3 MPa 时，用水泥沙浆堵孔，即可开放交通。

（五）唧泥处理

1. 压浆处理路面唧泥

水泥混凝土路面唧泥病害，应采取压浆处理，其要求应按板下封堵沥青灌注、水泥浆、水泥粉煤灰浆和水泥沙浆灌浆等方法进行。水泥混凝土面板进行压浆处理后，应对接缝及时灌浆。

2. 设置排水设施

有唧泥表明路面、基层或路基排水不良，应采取措施改进路面、基层和路基排水系统。设置排水系统的基本要求如下。

第一，路面和路肩应设计横坡，宜铺设硬路肩。

第二，路面裂缝、接缝以及路面与硬路肩接缝应密封。

第三，设置纵向积水管和横向出水管。

①在水泥路面的外侧边缘挖一条纵向沟，宽 15~25 cm，沟深挖至集料基层之下 15 cm，横沟与纵沟的交角应在 45°~90° 之间，横沟间的距离约 30 m。

②积水管一般采用 ϕ7.5 多孔塑料管，出水管为无孔塑料管。

③设置纵向和横向水管，并按设计的距离将积水管和出水管连接起来。

④纵向多孔管应包一层渗透性较强的土工织物。

⑤积水管和出水管放入沟槽时，其底部应平顺，横向出水管的坡度应大于或等于纵向排水坡度，出水管的管端应延伸到排水沟内，并设端墙。

⑥管的外围应填放粗沙等渗滤集料，并振动压实。

⑦回填沟槽时，应采用与原路肩相同的材料恢复原状。

第四，盲沟设置的基本要求。

①在沿水泥路面外侧挖纵向沟时，沟底应低于面板 10 cm，在水泥混凝土路面接缝处挖横向沟。

②沟槽底面及外侧铺油毡隔离层，沿水泥路面交界处及盲沟顶部铺设土工布过滤层。

③盲沟内宜填筑碎（砾）石过滤材料。

④盲沟上应采用相同材料恢复路面（路肩）。

（六）错台处置

水泥混凝土路面错台病害，轻则影响行车的舒适性，重则危及行车安全，错台的处置方法有磨平法和填补法两种，可按错台的轻重程度选定。

第一，高差小于且等于 10 mm 的错台，可采用磨平机磨平，或人工找平。无论人工找平还是磨平机磨平，首先均应划定错台处置范围。采用机械磨平法应从错台最高点开始向四周扩展，边磨边用三米直尺找平，直至相邻两块板齐平为止。磨平后，应将接缝内杂物清除干净，并吹净灰尘，及时将嵌缝料填入。采用人工处置法时，应用平头凿由浅到深从一边凿向另一边，凿后的面板应达到基本平衡，凿完后清除接缝杂物，吹净灰尘，及时灌入填缝料。

第二，高差大于 10 mm 的严重错台，可采取沥青沙或水泥混凝土进行处置、补平或调平宽度不小于40倍的错台高差，或用沥青混凝土罩面，或采取板底压浆抬高等方法进行处置。沥青沙填补法不宜在冬季进行，填补时清除掉路面杂物和灰尘，并喷洒一层热沥青或乳化沥青，沥青用量为0.40～0.60 kg/m²。摊铺沥青沙时，修补面纵坡变化应控制在<1%之内，沥青沙填补后，宜用轮胎压路机碾压，初期应控制车辆慢速通过。采用水泥混凝土修补法时，应将错台下沉板凿除2～3 cm深，修补长度按错台高度除以坡度（1%）计算，凿除面应清除杂物灰尘。浇筑聚合物细石混凝土时，混凝土达到通车强度后，即可开放交通。

（七）沉陷处理

沉陷是水泥混凝土路面的严重病害之一，它可以导致面板的错台、严重破碎以致影响行车安全。沉陷处理应设置排水设施，其方法按前述污泥处理排水设施要求处理。沉陷处理方法有板块灌沙顶升法、千斤顶顶升法、浅层接合式修补法和整块板翻修法等。

第一，当车辆驶过时仅引起不舒适而不影响安全性，且纵坡突变量为0.5%～1.0%的轻微沉陷可不予处理。

第二，当某些车辆高速驶过时影响安全，且纵坡突变量大于1.0%的属严重沉陷，严重沉陷可采用提升面板后再压浆的方法进行处理，也可采用先板底灌浆再进行浅层接合式修补调平，或采用沥青混凝土罩面的办法处理。面板在顶升前，应用水准仪测量下沉板的下沉量，测站距下沉处应大于50 m，并绘出纵断面，求出升起值。在每块混凝土面板上钻出两行平行的直径为3 cm的透孔，孔的距离约为1.7 m（板宽3.5 m时，一孔所占面积为3～3.5m²），孔深应略大于板厚2 cm，当板需要从一侧升起时，只需在升起部分钻孔。在升起前将所有孔用木塞堵好，一孔一孔地灌沙，充气管与板接头处用棉絮密封，用排气量为6～10 m³/min的空气压缩机向孔中灌沙，直至下沉板全部顶升就位。灌注材料可采用水泥沙浆。压浆材料的抗压强度达到6 MPa时，方可开放交通。

第三，沉陷并伴有板体开裂时属严重破碎板，一般应整板更换。整板更换时，宜用液压镐将旧板凿除，尽可能地保留原有拉杆，并清运混凝土碎块，将基层损坏部分清除，并整平压实。对基层损坏部分，宜采用C15号混凝土补强，其补强混凝土顶面高程应与旧路面基层顶面高程相同，同时宜在混凝土面板接缝处的基层上涂刷一道宽20 cm的薄层沥青。

第四，整块翻修的面板如处在路面排水不良地带，路面板边缘及路肩应设置路基纵横向排水系统。单一板块翻修时，应在路面板接缝处设置横向盲沟。路面有纵坡时，宜设置纵向盲沟，在纵坡底部设置横向盲沟。

第五，板块修复、混凝土施工时，配合比及所有材料宜采用快速修补材料。修补材料按配合比设计，将拌和好的混合料用翻斗车运送到施工现场，进行人工摊铺。宜采用插入式振捣器振捣边角混凝土，并用振动梁刮平提浆，人工抹平，与原混凝土板面高低一致。对混凝土表面处理时，应按原路面纹理进行，宜采用养护剂进行养护。相邻板边的接缝，用切缝机切至1/4板块深度，清除缝内杂物，灌入接缝材料。待混凝土达到通车强度后，开放交通。

（八）拱起处理

水泥混凝土路面拱起，主要是因胀缝失效，混凝土板块热胀，而突然使横缝两侧的板体明显提高。拱起处理应根据具体情况，采取不同的方法进行处置。

第一，对轻微拱起病害，应用切缝机或其他机具将拱起板间横缝中的硬物切碎，用压缩空气将缝中石屑等杂物和灰尘吹净，将板块复位，再进一步灌填接缝材料。

第二，对严重拱起处理，板端拱起但路面完好时，应根据板块拱起高低程度，计算要切除部分板块的长度。先将拱起板块两侧附近 1~2 条横缝切宽，待应力充分释放后切除拱起端，逐渐将板块恢复原位，在缝隙和其他接缝内应清除并灌接缝材料。

第三，拱起板端发生断裂或破损时，应按严重裂缝处理的集料嵌锁法、刨除法和设置传力杆法进行处置。

第四，拱起板两端间因硬物夹入发生拱起，应将硬物清除干净，使板块恢复原位，应清理接缝内杂物和灰尘，灌填缝料。

第五，胀缝间因传力杆部分或全部在施工时设置不当，使板受热时不能自由伸长而发生拱起，应重新设置胀缝。按水泥混凝土路面有关施工规范执行，使面板恢复原状。

第六，混凝土路面板的胀起与拱起的处理方法一致。

（九）坑洞修补

水泥混凝土路面坑洞的产生，主要是粗集料脱落或局部振捣不密实等原因所致。发生坑洞面积不等，有的在一块板或多块板上出现。坑洞尽管对行车影响不大，但对路面的外观和表面功能都有较大影响，因此，应根据实际情况采取相应措施进行修补。

第一，对个别的坑洞，应清除洞内杂物，用水泥沙浆等材料填充，达到平整密实。

第二，对较多坑洞且连成一片的，应采取薄层修补方法进行修补。

①划出与路中心线平行或垂直的修补区域图形。

②用切割机沿修补图形切槽，切割深度应在 6 cm 以上，用风镐清除槽内混凝土，使槽底平面达到基本平整，并将切割面内的光滑面凿毛。

③用压缩空气吹净槽内的混凝土碎屑和灰尘。

④按原混凝土配比设计配制混凝土，宜掺加早强剂。混凝土拌和物填入槽内，振捣密实，并保持与原混凝土面板齐平。宜喷洒养护剂养护。

⑤待混凝土达到通车强度后，方可开放交通。

第三，低等级公路对面积较大、深度在 3 cm 以内、成片的坑洞，可用沥青混凝土进行修补。

①用风镐凿除一个处置区，其图形边线应与路中心线平行或垂直。

②凿除深度以 2~3 cm 为宜，并清除混凝土碎屑。

③铺筑沥青混凝土前,应将凿除的槽底面和槽壁洒黏层沥青,其用量为 0.4～0.6 kg/m。
④沥青混凝土应碾压密实平整。
⑤待沥青混凝土冷却后,控制车速通车。

(十)接缝维修

水泥混凝土路面的接缝,包括纵向施工缝、纵向缩缝、横向施工缝、横向缩缝、横向胀缝等。接缝是水泥混凝土路面的薄弱环节,最易引起破坏,水、沙子等物也最容易从接缝进入,导致面板的唧泥、脱空、断板、沉陷等病害的产生,因此对接缝必须加强养护维修,以减少路面病害的产生。

1. 接缝填缝料损坏维修

接缝填缝料损坏维修应符合下列规定。
①接缝中的旧填缝料和杂物应予清除,并将缝内灰尘吹净。
②在胀缝修理时,应先将热沥青涂刷缝壁,再将接缝板压入缝内。对接缝板接头及接缝板与传力杆之间的间隙,必须用沥青或其他填缝料填实抹平。上部用嵌缝条的,应及时嵌入嵌缝条。
③用加热式填缝料修补时,必须将填缝料加热至灌入温度。宜用嵌缝机填灌,填缝料应与缝壁黏结良好和填灌饱满。在气温较低季节施工时,应先用喷灯将接缝预热。
④用常温式填缝料修补时,除无须加热外,其施工方法与加热式填缝料相同。
⑤填缝料的技术要求与施工质量验收标准,应符合有关规范的规定。

2. 纵向接缝张开维修

纵向接缝张开维修应符合下列规定。
①当相邻车道面板横向位移、纵向接缝张开宽度在 10 mm 以下时,宜采取聚氯乙烯胶泥、焦油类填缝料和橡胶沥青等加热施工式填缝料。
②当相邻车道板横向位移、纵向接缝张口宽度在 10 mm 以上时,宜采取聚氨酯类常温施工式填缝料进行维修。维修前应清除缝内杂物和灰尘,应按材料配比配制填缝料,宜采用挤压枪注入填缝料。填缝料固化后,方可开放交通。
③当纵向接缝张口宽度在 15 mm 以上时,采用沥青沙填缝。

3. 接缝出现碎裂时接缝维修

该维修应符合下列规定。
①在破碎部位外缘,应切割成规则图形,其周围切割面应垂直于面板,底面宜为平面。
②应清除混凝土碎块,吹净灰尘杂物,并保持干燥状态。
③宜用高模量补强材料进行填充维修。
④修补材料达到通车强度后,方可开放交通。

（十一）表面起皮（剥落、露骨）处置

表面起皮（剥落、露骨）处置应根据公路等级和表面破损程度，采取不同的材料和施工方法进行，对局部板块的表面起皮应进行罩面。

第一，一般公路水泥混凝土板表面起皮（剥落、露骨），宜采用稀浆封层加以处置。

第二，高速公路水泥混凝土板表面起皮（剥落、露骨），宜采用改性沥青稀浆封层或沥青混凝土加以处置。

第三，较大面积的水泥混凝土面板表面起皮（剥落、露骨），宜采取稀浆封层及沥青混凝土罩面加以处置。

（十二）路肩损坏处理

第一，水泥混凝土路面产生开裂、断角、轻微破碎等除严重破碎以外的各种病害、沥青混凝土路肩面层老化网裂或土路肩轻微损坏时，一般不予处理。

第二，水泥混凝土路肩呈严重破碎板及沥青混凝土路肩或土路肩沉陷翻浆时，应换板或翻修路肩。

第五节　水泥混凝土路面的修复与表面功能恢复

一、任务描述

水泥混凝土路面病害形式很多，当在一块板或部分路段上出现破损严重时，通过局部维修养护已经达不到相应的技术要求时，就需要对水泥混凝土路面的整块板或部分路段进行整体修复。当采用修复技术来延长现有路面的使用寿命并不经济时，回收水泥混凝土路面就成为一种可供选择的方案。

二、相关配套知识

（一）整块面板翻修

水泥混凝土路面由于施工、养护和自然因素等原因，会产生严重的沉陷或严重的破碎板等病害，而且集中于一块板内。这时，正常的养护手段无济于事，只能通过整块面板的翻修，才能恢复其使用功能。

第一，旧板凿除应注意对相邻板块的影响，尽可能地保留原有拉杆。宜用液压镐凿除

破碎混凝土板，应及时清运混凝土碎块。

第二，基层损坏部分应予清除，并将基层整平、压实。

①个别板块基层宜用 C15 混凝土将路面基层补强，其补强混凝土顶面标高应与旧路面基层顶面标高相同。

②宜在混凝土面板接缝处的基层上涂刷一道宽 20 cm 的沥青带。

第三，在进行路面板翻修时，在路面排水不良地带、路面板边缘及路肩处，应设置路基纵、横向排水系统。

①单一边板块翻修时，应在路面板接缝处设置横向盲沟。

②较长路段翻修时，宜设纵、横向盲沟，并应在纵坡底部设置横向盲沟。

第四，混凝土配合比及所用的材料，应根据路面通车时间的要求选用快速修补材料。

①混凝土拌和机宜设置在施工现场附近。

②可采用翻斗车运送混合料，人工摊铺。宜用插入式振捣器振捣，振捣时应先用插入式振捣器在板边、角隅处或全面顺序振捣一次，同一位置不少于 20 s，再用平板振捣器全面振捣，振捣时应重叠 10～20 cm，不少于 15～30 s，以不冒泡并泛出水泥浆为止。在全面振捣完成后，再用振捣梁振实、整平，往返拖拉 2～3 遍，振动梁移动的速度应缓慢而均匀，其速度以 1.2～1.5 m/min 为宜。对于不平处，应及时人工补平，最后用平直的滚杆进一步滚平表面，使表面进一步提浆。

③混凝土表面整修，应用木抹多次抹面至表面无溢水为止，发现面板低洼处应补充混凝土，并用直尺检查平整度。

④混凝土表面溢水消失后，宜采用养护剂进行养护，养护剂应在纵、横向各洒布一次，洒布需均匀。

⑤按原路面纹理，可用拉槽器在混凝土表面横向拉槽。

⑥混凝土硬化后，要尽早用切缝机切缝，相邻板块的接缝宜用切缝机切至 1/4 板块深度。

⑦混凝土接缝填封应在混凝土板养护期满后立即进行。清除缝内杂质，灌接缝材料。接缝板和灌缝料的技术要求应符合相关规范的规定。填缝前，缝内必须清扫干净，灌注填缝料必须在缝槽干燥状态下进行，其灌注深度以 3～4 cm 为宜，下部可填入多孔柔性材料。填缝料的灌注高度，夏天应与面板齐平，冬天宜稍低于面板。

⑧混凝土强度达到设计要求后，方可开放交通。

（二）部分路段修复

水泥混凝土路面部分路段损坏，一般是由设计、施工、材料、工艺、交通量、超载、养护不当等因素造成的，严重影响行车安全。对于水泥路面损坏路段，必须进行彻底修复。

1. 修复前的准备工作

第一，对损坏的路段进行全面的调查并分析原因，制定科学的修复措施。

第二，编制施工组织设计，包括修复的资金、人员、机械、材料、施工工艺、进度计划等。

2. 破碎旧水泥混凝土板

旧水泥混凝土板的破碎，宜采用配备液压镐的混凝土破碎机，液压镐落点间距为 40 cm。

第一，应及时清除混凝土碎块，并运至堆放场地，防止环境污染。

第二，整平基层，采用压路机压实。压路机上下路床应设置三角导木。

第三，在破碎混凝土的过程中，要尽可能地保留拉杆。

3. 基层处理

第一，对基层强度尚好、损坏又不严重的基层，应整平基层，采用轻型压路机压实，对压不倒的死角部分可用冲击夯等机具压实。

第二，基层强度不足且损坏较为严重时，可采用水稳性较好的材料进行处理，如采用水泥稳定碎石、石灰粉煤灰碎石等材料进行补强，其材料技术标准、施工工艺应符合《公路路面基层施工技术规范》（JTJ 034—2000）的有关规定。

4. 路面排水设施

路面排水设施应结合路面维修，设置纵、横向排水系统。排水系统设置应按前述规定执行。

5. 做沥青下封层

混凝土施工前，应在路面基层上做沥青下封层，沥青用量为 1.0 kg/m^3。

6. 新老水泥混凝土板交接处应设传力杆

第一，在新旧路面板交界处，在旧面板 1/2 板厚处，每隔 30 cm 钻一直径为 28 mm、深 22.5 cm 的水平孔。

第二，用压缩空气清除孔内混凝土碎屑。

第三，向孔内灌入高强沙浆。

第四，在旧混凝土板侧向涂刷沥青，将直径 25 mm、长 45 cm 的光圆钢筋，插入老混凝土面板中。

第五，对损坏的拉杆要修复，可在原拉杆位置附近，打直径为 18 mm、深 35 cm 拉杆孔，用压缩空气清孔，灌高强沙浆，将直径 4 mm、长 70 cm 的螺纹钢筋插入老混凝土面板中 35 cm。

7. 钢模板制作与立模

浇筑混凝土拌和物的模板宜采用钢模板，模板的制作与立模应符合下列规定。

第一，钢模板的高度应与混凝土板厚度一致。

第二，钢模板的高度允许误差为 ±2 mm，企口舌部或凹槽的长度允许误差为 ±1 mm。

第三，立模的平面位置与高程应符合设计要求，并应支立准确稳固，接头紧密平顺，不得有裂缝、前后错茬和高低不平等现象。模板接头和模板与基层接触处均不得漏浆。模板与混凝土接触的表面应涂隔离剂。

8. 混凝土拌和物摊铺

混凝土拌和物的摊铺，应符合下列规定。

第一，混凝土板厚度小于 22 cm 时，可一次摊铺；大于 22 cm 时，可分两次摊铺。

第二，摊铺厚度应考虑振实预留高度。

第三，采用人工摊铺，应用锹反扣，严禁抛掷和漏耙，防止混凝土拌和物离析。

9. 混凝土拌和物振捣

混凝土拌和物的振捣，应符合下列规定。

第一，对厚度小于 22 cm 的混凝土板，靠边部和板角应先用插入式振捣器顺序振捣，再用功率不小于 2.2 kW 的平板振捣器纵横交错全面振捣，振捣时应重叠 10 ~ 20 cm，然后用振捣梁振捣拖平。在有钢筋的部位，振捣时应防止钢筋变位。

第二，振捣器在每一位置的振捣持续时间，应以拌和物停止下沉、不再冒泡并泛出水泥浆为准，并不宜过振。用平板式振捣器振捣时，不宜少于 15 s；水灰比小于 0.45 时，不宜少于 30 s；用插入式振捣器振捣时，不宜少于 20 s。

第三，当采用插入式振捣器与平板式振捣器配合使用时，应先用插入式振捣器振捣，再用平板式振捣器振捣。大于 22 cm 的混凝土板，分两次摊铺。振捣上层混凝土拌和物时，插入式振捣器应插入下层混凝土 5 cm，上层混凝土的振捣必须在下层混凝土初凝以前完成。插入式振捣器的移动间距不宜大于其作用半径的 1.5 倍，其至模板的距离不应大于振捣器作用半径的 0.5 倍，并应避免碰撞模板和钢筋。

第四，振捣时应辅以人工找平，并随时检查模板。如有下沉、变形或松动，应及时纠正。

10. 接缝施工

（1）胀缝的施工

胀缝的施工应符合下列规定。

①胀缝应与路面中心线垂直，缝壁与板面必须垂直，缝隙宽度必须一致，缝中不得连浆，缝隙下部应设置胀缝板，上部应浇筑填缝材料。

②胀缝传力杆的活动端可设在缝的一边，或交错布置，固定后的传力杆必须平行于面板和路面中心线，其误差不得大于 5 mm。传力杆的固定，可采用支架固定安装的方法。

（2）缩缝的施工，应采用切缝法

当受条件限制时，可采用压缝法，但高速公路必须采用切缝法。切缝法和压缝法的施工应符合下列规定。

①切缝法施工，当混凝土达到设计强度的 25% ~ 30% 时应采用切缝机进行切割。

②切缝前应调整刀片的进刀深度，宜为 1/4 板厚。切缝时，应随时调整刀片切割方向；停止切缝时，应先关闭开关，将刀片提升到板面以上，停止运转。

③切割时刀片冷却用水,其压力不低于0.2 MPa。

④碎石混凝土的最佳切割抗压强度为6.0～12.0 MPa,砾石混凝土为9.0～12.0 MPa。

⑤待缝槽干燥后,应尽快灌注填缝料。

⑥压缝法施工,当混凝土拌和物做面后,应立即用振动压缝刀压缝,当压至规定深度时,提出压缝刀,用原浆修平缝槽,待混凝土终凝前泌水后,取出嵌缝条,形成缝槽。

（3）纵缝施工

①平缝纵缝,对已浇混凝土板的缝壁应涂刷沥青,并应避免涂在拉杆上。浇筑邻板时,缝的上部应压成规定深度的缝槽。

②企口缝纵缝,宜浇筑混凝土板凹样的一边,缝壁应涂刷沥青。浇筑邻板时,应靠缝壁浇筑。

③整幅浇筑纵缝的切缝或压缝应符合相关规范的有关规定。

④纵缝设置拉杆应采用螺纹钢筋,并应设置在板厚中间,应预先根据拉杆的设计位置放样打眼,吹除孔内混凝土碎屑,灌入高强沙浆,插入拉杆。

（4）接缝时采用灌入式填缝的施工

①填缝前必须保持缝内清洁,防止沙石等杂物进入缝内。

②灌注填缝料必须在缝槽干燥状态下进行,填缝料应与混凝土缝壁黏附紧密,不渗水。

③填缝料灌注深度宜为3～4 cm。当缝槽大于4 cm时,可填入多孔柔性衬底材料,填缝料的灌注高度,夏天宜与面板齐平,冬天宜稍低于面板。

④热灌填缝料加热时,应不断搅拌促进混料均匀。

11. 混凝土板养护

第一,湿态养护宜用草袋、草帘等在混凝土终凝后覆盖于板面,每天均匀洒水,经常保持湿润状态。昼夜温差大的地区,混凝土板浇筑3 d内应采取保温措施,防止混凝土板产生收缩裂缝。混凝土板在养护期间和填缝前,应禁止车辆通行,在达到设计强度的40%后方可允许行人通行。

第二,塑料薄膜养护时,塑料薄膜溶液的配合比应经试验确定,并做好储运和安全工作。塑料薄膜施工宜采用喷洒法。当混凝土表面不见浮土或用手指压无痕迹时,可进行喷洒,喷洒厚度以能形成薄膜为度,其用量宜控制在每千克溶剂喷洒3 m^3 左右。塑料薄膜喷洒后3 d内禁止行人通行,养护期和填缝前禁止一切车辆通行,以确保薄膜的完整。

第三,拆除模板的时间应根据气温和混凝土强度增长情况确定,拆模时不得损坏混凝土板角、边,尽量保持完好。

第四,混凝土板达到设计强度后,方可开放交通。

（三）旧水泥混凝土路面的再生利用

当采用修复技术来延长现有路面的使用寿命并不经济时，回收水泥混凝土路面就成为一种可供选择的方案。

第一，对水泥混凝土板的大面积破坏，可对旧混凝土进行再生利用。混凝土再生利用主要用作水泥混凝土面层粗集料、基层集料和碎块底基层。

第二，旧水泥混凝土板块强度达到石料二级标准时，可作为再生混凝土集料使用。

第三，旧水泥混凝土板再生利用时，应符合下列要求。

①在旧水泥混凝土板破碎前，应标明涵洞、地下管道、排水管位置。在有沥青罩面层处应先用铣刨机清除沥青层。在地下构造物、涵洞、地下管道位置，以及破碎板与保留板连接处的第一块旧混凝土板，应用液压镐破碎。全幅路面板破碎可用落锤式破碎机进行施工。

②将旧水泥混凝土碎块装运到料场进行加工。在旧混凝土板破碎、装运、输送的过程中应将钢筋剔除。旧混凝土集料的最大粒径应为 40 mm，小于 20 mm 的粒料不再作为集料。

③做水泥混凝土配合比设计时，粒径小于 20 mm 的集料宜采用新的碎石。掺加减水剂和二级干粉煤灰。

第四，旧水泥混凝土板块强度达到三级标准可作为基层集料。

①宜采用石灰、粉煤灰黏结旧混凝土集料基层。

②混凝土基层集料含量宜为 80%～85%。

③石灰、粉煤灰比例宜为 1：4。

第五，水泥混凝土路面破损状况属差级时，应将混凝土板破碎作为底基层使用。

①在水泥混凝土路面两侧挖纵、横向排水沟，排除积水。

②旧水泥混凝土板破碎按旧混凝土再生利用第三款第①条执行。落锤落点间距为 30 cm，宜交错布置，混凝土板碎块尺寸不超过 30 cm。

③用灌浆设备将 M5 水泥沙浆灌入板块缝内。

④用 25 t 振动压路机进行振碾，碾压速度为 2.5 km/h，往返碾压 6 次。要求基层稳定，灌浆饱满。

⑤对软弱、松动碎块应予清除，并用 C15 混凝土填补。

（四）水泥混凝土路面表面功能恢复

水泥混凝土路面通车 3～5 年，路面会出现磨光或露骨现象，尤其是耐磨性较差的粗集料、强度不高的水泥和混凝土，路面表面磨损较为突出，影响路面的使用功能。为此，通常采用铺水泥沙浆薄层、沥青磨耗层和刻槽的方法来改善和恢复水泥混凝土路面表面功能。

（1），水泥混凝土路面整条路段出现较大面积的磨损、露骨时，应铺设沥青磨耗层；

弯道、陡坡局部路段出现路面磨光时，应采取机械刻槽的方法，以恢复水泥混凝土路面的表面平整度和摩擦系数。

（2）对水泥混凝土路面面板较大范围的磨损和露骨可铺设沥青磨耗层。

①沥青磨耗层铺筑前应对混凝土面板进行修整和处理，应使水泥混凝土路面干燥清洁，不得有尘土、杂物或油污。

②水泥混凝土路面表面应喷洒 0.4～0.6 kg/m² 的黏层沥青，宜采用快裂型乳化沥青。

③黏层沥青宜用沥青洒布车进行喷洒，在路缘石、雨水进水口、检查井等局部位置与沥青面层接触处用人工涂刷。

④喷洒黏层沥青应符合下列要求：黏层沥青应均匀洒布或涂刷，喷洒过量处应予刮除；当气温低于 10℃ 或路面潮湿时，不得喷洒黏层沥青；喷洒黏层沥青后，除沥青混合料运输车辆外严禁其他车辆、行人通过。

⑤黏层沥青洒布后，应立即铺筑沥青层，乳化沥青应待破乳后铺筑。

（3）沥青磨耗层采用沥青沙，厚度一般为 1.0～1.5 cm。

（4）磨耗层采用稀浆封层时，宜采用的矿料级配及沥青用量范围如表 3-7 所示。

表 3-7　乳化沥青稀浆封层矿料级配及沥青用量范围

筛孔通过量	筛孔/mm		级配类型
	方孔	圆孔	ES-3
通过筛孔的质量百分比（%）	9.5	10	100
	4.75	5	70～90
	2.36	2.5	45～70
	1.18	1.2	28～50
	0.6	0.6	19～34
	0.3	0.3	12～25
	0.15	0.15	7～18
	0.076	0.075	5～15
沥青用量（油石比）/（%）			6.5～12
平均厚度/mm			4～6
混合料用量/（kg/m²）			>8

①稀浆封层的施工温度不得低于 10℃，路面应清洁。稀浆封层矿料级配及沥青用量应符合相应规范要求。

②稀浆封层机施工时应保持匀速前进，稀浆封层厚度要均匀。稀浆封层机摊铺时应保持槽内有近半槽稀浆，摊铺过程中出现局部稀浆过厚，需用橡皮板刮平，稀浆过少应用铁锹取浆补齐，流出的乳液需用刮板刮平，摊铺终点接头处应平直整齐。

③稀浆封层铺筑后到成型前应封闭交通，待乳化沥青破乳、水分蒸发、干燥、路面成型后方可开放交通。

④开放交通初期应有专人指挥，控制车速不得超过 20 km/h，并不得刹车或掉头。

(5)改性沥青稀浆封层

①采用改性沥青稀浆封层时,其施工程序与普通稀浆封层基本相同,但必须使用改性稀浆封层机,采用慢裂快凝型乳化沥青。

②采用慢裂快凝型乳化沥青,一般1 h后可开放交通。

③矿料技术性能应符合《公路沥青路面施工技术规范》(JTG F40—2004)的有关规定。

④在25℃的标准气温下,混合料拌和时间应不少于120 s;当气温为30℃时,拌和时间应不少于180 s。拌和好的混合料应均匀、无花白料,在手中用力攥紧,能攥出水并黏成球体,落地后不散。

⑤由于现场气候与原材料尤其是矿料可能存在的差异,以及室内外条件的差异,所以在施工阶段应对室内选定的配合比数据结合施工现场情况进行适当调整,确定现场最适合的配比,同时应注意气候变化对配比的影响。

⑥对铺完的稀浆封层应进行适当的初期养护,封闭交通,禁止行车碾压,待混合料初凝(黏聚力大于12 kg·cm)时或摊铺后0.5 h,可用10 t轮胎压路机碾压(不能用钢轮压路机),把封层中析出的水挤出,提高封层的密实度和强度,缩短初期养护时间,加快开放交通。

(6)路面磨光时,可采用刻槽法进行处置

混凝土板刻槽宜采用自行式刻槽机,应在指定的线路上安置导向轨,并将导向轮扣在导向轨上,刻槽深度为3~5 mm,槽宽为3~5 mm,缝距为10~20 mm。刻槽时宜由高向低逐步推进。

(7)对局部板块出现的露骨

可采用快速修补混凝土进行薄层水泥混凝土罩面。实施时首先需凿除水泥混凝土面板表面,凿除深度一般为1~5 cm,用高压水冲洗板块毛面,用压缩空气清除板块表面水分,应在混凝土毛面上涂一层界面黏结剂,界面黏结剂应具有较好的黏结性能和一定的黏结强度。然后在现浇混凝土板边立模,配制快速修补混凝土,使其满足坍落度、凝结时间、泌水率和强度的要求,采用强制式搅拌机拌和60~90 s,采用人工摊铺,平板振捣器振捣密实,振动找平,人工抹面、压纹。修补混凝土摊铺后2 h,对其进行保湿养护24 h。

第六节 水泥混凝土路面的加铺与加宽

一、任务描述

水泥混凝土路面病害形式很多,在水泥混凝土路面上铺筑加铺层是一种比较彻底的维修方法,加铺层可以选择水泥混凝土路面,也可以选择沥青混凝土路面。而由于交通量的增长,也可以对原有的路面进行加宽。

二、相关配套知识

（一）水泥混凝土加铺层

1. 选择加铺方式

在旧水泥混凝土路面上，加铺的水泥混凝土路面面层有接合式、分离式及直接式三种。

加铺方式应根据原有路面的损坏情况、接缝类型和布置、原路面的路拱坡度和加铺路面的路拱坡度等条件来选择。当加铺层与原有路面坡度基本一致时，可采用接合式或直接式加铺。当原有路面结构损坏严重、板块裂缝多、不易修复，或原有路面接缝不合理、新旧路面坡度不一致时，应采用分离式加铺层。

第一，接合式加铺层作业时，首先对原路面进行凿毛并清洗干净，涂以黏结剂，随即浇筑加铺层，使加铺层与旧路面黏结为一个整体，共同发挥结构的整体强度作用。可用等刚度法按接合式进行应力计算与厚度设计，接合式加铺层厚度不小于 10 cm。

第二，分离式加铺层是在旧路和加铺层之间设置隔离层，各层混凝土独立地发挥其强度作用。当隔离层为油毡时，其隔离层厚度很小，引起的垂直变形忽略不计，可以直接进行加厚层的应力分析与厚度设计，分离式加铺层厚度不小于 18 cm。

第三，直接式加铺层是在清洗干净的原路面上，不涂黏结剂，也不凿毛，直接浇筑水泥混凝土。由于新旧路面之间的摩擦阻力作用，因而具有一定的结构整体性。层间结合能力介于接合式与分离式之间，直接式加铺层厚度不小于 14 cm。

2. 选择加铺结构

在选择加铺结构时，对大交通量、重载交通道路水泥混凝土路面加铺，应采取连续配筋或钢筋混凝土加铺层。对地面高程受到限制的路面、桥面铺装，可采取钢纤维混凝土加铺层。钢纤维混凝土的弯拉强度为普通混凝土的 1.5～2.0 倍。钢纤维混凝土加铺层可按普通混凝土加铺层的规定，计算普通混凝土加铺层的厚度，然后取普通混凝土加铺层厚度的 0.65～0.75 倍。采用钢纤维混凝土加铺层时，接合式加铺层厚度不小于 5 cm，直接式加铺层厚度不小于 12 cm，分离式加铺层厚度不小于 14 cm。

3. 各类加铺层适用的技术条件

第一，当旧混凝土路面状况评定为"优"时，混凝土路面板块基本完好，板块的平面尺寸和接缝布置合理，新旧路面路拱坡度基本一致，接缝基本对齐。为提高水泥路面的承载能力，宜采用接合式加铺层。加铺层铺筑前应首先对路面的结构性损坏进行修复，对旧混凝土板表面凿毛并仔细清洗路表油污、剥落及接缝中的杂物，重新封缝，并在洁净的混凝土毛面上涂以水泥浆，铺筑水泥混凝土加铺层，宜采用直接式加铺层。

第二，当旧水泥路面状况评定为"良""中"时，路拱坡度基本符合要求，板块的平面尺寸和接缝布置合理，为提高水泥混凝土路面的承载能力，加铺层铺筑前，应首先对路面的结构性损坏进行修复，对旧混凝土路面表面仔细清洗，清除旧混凝土表面剥落碎块及接缝中的杂物，并重新封缝。

第三，当旧水泥路面状况为"次"，或新旧混凝土路面的尺寸不同，或新旧路面路拱坡度不一致，或路面要进行拓宽时，为提高路面的通行能力，应采用分离式加铺层。加铺层铺筑前，应对旧路面严重破碎、脱空、裂缝继续发展的板块进行破碎、清除，用混凝土补平。隔离层材料应采用油毡、沥青沙及细粒式沥青混凝土等稳定性较好的材料。隔离层的厚度为 1.5 ~ 2.0 cm。

第四，当旧水泥路面状况为"差"时，应将旧水泥路面破碎、灌浆、碾压稳定以作为垫层使用，在垫层上铺筑一层半刚性基层，半刚性基层的最小厚度不小于 15 cm，然后再铺筑水泥混凝土加铺层。

4. 加铺前的技术调查

在对旧水泥混凝土路面进行加铺前，应对原有水泥混凝土路面做技术调查，调查的项目有年平均交通量、交通组成及增长率，公路修建与养护的技术资料，原有路面结构、宽度、厚度及路拱情况，原有路面状况的评定，路基的填土高度、地下水位、多年平均最大冻深、排水与积水状况等，旧混凝土的弯拉强度与弯拉弹性模量、旧混凝土路面面板的厚度，基层顶面的当量回弹模量。

5. 旧路面的处理

第一，对旧混凝土路面进行调查，分板块逐一编号，绘制病害平面图。

第二，按设计要求对病害面板进行处理。

第三，板底脱空可采用板下封堵的方法进行压浆处理。

第四，板块破碎，角隅断裂、沉陷、掉边、缺角等病害板，必须用破碎机（液压镐）凿除。清除混凝土碎屑后，整平基层，并夯压密实，然后铺筑与旧板块等强度的水泥混凝土，其标高控制与旧板面齐平。

6. 铺筑隔离层

在旧混凝土顶面宜铺筑一层隔离层。

第一，铺筑前应先清除旧面板表面杂物，冲刷尘污，使板面洁净无异物。

第二，用清缝机清除水泥混凝土面板接缝杂物，用灌缝机灌入接缝材料。

第三，在旧混凝土表面洒布黏层沥青。

①在封闭交通施工的路段，施工路段长度一般不宜大于 1 000 m；在半幅通车半幅施工路段，施工路段长度一般不宜大于 300 m。

②黏层沥青采用热沥青或乳化沥青。沥青用量为 0.4 kg/m²。宜采用快裂洒布型乳化沥青 PC-3、PA-3，乳液中沥青含量不少于 50%，乳化沥青用量为 0.6 kg/m² 洒布过量处，应刮除。

③严禁在已洒布或涂刷黏层沥青的面板上通行车辆和行人，并防止土石杂物等散落在沥青上面。

④应随隔离层摊铺速度相应先行洒布、涂刷黏层沥青，沥青应均匀洒布或涂刷在干燥洁净的旧水泥混凝土面板上，沥青以不流淌为宜。

⑤黏层沥青洒布或涂刷后应紧跟着进行隔离层施工，采用乳化沥青时，摊铺隔离层应在破乳后方可进行。

第四，沥青混凝土隔离层。

①沥青混凝土隔离层的材料技术性能、矿料配级和施工工艺应符合《公路沥青路面施工技术规范 MJTG F40—2004》的相关要求。

②沥青混凝土厚度以 1.5 ~ 2.5 cm 为宜。

③摊铺宽度应超过加铺板边缘 25 cm，严禁出现空白区。

④碾压机械宜采用轮胎压路机，自路边向路中心碾压，边压边找平，至沥青混凝土隔离层平整无轮迹为止。

第五，土工布隔离层。

①在水泥混凝土路面上满铺土工布，边铺边用木棍推压整平。

②在土工布搭接部分涂刷热沥青，土工布纵、横向搭接宽度为 2 cm。

③铺好的土工布隔离层，严禁非施工车辆和行人通行，以避免人为损坏，同时要保持土工布隔离层洁净无污染。

第六，沥青油毡隔离层。

①在水泥混凝土路面上满铺沥青油毡，采用不低于 350 号的石油沥青纸胎油毡，其应符合国家标准《石油沥青纸胎油毡》（GB 326—2007）的技术要求。

②油毡应纵向摊铺，沥青油毡纵、横向搭接宽度为 20 cm。如果摊铺二毡二油，则每层油毡的搭接位置应错开，在沥青油毡搭接部分涂刷热沥青，摊铺时边铺边用滚筒碾平压实，务必使毡油紧贴。

③铺好的沥青油毡隔离层，严禁车辆和行人通行，并保持洁净，发现损坏及时修整。

7. 计算加铺层厚度

水泥混凝土加铺层厚度应通过计算确定，且不小于 18 cm。

①水泥混凝土加铺层半幅施工时模板应采用钢模板，中模以角钢为宜，必须支立稳固，其平面位置与高度应符合设计要求。

②安装模板宜采取由边模固定中模的方法。边模由钢钎固定，中模每间隔 1 m 用膨胀螺丝将模板外侧底部预先定位固定，中、边模之间采用横跨两模板的活动卡梁辅助固定。活动卡梁间距不大于 2 m，并随铺筑进度相应装拆推移。

③混凝土配合比设计，混合料搅拌、运输、摊铺、振捣、整平、接缝设置、表面修整、养护、锯缝、填缝等工艺应符合公路水泥混凝土路面有关施工规范规定。

④加铺层时，新、旧混凝土面板应尽可能对缝；模板拆除时，必须做好锯缝位置的标记。

8. 钢纤维加铺层

钢纤维混凝土加铺层适用于路面标高受到限制的路段。

①钢纤维混凝土加铺层与普通混凝土加铺层的形式相同，也分为接合式、直接式、分离式。钢纤维混凝土加铺层除纤维混凝土施工工艺外，与普通混凝土加铺层的施工前准备工作、对旧面板的处理、立模等基本相同。

②钢纤维混凝土路面板厚应通过结构设计确定，也可取普通混凝土路面板厚度的0.65倍，接合式加铺层厚度不小于5 cm，直接式加铺层厚度不小于12 cm，分离式加铺层厚度不小于14 cm。

③集料的粒径不大于15 mm，钢纤维规格应符合《公路水泥混凝土路面设计规范》（JTG D40—2011）的规定。

④钢纤维用量按占混凝土的体积百分率计，钢纤维体积率为1.27%。钢纤维混凝土拌和物的配合比及混合料搅拌、摊铺、振捣、整平、养护等，均应符合公路水泥混凝土路面有关施工规范的规定。

⑤接合式或直接式加铺层的接缝应与原路面相对应。分离式加铺层可不受老路面限制，横向纵缝间距可为15 m，纵、横向施工缝及胀缝的设置与普通混凝土路面相同，全幅摊铺的路面可不设纵缝，拆模时必须做好锯缝标记。

⑥进行钢纤维混凝土配合比设计时，首先应计算配制强度，确定钢纤维体积率及水灰比、单位用水量、单位水泥用量及含沙率，应采用绝对体积法计算粗细集料的用量，最后计算钢纤维用量。

⑦钢纤维一次性直接投入搅拌机易出现结团现象，为使钢纤维充分分散，国外常将钢纤维通过分散机后再进入搅拌机。常用的钢纤维分散机有振动式、摇拨式、筛筒旋转式和离心式四种类型，机器功率多为0.75～1.0 kW，分散力一般为20～60 kg/min。因使用分散机使钢纤维水泥混凝土搅拌时间延长3～6 min，影响工程进度，常在施工时于料斗入口处设置振动筛。

⑧当干燥的水泥堆在纤维上部时，水泥会渗进纤维骨架内进入搅拌机，一经搅拌易形成内包干燥水泥的钢纤维球。为防止钢纤维结团，需采取分级投料、先干后湿的工艺，即按如下顺序进料：投放瓜子片—1/4钢纤维—1/2沙—水泥—1/2沙—1/4钢纤维—1/2碎石—1/4钢纤维—1/2碎石—1/4钢纤维。混合料需先干拌1 min，然后加水湿拌2 min。

⑨使用插入式振捣器对钢纤维进行振捣时，有可能会使钢纤维向振动着的振动棒聚积，产生集束效应，为确保钢纤维的二维分布，宜使用平板振捣器振捣成型。为保证边角混凝土密实，振捣棒可沿路线纵向斜向拖动。

⑩钢纤维混凝土宜采用真空吸水工艺机械抹平，阻止纤维外露。采用刻槽机刻槽工艺可避免压纹或拉毛产生的平整度差和纤维外露的现象。

⑪钢纤维混凝土收缩性小、抗裂性好，有条件封闭交通的施工路段，采用混凝土摊铺

机可做成整幅式，不设纵缝。钢纤维混凝土养护到设计强度的50%后方可对旧混凝土路面缩缝，每隔15 m切一道缩缝。缝深为1/3～1/4方，清缝后灌入接缝材料。

9. 连续配筋混凝土加铺层

连续配筋混凝土加铺层适用于高速公路。

第一，连续配筋混凝土加铺层的厚度设计方法与普通混凝土路面相同，其所用材料应符合有关施工技术规范的要求。

第二，纵向、横向钢筋应采用螺纹钢筋。纵向钢筋配筋率由计算确定，一般控制在0.5%～0.7%范围内。横向钢筋用量可取纵向钢筋用量的1/5～1/8。

第三，钢筋布置应符合下列要求。

①纵向钢筋间距不小于10 cm且不大于25 cm。

②横向钢筋间距不大于80 cm。

③纵向钢筋焊接长度不小于50 cm，或不小于钢筋直径的30倍，焊接位置相互错开，不应在一个断面上重叠。

④纵向钢筋应设在面板厚度的1/2处，横向钢筋位于纵向钢筋之下，横向钢筋下设梯形混凝土支撑垫块。

⑤边缘钢筋至板边的距离一般为10～15 cm。

第四，纵向钢筋的焊接应采用闪光对焊或电弧焊，焊接的接头形式、焊接工艺和质量验收应符合现行有关施工技术规范的要求。

第五，连续配筋混凝土加铺层的施工必须连续作业，搅拌与运输各个环节应严格控制水量，运输宜采用自卸汽车。

第六，摊铺前应在基层表面洒水，摊铺顺序应严格安排，前后各道工序应紧密衔接，避免高温施工。一般宜采用摊铺机，如采用人工摊铺时应注意防止扰动钢筋的正确位置。每段施工中不得有接缝，若摊铺因故中断，则需设置平缝形式的施工缝，纵向钢筋仍应保持连续，并穿过接缝增设拉杆。

第七，端部处理。在与其他路面或桥梁、涵洞等构造物连接处，必须进行端部处理。可根据实际情况连续设置三道胀缝或三道矩形锚固梁。当采用地梁锚固时，锚固段按设计的结构尺寸开挖地槽，应不扰动两侧基层（垫层）和地基；当采用灌注桩锚固时，桩顶应与混凝土连成整体；当采用宽翼缘工字钢端部接缝时，应确保搁置在枕垫板上的连续配筋混凝土路面板端部可自由滑动，其与工字钢连接的部位以胀缝料充填。

第八，接缝设置。

①一次铺筑宽度为4.5 m时，应增设纵向缩缝。纵缝不另设拉杆，由一侧板的横向钢筋延伸，并穿过纵缝代替拉杆。

②施工缝可采用平缝，纵向钢筋应保持连续，穿过接缝。

③胀缝构造与普通混凝土路面相同。

10. 钢筋混凝土加铺层

钢筋混凝土加铺层适用于一般路段。

第一，钢筋混凝土板厚按普通混凝土板的规定进行设计。

第二，纵、横向钢筋宜采用相同的直径，钢筋的最小直径和最大间距按表3-8确定。

表3-8 钢筋的最小直径和最大间距

钢筋类型	光面钢筋	螺纹钢筋
最小直径/mm	8	12
纵向最大间距/mm	15	35
横向最大间距/mm	30	75

第三，钢筋的搭接长度宜大于直径的25倍，钢筋应设在板面下1/3～1/2板厚范围内，外侧钢筋中心距接缝或自由边的距离为10~15 m，钢筋保护层的最小厚度不小于5 cm。

第四，横向缩缝间距宜为10 m，并应设传力杆，纵缝、胀缝和施工缝的设置与普通混凝土路面相同。

11. 直接式加铺层施工注意事项

直接式加铺层施工需清除旧面板表面积物，冲刷尘污，使板面洁净无异物。直接式加铺层厚度应通过计算确定，且不小于14 cm。

第一，采用直接式加铺层的路段，其板面应基本完好、平整。旧混凝土面板局部裂缝处应采用钢筋网片补强，钢筋网片覆盖于裂缝之上，超过裂缝不小于50 cm，网片距板底面5 cm。

第二，水泥混凝土路面施工按照公路水泥混凝土路面有关施工规范规定执行。

（二）沥青混凝土加铺层

1. 沥青混凝土加铺层的一般要求

沥青混凝土加铺层要求旧混凝土路面稳定、清洁，对面板损坏部分必须维修。

2. 反射裂缝的防治

反射裂缝的防治可采用土工格栅、油毡、土工布、切缝填封橡胶沥青或做二灰碎石、水泥稳定粒料层。

（1）采用土工格栅施工

采用土工格栅施工应符合下列规定。

①先在混凝土面板上洒黏层沥青，沥青用量为0.4 ～ 0.6 kg/m²。

②用1 ～ 2 cm沥青沙调平旧混凝土路面，宜采用玻璃纤维格栅压入沥青调平层，目前常用的玻璃纤维格栅有带自黏胶和不带自黏胶两种。带自黏胶的可直接在平整清洁的路面上铺设，不带自黏胶的通常采用水泥钉加垫片固定。

③玻璃纤维格栅铺设可由拖拉机或汽车改装的专用设备进行铺设,也可人工铺设。铺设前应使胶面向下,铺设应保持其平整、拉紧,不得有起皱现象,使格栅具备有效的张力,铺完一层再用干净的胶轮压路机碾压一遍。玻璃纤维格栅铺设时,要求气温大于10℃,沥青加铺层的最小厚度为4 cm。

④采用膨胀螺丝加垫片固定格栅端部。

⑤格栅纵、横向的搭接部分不小于20 cm,纵向搭接应根据沥青摊铺方向将前一幅置于后一幅上。

⑥格栅中部在混凝土面板纵、横缝位置及两外侧边缘用铁钉加垫片固定。

⑦固定格栅时不能将钉子钉在玻璃纤维上,也不能用锤子直接敲击玻璃纤维,固定后如发现钉子断裂或铁皮松动,则需重新予以固定。

⑧玻璃纤维格栅铺设、固定完成后,必须用胶轮压路机进行适度碾压稳定,使格栅与原路表面黏结牢固。

⑨玻璃纤维格栅背胶易溶于水,雨天或路面潮湿时不得进行施工。因为玻璃纤维格栅有刺激性,所以施工时作业人员应戴防护手套。

⑩在玻璃纤维格栅铺设过程中,若发现路面有较小的坑塘时,可将铺好的格栅在对应坑塘的部分剪开,并用沥青混凝土填平,以便在铺上一层沥青混合料时能保证其具有均匀的压实度。

(2)采用聚酯改性沥青油毡施工

采用聚酯改性沥青油毡施工应符合下列规定。

①将油毡切割成50 cm宽的长条带。

②用压缩空气清除表面杂物和灰尘,在接缝内灌入接缝材料。

③将油毡铺放在接缝处,缝两侧各25 cm,薄膜面朝下,然后用喷灯烘烤油毡地面,当烘烤到薄膜熔化、毡底有光泽并发黑、有一层薄的熔融层时,再用推杆压实油毡,使油毡与底层黏结,按此方法铺好第一卷。

④在油毡接头搭接部分,接合部搭接宽度为10 cm,用汽油喷灯烘烤油毡,当油毡处于熔融状态后压实,要使上、下层油毡紧密地结合在一起。

⑤在沥青层摊铺前,用一层沥青沙覆盖油毡表面。

⑥非施工车辆不得在油毡上行驶,若发现油毡脱皮,使用喷灯烘烤,用推杆压实。

(3)采用土工布施工

采用土工布施工应符合下列规定。

①找平板块错台部位。

②喷洒黏层沥青,其温度为150℃~170℃,沥青用量为0.4~0.6 kg/m,黏层沥青喷洒范围要比土工布宽5~10 cm。

③在一端用垫片加水泥钉固定土工布,然后拉紧、铺平黏贴土工布。将支撑棒插入土工布卷调动制动器,然后提高布卷,展开5~10 m土工布,土工布卷一端与路面边缘成

一直线，拉紧土工布，然后将土工布放下，铺在黏层沥青上。

④在土工布首尾相接处，沿铺布方向搭接 15 cm，土工布连接处应喷洒黏层沥青，相邻两卷土工布边与边的搭接也应沿铺布方向搭接，要确保土工布浸透沥青，土工布施工温度要大于 10 ℃。在弯道上摊铺土工布，可用剪刀将土工布剪开，然后再搭接起来。

⑤土工布铺好以后，沥青混凝土摊铺应立即开始，每天铺完土工布的路段应同时完成沥青混凝土的摊铺。同时应采用全路幅施工，以避免产生纵向施工缝。

⑥严禁非施工车辆在土工布上行驶，沥青混凝土运料车不得在土工布上转弯、掉头、刹车，只能在土工布上倒行。

⑦沥青混凝土应采用 10 t 以上的压路机碾压。

（4）在沥青路面上对应水泥混凝土横向接缝处切缝

灌接缝材料可按下列步骤进行。

①按旧水泥混凝土路面平面图，确定水泥混凝土板的接缝位置。

②在沥青面层已定位的接缝上方，锯深 1.5 cm、宽 0.5 cm 的缝。

③用压缩空气将锯缝清理干净，并保持干燥。

④灌填橡胶沥青。

（5）做二灰碎石、水泥稳定碎石上基层时

基层厚度不小于 15 cm，基层施工按《公路路面基层施工技术规范》（JTJ 034—2000）执行。

3. 沥青混凝土面层结构厚度要求

沥青混凝土面层结构厚度应满足沥青混凝土最小结构厚度的要求，沥青路面厚度一般不低于 7 cm，其施工应符合《公路沥青路面施工技术规范》（JTJ F40—2004）的有关规定。

（三）水泥混凝土路面加宽

加宽部位的路基填筑应符合设计要求，路基顶面应与原路基顶面齐平，施工质量应符合现行路基施工技术规范的要求。

1. 土基加宽

土基加宽时应先将原边坡坡脚或边沟清淤。

第一，必须铲除边坡杂草、树根和浮土，并按《公路路面基层施工技术规范》（JTJ 034—2000）的规定处理。

第二，应分层填筑压实土基。

第三，必须处理好新旧路基的衔接，在新老路基交界处，路基与基层界面上铺设一层土工格栅。

第四，加宽路基时，应同时做好路基排水系统。

2. 路面基层加宽

路面基层拓宽时，新加宽的基层强度不得低于原有水泥混凝土路面的基层强度，宜采用相错搭接法。

3. 混凝土路面加宽

混凝土路面加宽应符合下列要求。

第一，双侧加宽。如原路基较宽，路面加宽后路肩宽度大于 75 cm 时，可以直接加宽并碾压密实，做 1 cm 下封层，设置拉杆，浇筑混凝土板；如路基较窄不具备加宽路面条件的路段，应先加宽路基。如果施工机械和操作方法能保证路基加宽部分达到规定密实度，即可加宽路面，否则应待路基压实稳定后，再加宽路面。

第二，可结合加宽增加、完善路基路面排水系统。

第三，受线形和地形限制时，可采用单侧加宽。

第四，采用与原路面基层结构相同的材料铺筑路面基层。基层厚度大于 20 cm 时，可采用相错搭接法进行。先用切割机距基层边缘 30 cm、沿路线纵向切割 1/2 的基层厚度，用风镐凿除 30 cm 范围内的 1/2 基层厚度，分层摊铺压实路面基层，新加宽的基层强度不得低于原有水泥路面的基层强度。

第五，在平曲线处，应按《公路工程技术标准》（JTG B01—2014）规定设置超高、加宽，原来漏设的，也应结合加宽补设。

第六，加宽的混凝土面板的强度、厚度、路拱、横缝均宜与原混凝土面板相同。板块长宽比应为 1.3 ~ 1.2。路面板加宽应增设拉杆，拉杆设置参照《公路水泥混凝土路面设计规范》（JTG D40—2011）执行。

第七，路面板加宽应按下列方法增设拉杆。

①在面板外侧每间隔 60 cm，在 1/2 板厚处打一深 30 cm、直径 18 mm 的水平孔。

②清除孔内混凝土碎屑。

③向孔内压入高强砂浆。

④插入直径 4 mm、长 60 cm 的螺纹钢筋。

第八，水泥混凝土路面的施工，应符合公路水泥混凝土路面有关施工规范的规定。

第七节　水泥混凝土路面的修补材料

一、任务描述

水泥混凝土路面维修养护的质量与水泥混凝土路面修补材料密切相关。

二、相关配套知识

在进行水泥混凝土路面修补时,如何选择好的修补材料,是保证水泥混凝土路面修补质量的关键之一。优良的修补材料不仅可以使修补后的水泥混凝土路面很快恢复其使用性能,而且几乎看不到明显的修补痕迹。如何选用修补材料,应根据水泥混凝土路面的破坏形式来定。水泥混凝土路面养护维修材料应符合以下要求。

第一,水泥混凝土路面养护维修的常规和专用材料,必须具有足够的强度、耐久性和稳定性,以承受车辆的作用和抵抗自然环境的影响。养护维修的各种材料均应进行必要的试验,不得使用不符合要求的材料。

第二,水泥混凝土路面养护维修的常规材料的技术要求应符合《公路水泥混凝土路面设计规范》、公路水泥混凝土路面有关施工规范《公路沥青路面施工技术规范》的规定。

第三,水泥混凝土路面养护维修所用的路面标线材料的技术要求应符合《道路交通标志和标线》的规定,其他专用材料的技术要求应符合《公路水泥混凝土路面养护技术规范》的规定。

(一)水泥混凝土路面裂缝修补材料

水泥混凝土路面裂缝修补材料,根据其功能可分为补强材料和密封材料。当水泥混凝土路面由于裂缝造成强度不足时,应选用补强材料使其恢复整板传荷能力。当水泥混凝土路面仅出现贯穿裂缝,而板面强度仍能满足使用要求时,为防止雨水渗入侵蚀削弱路基强度,应选用密封修补材料将裂缝封闭。

典型的补强材料分两类:一类是用于灌缝的环氧树脂和改性环氧树脂、酚醛和改性酚醛树脂类胶黏剂;另一类是用于裂缝条带修补的水泥基无机胶凝材料,如掺 JK 系列快速修补剂,其特点是早强、快硬,适宜修补混凝土路面裂缝。

1. 环氧树脂类补强材料

环氧树脂类补强材料的主要组分是环氧树脂,这类材料含有两个以上环氧化基团的高分子化合物。常见的环氧树脂可以分为两类:一类是缩水甘油基型环氧树脂;另一类是环氧化烯烃。在水泥混凝土路面修补过程中所用的环氧树脂类材料,大多属于缩水甘油基型,常用的品种是由多元酚和多元醇制备的双酚 A 环氧树脂。在全国各大化工原料公司或化工黏结剂商店,均可购买到这种材料。

用于水泥混凝土路面裂缝修补的高模量补强材料宜选用经过改性的环氧树脂类材料或经乳化反应过的环氧树脂乳液。

第一,灌入稠度试验方法可按《公路水泥混凝土路面接缝材料》规定的方法进行。

第二,拉伸强度及断裂伸长率试验方法。

①试样。

②试验标准条件。试验环境：温度为 20℃ ±5℃，相对湿度为 5%~65%。试验设备：试验机测量范围为 0 ~ 1000 N，分度值为 2 N，示值精度为 ±1%，试验机上夹具的移动速度为 80 ~ 500 mm/min。

③试验程序。将按工艺要求配好的胶液直接烧入试样模内，固化后加工成标准试样。试样表面应平整、光滑、无气泡、裂纹、明显杂质和加工损伤等缺陷。将合格试样编号，测量试样工作段中部和离标线为 5 mm 之内处各任取一点的宽度和厚度，准确到 0.05 mm，取算术平均值。夹持试样，使试样的中心轴线与上、下夹具的对准中心线一致，安上防护罩，按规定速度（250 ± 50）mm/min 均匀、连续加载直到破坏，读取试样断裂时的荷载，同时量取试样断裂瞬间标距线间的长度若试样断裂在标距外，则该试样作废，另取试样补做。

④结果计算。试样的拉伸强度按下式计算，精确到 0.1 MPa。

$$\sigma_t = \frac{P}{Bd}$$

式中：σ_t——试样拉伸强度，MPa；

P——试样断裂时的荷载，N；

B——试样标距段的宽度，mm；

d——试样标距段的厚度，mm。

试样的断裂伸长率按下式计算：

$$\varepsilon_t = \frac{L_1 - L}{L} \times 100$$

式中：ε_t——试样的断裂伸长率，%；

L_1——试样标距线间初始有效长度，mm；

L——试样断裂瞬间标距线间的长度，mm。

分别计算并报告 5 个试样纵向和横向的算术平均值，精确到 1%。

第三，黏结强度试验方法。

①仪器及材料。抗张仪：单杠杆，抗拉试验沙浆块。

②试件制备。用 42.5 号或 52.5 号硅酸盐水泥和中沙按质量 1：2 的比例混合，水和灰按质量 0.4：1 的比例制成沙浆。将厚约 15 mm 的金属隔板垂直放入沙浆模中间，然后注入沙浆，脱模后，去掉金属隔板成为两个相等的沙浆块。在水中养护 7 d 后，自然风干备用。

取两个沙浆块清除浮沙，在横断面上涂刷 0.5 ~ 1 mm 的补强材料使其全部黏结，在 40℃ ±2℃下干燥 24 h 备用，每组试件 6 块。

取已充分干燥的试件在 20℃ ±1℃条件下放置 1 h，然后于抗张仪上拉断，并记录破坏时的读数。

③结果计算。每个黏结强度的数值按下式计算：

$$F = \frac{P}{S}$$

式中：F——黏结强度，MPa；

P——拉力读数，N；

S——黏结面积（按实际黏结面积计），mm²。

④结果评定。在 6 块试件中选取 4 块数值接近的平均值作为黏结强度的试验结果。

2. 聚氨酯类灌缝补强材料

聚氨酯溶液是一种性能很好的胶结材料，可用于修补水泥混凝土路面裂缝。聚氨酯具有柔性分子链，其耐振动性及抗疲劳性能都很好。聚氨酯还有另一个重要的特点：耐低温性能好，比所有其他任何有机类的胶黏材料耐寒性能都优异。因此，用聚氨酯配成的裂缝灌浆材料耐气候性好，在各个季节和各个不同地区都可以使用。

聚氨酯固化时，几乎没有任何副产品产生，因此不会产生胶结层缺陷。聚氨酯灌浆补强材料是由异氰酸酯和聚氨基甲酸酯，与多元醇或多元胺及其他含活泼氢的化合物，进行加成聚合而成。这些材料可在化工原料商店直接购买。

用于水泥混凝土路面裂缝修补的密封材料宜选用聚氨酯类灌缝材料。

密封材料技术性能测试方法与补强材料技术性能测试方法相同。

（二）水泥混凝土路面接缝修补材料

水泥混凝土路面上的接缝，有纵向施工缝、纵向缩缝、横向施工缝、横向缩缝、横向胀缝等。接缝是水泥混凝土路面的薄弱环节，最易引起破坏，特别是胀缝的损坏率甚高。水泥混凝土路面接缝破坏的原因是多方面的，有材料选用问题，也有施工问题。

水泥混凝土路面的接缝补强材料分为接缝板和填缝料两大类。填缝料又分为加热施工式填缝料和常温施工式填缝料。

用于水泥混凝土路面修补的接缝材料，应符合《公路水泥混凝土路面接缝材料》（JT T203—1995）的规定。水泥混凝土路面修补用接缝材料的性能测试方法，可按《公路水泥混凝土路面接缝材料》（JT T203—1995）推荐的方法进行。

1. 接缝板

使用接缝板对水泥混凝土路面接缝进行补强，所用的接缝板应满足如下技术要求：①应具有一定的压缩性及弹性，当混凝土板高温膨胀时不被挤出，当混凝土板低温收缩时，能与混凝土板缝壁连接，不被拉断，不产生缝隙；②要有良好的耐久性，复原率高，在混凝土路面施工时不变形，且具有较高的耐腐蚀性。

接缝板的品种主要有杉木板、泡沫橡胶板、泡沫树脂板和纤维板。

接缝板的厚度误差范围不应大于 ±5%，长度与宽度误差范围不应大于 ±2%。木类板应挖除板上的树节，并用原质木材修补。该类材料不宜在高等级公路上使用。

2. 填缝料

用于水泥混凝土路面修补的填缝料，应具备如下技术性能。

①与水泥混凝土板缝壁具有较好的黏结力。当混凝土板伸缩时，填缝料能与混凝土板缝壁黏结牢固，而不致从混凝土缝壁上拉脱。

②具有较高的拉伸率，填缝料必须能随混凝土板伸缩，而不致被拉断。

③耐热及耐嵌入性好，在夏季高温时，填缝料不发生流淌。填缝料应耐沙石杂物嵌入，保证混凝土板伸展不受阻。

④具有较好的低温塑性。在冬季低温时，填缝料不发生脆裂，仍具有一定的延伸性。

⑤耐久性好，在野外恶劣的气候条件下，填缝料应能在较长时间保持良好的使用性能，即耐磨、耐水等，不过早老化。填缝料寿命不得低于3年。同时，施工方便，价格适中。

（1）加热施工式填缝料

加热施工式填缝料的品种主要有聚氯乙烯胶泥、沥青橡胶类和沥青玛蹄脂等。

（2）常温施工式填缝料

常温施工式填缝料的品种主要有聚氨酯焦油类、氯丁橡胶类、乳化沥青橡胶类等。

（三）水泥混凝土路面板块修补材料

1. 材料要求水泥混凝土路面板块修补问题，长期以来未能得到很好解决，其根本问题之一是修补材料的性能不理想。根据板块修补的施工特点，用于水泥混凝土路面板块修补的材料必须符合下列技术要求。

第一，快硬高早强。路面修补与普通混凝土路面施工不同，需要进行修补的水泥混凝土路面都是正在使用的道路，不允许长时间封闭交通。因此，修补材料必须具有快速硬化的性能，使修补路面短时间内达到通车的强度要求。用于板块修补的混凝土材料应在24 h内达到原板块设计强度70%以上，48 h内达到原板块设计强度。

第二，收缩小。水泥混凝土路面修补，新老混凝土的结合部位是薄弱环节。造成新老混凝土结合不好的重要因素之一是新拌混凝土的收缩。现浇混凝土产生收缩应力，使新老混凝土拉开。因此，要控制修补材料的收缩率，尽可能选用无收缩或收缩很小的修补材料。混凝土7d内无收缩，28 d的收缩率小于0.02%。

第三，新旧混凝土黏结好。新旧混凝土接合处的剪切强度应达到混凝土整体剪切强度的55%。

第四，后期性能稳定。修补用混凝土的后期强度发展规律应与普通混凝土相一致，不允许强度减少，也不允许强度发展过快，致使新老混凝土力学性能差异太大，影响路面的整体性能。

①水泥。宜选用52.5号普通硅酸盐水泥或52.5号硅酸盐水泥，如因条件限制，也可采用强度富余系数大于1.10的42.5号普通硅酸盐水泥，不宜采用矿渣水泥、粉煤灰水泥、火山灰水泥及后期性能不稳定的硫铝酸盐水泥，禁止使用高铝水泥及其他不适合于水泥混

凝土路面修补的水泥。

②细集料。宜选用细度模数为 2.5～3.0 的河沙，沙子含泥量应小于 1%，禁止使用海沙或特细河沙。

③粗集料。宜选用质地坚硬、级配较好的石灰石。全厚度修补，石子最大粒径宜选用 40 mm 以内；半厚度修补，石子最大粒径宜控制在 30 mm 以内。石子的含泥量应小于 0.5%。

④外掺料。宜选用高早强、收缩小、耐久性好的混凝土快速修补剂。对水泥混凝土路面修补，一般不宜用引气型混凝土减水剂。

⑤水。宜选用干净的河水或饮用水，不得使用污水或海水。

⑥混凝土配合比。应经过实验室试配后确定，混凝土混合料坍落度宜控制在 1 cm 以内。

2. 用快硬水泥配制的修补混凝土性能

①需水量

用快硬水泥配制修补混凝土时，混凝土的用水量要比普通混凝土增加 2%～5% 才能达到相同的坍落度。

②泌水性、凝结时间和易修整性

快硬水泥的泌水性一般要比普通水泥小 1/3 左右，其泌水结束时间要比普通水泥快 1 h 左右。用快硬水泥配制的修补混凝土，初凝时间要比普通混凝土快 30～90 min，终凝时间快 2～3 h，并且初凝到终凝的间隔时间比较短。显然，初凝之后水泥浆硬化特别快。

用快硬水泥配制的修补混凝土比普通混凝土具有更好的塑性，并且泌水少，所以它具有良好的易修整性。但由于快硬水泥的凝结时间较快，且初凝时间和终凝时间间隔很短，所以修补施工时必须十分注意掌握好混凝土表面的养护和抹光时间。

此外，快硬水泥混凝土具有较大的黏塑性，混凝土坍落度损失快，所以修补时要精心施工，以防产生孔洞。

③强度

快硬水泥混凝土的强度发展，对环境温度较为敏感。5℃时，混凝土 14 h 前基本没有强度，24 h 也只有 5.8 MPa 的抗压强度，抗折强度在 1.0~1.5 MPa 间；20℃时，混凝土 8 h 就可获得 5.4 MPa 的抗压强度，24 h 抗压强度可达 20.2 MPa，抗折强度可达 3.5～4.0 MPa；30℃时，混凝土 8 h 就可获得 11.0 MPa 的抗压强度和 2.7 MPa 的抗折强度，24 h 抗压强度可达 28.5 MPa，抗折强度可达 5.0 MPa。

采用快硬水泥进行混凝土路面修补，如以老混凝土设计强度的 80% 作为修补混凝土的通车强度要求，施工环境温度在 5℃～20℃时，混凝土路面修补后约需 3 d 时间可投入使用；20℃～30℃时，混凝土路面修补后需 1～2 d 时间可投入使用。

快硬水泥的抗折强度一般是抗压强度的 1/5~1/6，其弹性模量与普通混凝土相比，稍小一些。

④干缩率

快硬水泥的早期干缩率比普通混凝土稍大一些，但后期反而变小，所以在一般情况下，可以认为快硬硅酸盐水泥的干缩率与普通水泥混凝土基本相同。考虑到混凝土的收缩大，修补时应注意及时养护。

⑤其他性能

快硬水泥的抗渗性、吸水性均与普通硅酸盐水泥相同。它的颜色和普通水泥几乎一样，都呈灰色。它的耐久性、稳定性和长期强度等性能均与普通硅酸盐水泥一样是可以信赖的。

注意事项：

①快硬硅酸盐水泥因其比表面积大，可能有易于风化的趋势。

②与普通混凝土一样，干缩率大，新老混凝土黏结力差。

③初期水化速度快。混凝土内部温度容易升高，这就存在着因温度应力而产生裂缝的危险，所以在使用它进行快速修补时，事先要考虑周到。同时施工季节也要适宜，应尽可能避免在夏季高温期施工。

④混凝土配合比设计时，水灰比应控制在合适的范围内（0.45～0.55）。混凝土的含沙率不必太高，即使比普通混凝土减少2%～4%，也同样能配制出和易性良好的混凝土。

3. 聚合物水泥沙浆和混凝土

聚合物水泥沙浆和混凝土主要包括两大类：一是直接在水泥砂浆和混凝土搅拌时掺入聚合物配制成的混凝土；二是聚合物浸水泥砂浆和混凝土。后者需要加热处理，工艺较复杂。适用于水泥混凝土路面修补的主要是掺聚合物水泥砂浆和混凝土，另外还有环氧改性水泥砂浆。

（1）掺聚合物乳液的水泥砂浆和混凝土

聚合物固体用表面活性剂分散成为微细的球形颗粒（粒径为0.05～1 mm），悬浮于水中即得聚合物乳液。所用聚合物有天然橡胶、合成橡胶、热塑性树脂、热固性树脂、沥青与石蜡等。乳液的浓度通常按质量计为40%～60%。

在掺聚合物乳液时，必须注意聚合物粒子的电性与浆体中的水泥粒子电性一致。水泥粒子通常是不带电的，因此要尽可能地选择由正离子表面活性剂制成的聚合物乳液。

常用的有天然橡胶乳液（由橡胶树脂浓缩加入稳定剂、消泡剂与防老剂等制成）、合成橡胶乳液（由某些单体聚合物制成）、热塑性聚合物乳液等。

聚合物乳液细粒式混凝土可用高分子聚合物乳液和碎石混凝土配制成。对具有高早强要求的聚合物乳液细粒式混凝土可掺入适量的早强剂。适合于配制聚合物乳液细粒式混凝土的高分子聚合物乳液有环氧树脂乳液、丙烯酸酯乳液、苯丙乳液等，掺量宜为10%～15%（占细粒式混凝土用水泥重量百分率）。混凝土坍落度以0.5～1.50 cm为宜。

聚合物在水泥砂浆和混凝土中最佳掺量为10%～20%。在此掺量范围内，水泥混凝土的抗折强度、黏结性能、防水性能、抗冲击、耐磨性等均有明显改善。

掺聚合物乳液的水泥砂浆和混凝土的主要优点可归结为如下几点。

①拌和后的砂浆和混凝土流动性好，用水量较普通水泥砂浆和混凝土低。

②当聚合物掺量为 10% ~ 20% 时，与普通水泥砂浆和混凝土相比，抗拉、抗折强度可提高 150% ~ 1 000%，抗压强度与延伸能力也有所提高。

③与老混凝土黏结力强，以掺聚醋酸乙烯酯溶液的水泥沙浆为例，它与老混凝土的黏结强度相比，高于普通水泥砂浆和混凝土 9 ~ 10 倍。

④由于聚合物填塞了硬化体中的孔隙，加强了水泥石与集料的黏结，其抗渗、抗冻、耐腐蚀性能均有显著提高。

⑤与普通水泥砂浆和混凝土相比，聚合物水泥砂浆和混凝土的抗冲击性可提高数倍至十几倍，耐磨性也可提高十几倍至几十倍。

⑥干缩率随聚合物掺量增大而减小，但因聚合物种类与养护条件而定。

（2）掺水溶性聚合物的水泥砂浆和混凝土

聚合物以水溶液的形式加入水泥砂浆和混凝土中。可加入水泥砂浆和混凝土中的水溶性聚合物有酚醛、甲醛、环氧、聚乙烯醇、密胺甲醛（三聚氰胺与甲醛的缩合物）、聚乙烯基呋喃树脂等。用得较多的是水溶性环氧。水溶性聚合物的常用掺量为 1% ~ 2%（与水泥质量的百分比）。

掺水溶性聚合物的水泥砂浆和混凝土既可在空气中硬化，也可在潮湿条件下和水中硬化，这一特性很适合水泥混凝土路面的修补，即采用该材料修补后无须再进行保湿养护。

在水泥砂浆和混凝土中掺水溶性聚合物后，抗压强度可提高 15% ~ 30%，抗拉强度提高 1.5 ~ 2 倍。掺水溶性聚合物的水泥砂浆与素砂浆相比，徐变可减少 20%，静压弹性模量增大 10%。水溶性聚合物对水泥砂浆起塑化作用，当保持和易性不变时，可使砂浆的水灰比由 0.42 降至 0.29。

在水泥砂浆和混凝土中掺入水溶性聚合物，其水泥石的孔隙率可下降 10% ~ 20%，沙浆和混凝土的抗冻性和抗渗性明显提高，黏结性能及抗冲击、耐疲劳与耐化学腐蚀等性能均能得到明显改善。

4. 纤维增强水泥混凝土

为克服水泥混凝土抗折强度低、抗裂性差、脆性大的缺点，在水泥混凝土中掺入一定数量的纤维，通过纤维增强，提高混凝土的抗拉、抗剪、抗折、抗冲击强度，降低脆性。

纤维增强混凝土同时也是水泥混凝土路面板块修补使用的材料之一。

常用增强纤维有石棉、玻璃纤维、钢纤维以及其他纤维。

玻璃纤维增强水泥混凝土，在水泥混凝土路面的修补中用得不多，主要是纤维与水泥混凝土的混拌不易均匀，生产较为困难。

用于钢纤维水泥混凝土中的钢纤维必须洁净、无锈、无油污、无毒，并不含其他杂质和碎屑。纤维极限抗拉强度应大于 500 MPa，长径比以 50~80 为宜。

钢纤维水泥混凝土纤维体积率以 1% ~ 1.5% 为宜，含沙率以 45% ~ 50% 为宜，水灰比宜控制在 0.50 以内。为降低混凝土水灰比，改善其和易性，宜在混凝土中掺适量的高效减水剂。

5.JK 系列混凝土快速修补剂

为提高混凝土路面的修补质量，国内一些单位相继开发出了性能良好的水泥混凝土快速修补剂。江苏省建筑科学院研制成功的 JK 系列混凝土快速修补剂，克服了传统修补材料的一系列弊端，不仅有快硬高早强的特点，而且收缩小、与老混凝土黏结力强、耐磨、耐久，是目前国内较为理想的混凝土新型快速修补剂。JK 系列混凝土快速修补材料，根据其强度性能分为 JK-4 型 JK-10 型和 JK-24 型。

（四）水泥混凝土路面罩面材料

对出现严重裸石的水泥混凝土路面，可采用罩面的方法进行修补。

罩面修补材料的主要要求是：①与老混凝土黏结力强；②材料抗折、抗压强度满足行车要求；③材料耐磨性能高；④材料耐蚀，不易老化。

1. 聚合物乳液水泥砂浆和混凝土

为提高罩面材料与老混凝土的黏结性能，除必须在修补混凝土表面上做打毛等必要的表面处理外，还应在表面处理过的洁净混凝土面上先用聚合物乳液作为界面剂涂刷，然后再浇筑聚合物乳液水泥砂浆和混凝土。

2. 钢纤维水泥砂浆

用钢纤维配成钢纤维增强水泥砂浆或钢纤维增强细石混凝土，对损坏的水泥混凝土路面进行罩面修补，具有较好的应用效果。

影响钢纤维水泥砂浆性能的主要因素是钢纤维水泥砂浆的配合比，即钢纤维体积率、长径比、水泥砂浆配合比。

3. 沥青混凝土

用于水泥混凝土路面罩面修补的大多是细粒式沥青混凝土，这种材料的石子粒径较小，石子最大粒径为 10～15 mm。

沥青混凝土对石料的要求较高，用于修补的集料必须是干净、含泥量低于 1%、强度为 1 级的石料。集料的种类以石灰石为好，因为它与沥青有着良好的黏附性。集料的级配可参照普通沥青混合料得集料级配要求确定。

沥青混凝土罩面的最大问题是：老混凝土缺陷的反射和与混凝土间的黏结。为防止或延缓老混凝土缺陷的发生，可在混凝土接缝或已处理过的缺陷处铺上土工布或玻纤格栅，然后再铺混凝土罩面。

4. 板下封堵灌浆材料

板下脱空，但板面尚未损坏时，为稳定基层，需进行板下灌浆。灌浆材料主要技术指标依据早期通车要求确定。

第一，板底脱空灌浆材料，宜选择流动性高，具有一定微膨胀能力的水泥砂浆或水泥浆。主要技术性能应达到如下要求。

①具有自流淌密实性。

②早期具有一定微膨胀性能，沙浆 14 d 水养护膨胀率大于 0.02%。

③凝结时间适中，初凝时间不早于 2 h，终凝时间不超过 3.5 h。

④早强高，12 h 抗压强度应达到 3.5 MPa。

板下封堵灌浆材料一般宜采用水泥砂浆，也可采用水泥浆。

第二，板下封堵用水泥砂浆由水泥、沙、外掺剂和水混拌而成。板下封堵用水泥砂浆的原材料应符合如下规定。

①水泥宜选用 42.5 号或 52.5 号普通硅酸盐水泥，水泥各项性能符合《硅酸盐水泥、普通硅酸盐水泥》（GB 175—1999）的规定。

②沙宜选用粒径小于 3 mm 的优质河沙，沙的含泥量应小于 2%。

③外掺剂宜选用具有减水、早强、微膨功能的混凝土快速修补剂。

④水宜选用洁净的河水或饮用水。

在有条件的地方，也可选用部分 IL 级粉煤灰超量取代水泥。

第三，板下封堵用水泥浆由水泥、粉煤灰、外橡剂、水混拌而成。板下封堵用水泥浆的原材料应符合如下规定。

①水泥宜选用 42.5 号或 52.5 号普通硅酸盐水泥，水泥的各项性能符合《硅酸盐水泥、普通硅酸盐水泥》（GB 175—1999）的规定。

②粉煤灰宜选用 II 级粉煤灰。

③外掺剂宜选用具有减水、早强、微膨功能的混凝土快速修补剂。

④水宜选用洁净的河水或饮用水。

第四章 公路养护技术与生产管理

第一节 养护管理的组织机构

为了加强对公路养护工作的管理，确保完成公路养护所规定的任务，建立健全完善的公路养护管理的组织机构是十分重要的。目前我国基本上采用省级交通部门设省公路管理局、地（市）公路管理局、县公路管理局三级公路养护管理机构，负责对国家干线、省级干线及重要县级公路的养护管理，并对地方交通部门养护的一般县、乡公路进行业务指导。

三级公路养护管理机构的设置方式有两种：一是在省公路管理局的领导下，原则上按地区（省辖市、自治州）设地市公路管理局，按县（旗、市、自治县）设县公路管理局。但养护里程少于500km的省辖市（自治州）和少于100km的地辖市（县）应与相邻的地区或县合并设管理局。二是高速公路的养护，在高速公路管理机构下设养护单位。

省、地（市）、县三级公路管理机构分别设总工程师、主任工程师、主管工程师，连同其相应的技术管理部门组成技术管理体系，负责贯彻规范及其他有关标准规范的各项规定。他们是同级行政领导成员，有权决定其职责范围内的技术业务问题并负有技术责任。本机构内的工程技术人员及下属机构必须接受他们的领导。

三级养护技术负责人的主要职责应包括下列内容。

第一，贯彻执行国家有关公路技术法规和公路养护、修建的技术政策和规章制度。负责制订本地区公路养护技术管理的有关规定和办法。

第二，定期组织检查公路各项工程设施的技术状况，提出或审定各类养护工程的技术措施和方案。

第三，负责组织养护工程的竣工验收及参与组织新、改建工程的竣工验收。

第四，负责组织公路交通情况调查，系统地观测公路使用情况，掌握各项技术经济指标，充实和修订公路路况技术档案，逐步建立数据库系统。

第五，掌握国内、外公路科技发展动态，积极引进、开发、推广公路养护新技术、新材料、新工艺，组织科技交流和培训专业人才。

各级公路管理机构，必须配备足够的养护工程技术人员。地（市）级以下管理机构的专职养护工程技术人员每管养 100 km 至少配备 4 人。地（市）和县级机构内，养护工程技术人员总数占全部管理及服务人员总数的比例应不小于 30%。随着技术水平的提高和业务人员的补充，其所占比例应相应增加。

各级养路专业机构的具体职责应包括下列内容。

第一，领导全体职工，贯彻执行国家有关公路法规和公路养护、修建的方针政策和规章制度。

第二，编制公路养护和改善的规划和计划，经上级批准后负责组织实施。

第三，定期检查公路各项工程设施的技术状况，及时、保质保量地进行公路养护工作。

第四，负责组织工程竣工验收工作，对不符合工程质量标准的工程不予接养。

第五，系统地观察公路的使用情况，做好交通调查，掌握各项技术经济指标，充实和修订公路路况登记和技术档案，逐步建立现代化的数据库系统。

第六，加强科学研究和技术情报工作，掌握国内外的科技发展动态，积极采用新技术、新材料，改进机械设备，培训专业人才，提高人员政治、业务素质。

第七，加强路政管理，保护公路财产，维护公路畅通。

第八，关心职工生活，保障工人健康和生产安全。

第九，抓好精神文明和物质文明建设工作。

关于各级养路专业机构的职责，还要解释性地进行说明：省（地）级的公路管理局原则上不是政府机关或职能部门，而是属于有关养路事业管理的生产性的专业机构。但目前有些省由于交通厅未设公路处，所以就授给省、地两级管理局以部分的政府职权，以利于公路建设的管理工作。

第二节　养护的技术管理

公路养护技术管理是公路养护管理的重要组成部分。它是公路管理部门合理组织设计、施工、养护的方法，同时也是为了不断提高技术水平，采用先进的新技术、新材料、新设备，提高劳动生产率，提高工程质量，降低原材料消耗和保证安全生产，全面完成养护任务的关键一环。

公路养护技术管理和基本任务就是要严格贯彻国家有关公路建设的技术政策、标准、规范、办法和相应的安全规章、操作规程、管理条例，以提高养护质量和做到安全生产。

技术管理应严格控制和考核各项技术经济指标，做好交通情况调查、路况登记、工程检查与验收，建立路况数据库，健全基层管理制度，加强安全生产管理。

一、交通情况调查

（一）调查的目的、内容与要求

1. 目的

开展交通调查是公路交通部门的一项重要基础工作。通过有组织、有计划地进行观测调查，将与公路交通有关的某些数据记录下来，如交通流量、行车速度、各级公路交通量比重等，通过对数据进行必要的处理与整理之后再做进一步分析与研究，取得的有关成果可供有关部门作为进行公路规划、设计、养护、管理等工作的依据。由于交通调查所取得的技术数据及有关研究成果有着极广泛的用途，因此交通调查是一项具有重要意义的、不可缺少的工作。

交通调查所取得的数据资料及有关研究成果可应用于下述几个方面：

①为公路交通全行业的发展战略、公路建设的总体布局与规划、中长期建设规划与计划等宏观决策提供依据；

②为评价公路对现有交通车辆的适应程度提供依据；

③预测基础年度交通量，为制订公路中长期发展规划、建设方案、工程设计提供依据；

④交通调查资料及有关各参数间的相互关系数学模型，为制订交通管理、交通设施配置方案提供依据；

⑤交通调查资料是评价公路交通运输服务质量水平的依据；

⑥为编制公路养护工程计划提供依据；

⑦为进行交通工程学基础理论研究和公路科学研究提供基础资料。

2. 内容

公路交通情况调查主要指交通量及其组成和行车速度的调查或观测，以及对原始数据的计算整理和分析。有条件的地方可逐步开展车流密度、起讫点、轴载、通行能力、车头间距、车辆横向分布等调查工作。

3. 要求

交通调查应组织专人长期进行，必须采取相应措施保证调查数据的准确可靠，并逐步开发应用先进的观测记录和数据加工处理技术。调查整理的资料，应按时逐级上报，归入公路技术档案，长期保存。

（二）交通量观测

交通量是指单位时间内通过道路某一断面（一般为往返两个方向，如特指时可为某一方向或某一车道）的车辆数（或行人数），又称交通流量或流量。在研究车行道的交通状况时，一般所称的交通量如未加特别说明，则是指车流量。其最常用的单位是辆/h、辆/d、辆/min、辆/15 min等。

交通量按交通组成的不同可分为机动车交通量、非机动车交通量和行人交通量,按观测时间的不同可分为1s交通量、5 min交通量、15 min交通量、1h交通量、白天12 h交通量、白天16 h交通量及日、周、月、年交通量等。

1. 观测方法

交通量的观测,根据情况可采用下列两种方式:一是间隙式观测,按预先确定的观测日期,对交通量进行定期统计观测;二是连续式观测,全年分小时连续不断地对交通量进行统计观测。

交通量观测方法用人工或仪器将通过规定观测断面的各种类型车辆分车型记录在表格或计数器具上,每小时结束时,将记录结果进行整理并登记于规定的表格上。

2. 观测站的设置

凡列入管理和养护范围的路段,原则上都应进行交通量观测。观测站(点)的设置应从全局出发,根据公路网布局和所划定的调查区间,由省、地(市)级公路管理部门确定。连续式观测站,应设在主要干线和重要旅游公路交通量有代表性的适当地点,根据公路里程及交通量变化情况,在国道上应设立若干个连续的观测站。间隙式观测站应设在调查区间范围内能代表所在路段交通量的地点。每个调查区间设一个观测站。对于某些特定地点,如交叉口、渡口及隧道出入口等,根据使用目的可设临时性的补充观测站(点),待观测完成后撤除。

观测站应选在视线开阔、便于观测的地点,并应离开市区适当距离,以免受城市交通量的影响。观测站(点)位置一经设定,不得随意变动,并应统一编号。

高速公路的交通量观测可结合收费站(点)或监控设施观测。

观测站(点)配备的固定观测人员,对于连续式观测每站一般为10~20人,对于间隙式观测站每站为4~6人,具体人数可根据交通量的大小确定。

3. 观测时间

连续式观测时间可从观测站建站开始,连续不断地长期进行。

间隙式观测一般每月应观测2~3次。每个观测日连续观测24 h,一般自观测日6时起至次日6时止。为减少观测资料的偶然性,观测日应尽量避开法定节假日。观测日如遇地方性集会或一般的雨雪天气,仍应照常观测,但应注明;如遇大雪、暴风雨等特殊天气,应改期观测,延期不应超过3d,对无法补测者,可取消本次观测;由于公路施工等原因阻断交通,短期内不能恢复通车的路段在此期间可停止观测,但应在附注栏内说明上述情况。

夜间交通量稀少的路段及北方严寒季节,在充分积累资料取得昼夜交通量换算系数的情况下,可观测白天6时至18时或6时至22时的交通量,但需计入推算的夜间交通量。

4. 资料整理

交通量观测的原始资料,应及时整理、汇总、分析,并按规定的各类报表的图表上报,有关报表和图表的具体格式详见《公路养护技术规范》（JTG H10—2009）。

根据交通量的观测资料，可用加权平均法计算路线（全线、路段）的平均日交通量。

（三）车速调查与观测

车速是单位时间内车辆所行驶的距离。车速调查与观测包括车辆通过公路较短区间的地点车速调查和较长公路区间（或整条路线）的区间车速调查。每条路线每年不得少于一次，有条件的可适当增加观测次数。地点车速观测可采用人工观测、雷达测速仪、车辆检测仪等方法进行观测。区间车速调查可通过运输部门或经常行驶于某条路线的行车单位进行调查，也可采用跟车法、记车号法、浮动车观测法等方法观测。

以上车速观测、调查所用的记录表格和资料整理汇总表格详见交通运输部《公路养护技术规范》（JTG H10—2009）。

（四）公路交通起讫点调查

起讫点调查是指在某一区域内，为获得通过两个出行端点的交通量及其组成、流向、货物类型、车辆实载率及交通目的等所进行的调查，简称 OD 调查。通过调查，可对远景交通量的预测、公路类型和等级的确定、互通立交的设置、公路横断面设计、交通服务设施的配置、交通管理与控制、规划方案和建设项目的国民经济评价及财务分析，交通规划的完善和建设项目的科学决策等提供定量依据。

OD 调查选点必须慎重，应有熟悉当地交通线路情况的人员现场查勘落实，以确保调查资料准确、翔实，并应绘制调查地点示意图。

OD 调查宜用路边访问法，调查时让驾驶员停车，询问该车起讫点及需要的其他资料，并将调查结果逐一记入"公路机动车起讫点调查表"内。对日流量 8 000 辆以上的大流量路线可采用抽样调查，样本量视交通量大小确定，一般取该处交通量的 20%~50%。调查时应避免交通阻塞，以防车辆可能绕道避开调查点，使交通流模式产生畸变。

全线各 OD 调查点均应在同一天、同一时间内进行。调查时间一般为周，特殊情况可适当增减，但应选择天气正常的非节假日。每天调查 12 h，但应有 1~2 个点连续调查 24 h，调查的起讫时间应根据调查季节和车辆出行规律确定。

对调查过的车辆应用明确标志标明，凡被调查过的车辆在其他调查点不再重复调查；对于在两点间多次往返的车辆应多次统计。

在取得 OD 调查资料后，应进行统计分析，编制"OD 矩阵表"或"三角 OD 表"，以反映车辆、货物、旅客的流动情况。

（五）四类公路交通量比重调查

四类公路交通量比重调查是为了掌握公路交通流量的地区分布和路线分布特征，分析和评价国道、省道、县道、乡道四类公路的使用功能，论证和探讨现有公路网的合理性，为公路规划、可行性研究、技术经济分析论证、设计、改造等提供依据。

调查内容为调查辖区范围内国、省、县、乡道的交通量,以及四类公路的里程和汽车、机动车拥有量。调查日宜选择运输旺季的某一天,利用区域路网交通量调查设置的观测站,采用间隙式观测方法。根据调查所得资料,计算每个观测站的日机动车交通量和日汽车交通量(均为绝对值)、每条路线的交通量和日交通量、调查区域内各行政区的四类公路里程比重、路线交通量所占比重、日交通量及年路线总交通量。

(六)轴载调查

轴载调查是为了预测某一时期内行车对路面的破坏作用,科学地制定公路养护措施,合理分配公路养护和改造资金。

轴载调查一般每年进行一次,每次调查天数以每类车辆的代表当量轴载换算系数的稳定性而定,一般不宜少于3d。标准轴载的换算方法可分别参见相关标准和规范。

二、公路路况登记

公路路况登记是公路养护的重要基础工作,其资料是公路技术档案的主要部分。它反映各条公路及沿线构造物的全面技术状况,是制定公路规划、安排改建项目、编制养路年度计划等的重要基础资料,也是路产管理、资产评估的重要凭据。对实现公路科学化管理、提高养护质量具有重要作用。

路况登记的主要内容包括:

第一,路况平面略图;

第二,公路基本资料;

第三,路况示意图;

第四,构造物卡片,如桥梁、隧道、渡口、过水路面及房屋等;

第五,登记表,如涵洞、挡土墙及绿化等。

进行路况登记时,应以公路现况调查资料、设计、施工、竣工文件、技术总结等为依据,资料不全的应补充进行调查和测绘工作,对表、卡所列内容应逐项认真填写。

进行登记的路线,应在每年年终将变更部分进行修改、补充,作为当年年末的公路路况。变更登记的范围包括公路被毁、修复、大修、改建等,变更登记应根据工程竣工验收文件、图表和实地测量的结果进行。

路况登记的资料应按公路性质(行政等级)实行分级管理,并按规定时间完成资料的登记、修改与汇总整理。地(市)级和县(市)级公路管理机构保管所管辖公路的全部资料;省级公路管理部门保管全省县级以上公路的资料、卡片,并将国道部分资料报交通部备案。

县级以上公路都要建立分线登记图表,乡级公路可只填写公路技术状况汇总表,供各级公路部门存查。

公路路况登记资料应逐步做到应用电子计算机进行数据处理和储存。在采用电子计算机建立数据库时，所有数据应按《公路路况数据处理系统编目编码规范》执行。编目名称包括公路路线、公路路基、公路路面、公路桥梁、公路涵洞、公路渡口、公路道班房屋、公路隧道、综合部分和图例式样10个部分。

加强公路科技档案的管理，是公路养护部分生产技术管理的重要环节，必须按照集中统一管理的原则，各级公路管理机构必须配备专职人员，建立健全规范化的管理制度。

三、养护质量的检查与评定

公路养护质量是指公路工程设施竣工验收交付使用后所保持的质量状况和服务水平。它包含公路设计、施工所形成的内在质量状况和公路养护中保持、提高原有技术状况的程度，因而养护质量检查评定是对公路客观的全面考核。

为加强公路养护管理工作，科学评定公路技术状况和服务水平，促进公路技术状况检测和评定工作的科学化、规范化和制度化，交通运输部特制定了《公路技术状况评定标准》（JTG H20—2007），作为全国统一的公路技术状况评定标准。

根据交通运输部颁发《公路技术状况评定标准》（JTG H20—2007）的规定，公路技术状况评定的内容和方法如下：

第一，公路技术状况用公路技术状况指数（MQI）和相应的分项指标表示，MQI和相应分项指标的值域均为0~100；

第二，公路技术状况分为优、良、中、次、差5个等级。

公路技术状况包含路面、路基、桥隧构造物和沿线设施四个部分评价内容。其中，路面包括沥青路面、水泥路面和沙石路面。

（一）沥青路面

沥青路面损坏分十一类21项。

1. 龟裂

轻：初期裂缝，裂缝区无变形、无散落，裂缝细，主要裂缝宽度在2mm以下，主要裂缝宽度在0.2~0.5 m之间，损坏按面积计算。

中：龟裂的发展期，龟裂的状态明显，裂缝区有轻度散落或轻度变形，主要裂缝宽度在2~5mm之间，部分裂缝宽度小于0.2 m，损坏按面积计算。

重：龟裂特征显著，裂块较小，裂缝区变形明显、散落严重，主要裂缝宽度大于5 mm，大部分裂缝宽度小于0.2m，按损坏面积计算。

2. 块状裂缝

轻：缝细，裂缝区无散落，裂缝宽度在3 mm以内，大部分裂缝宽度大于1m，损坏按面积计算。

重：缝宽，裂缝区有散落，裂缝宽度在 3 mm 以上，主要裂缝宽度在 0.5～1.0 m 之间，损坏按面积计算。

3. 纵向裂缝

与行车方向基本平行的裂缝。

轻：缝细，裂缝壁无散落或有轻微散落，无支缝或有少量支缝，裂缝宽度在 3 mm 以内，损坏按长度计算，检测结果要用影响宽度（0.2 m）换算成面积。

重：缝宽，裂缝壁有散落、有支缝，主要裂缝宽度大于 3 mm，损坏按长度（m）计算。检测结果要用影响宽度（0.2 m）换算成面积。

4. 横向裂缝

与行车方向基本垂直的裂缝。

轻：缝细，裂缝壁无散落或有轻微散落，裂缝宽度在 3 mm 以内，损坏按长度计算，检测结果要用影响宽度（0.2 m）换算成面积。

重：缝宽，裂缝贯通整个路面，裂缝壁有散落并伴有少量支缝，主要裂缝宽度大于 3 mm，损坏按长度（m）计算。检测结果要用影响宽度（0.2 m）换算成面积。

5. 坑槽

轻：坑浅，有效坑槽面积在 0.1m² 以内（约 0.3m×0.3m），损坏按面积计算。

重：坑深，有效坑槽面积大于 0.1m²（约 0.3m×0.3m），损坏按面积计算。

6. 松散

轻：路面细集料散失、脱皮、麻面等表面损坏，损坏按面积计算。

重：路面粗集料散失、脱皮、麻面、露骨，表面剥落，有小坑洞，损坏按面积计算。

7. 沉陷

大于 10 mm 的路面局部下沉。

轻：深度在 10～25 mm 之间，正常行车无明显感觉，损坏按面积计算。

重：深度大于 25 mm，正常行车有明显感觉，损坏按面积计算。

8. 车辙

轮迹处深度大于 10 mm 的纵向带状凹槽。

轻：辙槽浅，深度在 10～15 mm 之间，损坏按长度计算，检测结果要用影响宽度（0.4 m）换算成面积。

重：辙槽深，深度在 15 mm 以上，损坏按长度计算，检测结果要用影响宽度（0.4 m）换算成面积。

9. 波浪拥包

轻：波峰波谷高差小，高差在 10～25 mm 之间，损坏按面积计算。

重：波峰波谷高差大，高差大于 25 mm，损坏按面积计算。

10. 泛油

路面沥青被挤出或表面被沥青膜覆盖形成发亮的薄油层,损坏按面积计算。

11. 修补

龟裂、坑槽、松散、沉陷、车辙等的修补面积或修补影响面积(裂缝修补按长度计算,影响宽度为 0.2 m)。

(二)水泥混凝土路面

水泥混凝土路面损坏分十一类 20 项。

1. 破碎板

轻:板块被裂缝分为 3 块以上,破碎板未发生松动和沉陷,破碎按板块面积计算。

重:板块被裂缝分为 3 块以上,破碎板有松动、沉陷和唧泥等现象,破碎按板块面积计算。

2. 裂缝

板块上只有一条裂缝,裂缝类型包括横向、纵向和不规则的斜裂缝等。

轻:裂缝窄,裂缝处未剥落,缝宽小于 3 mm,一般为未贯通裂缝,损坏按长度计算,检测结果要用影响宽度(1.0m)换算成面积。

中:边缘有碎裂,裂缝宽度在 3~10mm 之间,损坏按长度计算,检测结果要用影响宽度(1.0m)换算成面积。

重:缝宽,边缘有碎裂并伴有错台出现,缝宽大于 10mm,损坏按长度计算,检测结果要用影响宽度(1.0m)换算成面积。

3. 板角断裂

裂缝与纵横接缝相交,且交点距板角小于或等于板边长度一半的损坏。

轻:裂缝宽度小于 3 mm,损坏按断裂板角的面积计算。

中:裂缝宽度在 3~10 mm 之间,损坏按断裂板角的面积计算。

重:裂缝宽度大于 10 mm,断角有松动,损坏按断裂板角的面积计算。

4. 错台

接缝两边出现高差大于 5 mm 的损坏。

轻:高差小于 10mm,损坏按长度计算,检测结果要用影响宽度(1.0m)换算成面积。

重:高差大于 10mm,损坏按长度计算,检测结果要用影响宽度(1.0m)换算成面积。

5. 唧泥

板块在车辆驶过后,接缝处有基层泥浆涌出,损坏按长度计算,检测结果要用影响宽度(1.0m)换算成面积。

6. 边角剥落

沿接缝方向的板边碎裂和脱落,裂缝面与板面成一定角度。

轻:浅层剥落,损坏按长度计算,检测结果要用影响宽度(1.0m)换算成面积。

中:中深层剥落,接缝附近水泥混凝土有开裂,损坏按长度计算,检测结果要用影响宽度(1.0m)换算成面积。

重:深层剥落,接缝附近水泥混凝土多处开裂,深度超过接缝槽底部,损坏按长度计算,检测结果要用影响宽度(1.0m)换算成面积。

7. **接缝料损坏**

由于接缝的填缝料老化、剥落等原因,接缝内已无填料,接缝被沙、石、土等填塞。

轻:填料老化,不密水,但尚未剥落脱空,未被沙、石、泥土等填塞,损坏按长度计算,检测结果要用影响宽度(1.0m)换算成面积。

重:⅓以上接缝被沙、石、泥土等填塞,损坏按长度计算,检测结果要用影响宽度(1.0m)换算成面积。

8. **坑洞**

板面出现有效直径大于30mm,深度大于10mm的局部坑洞,损坏按坑洞或坑洞群所涉及的面积计算。

9. **拱起**

横缝两侧的板体发生明显抬高,高度大于10mm,损坏按拱起所涉及的板块面积计算。

10. **露骨**

板块表面细集料散失,粗集料暴露或表层松疏剥落,损坏按面积计算。

11. **修补**

裂缝、板角断裂、边角剥落、坑洞和层状剥落的修补面积或修补影响面积(裂缝修补按长度计算,影响宽度为0.2 m)。

(三)沙石路面

沙石路面损坏分六类。

1. **路拱不适**

路拱过大或过小。过大将降低行车安全性,过小将使路面雨水不能及时排出。路拱不适程度根据经验确定,按长度计算,检测结果要用影响宽度(3.0 m)换算成面积。

2. **沉陷**

路面表面的局部凹陷,按面积计算。

3. **波浪搓板**

峰谷高差大于30 mm的搓板状向纵向连续起伏,按面积计算。

4. **车辙**

轮迹处深度大于 30 mm 的纵向带状凹槽（辙槽），按长度计算，检测结果要用影响宽度（0.4m）换算成面积。

5. 坑槽

路面上深度大于 30 mm、直径大于 0.1 m 的坑洞，按面积计算。

6. 露骨

黏结料和细集料散失，主骨料外露，按面积计算。

（四）路基

路基损坏分为八类。

1. 路肩边沟不洁

路肩（包括土路肩、硬路肩和紧急停车带）和边沟（包含边坡）有杂物、油渍、垃圾及堆积物。按行车方向的长度计算，每 1m 扣 0.5 分。

2. 路肩损坏

路肩上出现各种损坏比照路面损坏。沥青路面的损坏类型见表 4-1，水泥混凝土路面的损坏类型见表 4-2，沙石路面的损坏类型见表 4-3 中的沉陷、坑槽和露骨。

轻：路肩轻度损坏包括表 4-1 和表 4-2 规定的所有轻、中度损坏，沙石路面损坏按轻度处理。所有损坏均按损坏的实际面积计算，每 1m² 扣 1 分，累计面积不足 1 按 1m² 计算。

重：路肩重度损坏包括表 4-1 和表 4-2 规定的所有重度损坏。所有重度损坏均按损坏的实际面积计算，每 1m² 扣 2 分，累计面积不足 1 m² 按 1m² 计算。

表 4-1　沥青路面的损坏类型和权重

类型（i）	损坏名称	损坏程度	权重（wi）	计量单位
1	龟裂	轻	0.6	面积 /m²
2	龟裂	中	0.8	面积 /m²
3	龟裂	重	1.0	面积 /m²
4	块状裂缝	轻	0.6	面积 /m²
5	块状裂缝	重	0.8	面积 /m²
6	纵向裂缝	轻	0.6	长度 /m（影响宽度：0.2m）
7	纵向裂缝	重	1.0	长度 /m（影响宽度：0.2m）
8	横向裂缝	轻	0.6	长度 /m（影响宽度：0.2m）
9	横向裂缝	重	1.0	长度 /m（影响宽度：0.2m）

续　表

类型（i）	损坏名称	损坏程度	权重（wi）	计量单位
10	坑槽	轻	0.8	面积/m²
11		重	1.0	
12	松散	轻	0.6	面积/m²
13		重	1.0	
14	沉陷	轻	0.6	面积/m²
15		重	1.0	
16	车辙	轻	0.6	长度/m（影响宽度：0.2 m）
17		重	1.0	
18	波浪拥包	轻	0.6	面积/m²
19		重	1.0	
20	泛油		0.2	
21	修补		0.1	

表4-2　水泥混凝土路面的损坏类型和权重

类型（i）	损坏名称	损坏程度	权重（wi）	计量单位
1	破碎板	轻	0.8	面积/m²
2		重	1.0	
3	裂缝	轻	0.6	长度/m（影响宽度：1.0m）
4		中	0.8	
5		重	1.0	
6	板角断裂	轻	0.6	面积/m²
7		中	0.8	
8		重	1.0	
9	错台	轻	0.6	长度/m（影响宽度：1.0m）
10		重	1.0	
11	唧泥		1.0	
12	边角剥落	轻	0.6	
13		中	0.8	
14		重	1.0	长度/m（影响宽度：1.0m）
15	接缝料损坏	轻	0.4	
16		重	0.6	
17	坑洞		1.0	
18	拱起		1.0	面积/m²
19	露骨		0.3	
20	修补		0.1	

表 4-3 沙石路面的损坏类型和权重

类型（i）	损坏名称	权重（wi）	计量单位
1	路拱不适	0.1	长度/m，影响宽度：3.0 m
2	沉陷	0.8	面积/m²
3	波浪搓板	1.0	
4	车辙	1.0	长度/m，影响宽度：0.4m
5	坑槽	1.0	面积/m²
6	露骨	0.8	

3. 边坡坍塌

挖方路段边坡坍塌。损坏按处和行车方向的长度计算。长度小于或等于 5 m 为轻度损坏，5～10m 之间为中度损坏，大于 10m 为重度损坏。

4. 水毁冲沟

填方路段边坡由于雨水冲刷形成的冲沟，按损坏处和冲刷深度计算。深度小于或等于 0.2m 为轻度损坏，0.2～0.5 m 之间为中度损坏，大于 0.5 m 为重度损坏。

5. 路基构造物损坏

路基构造物损坏包括挡墙等与土体断裂、沉陷、倾斜、局部坍塌、松动和较大面积勾缝脱落。损坏按处和长度（m）计算。长度小于或等于 5 m 为轻度损坏，5～10m 之间为中度损坏，大于 10 m 为重度损坏。

6. 路缘石缺损

路缘石丢失或损坏。按形成方向上的长度计算，每 1m 扣 4 分。

7. 路基沉降

深度大于 30 mm 的沉降，损坏按处和长度（m）计算。长度小于或等于 5m 为轻度损坏，5～10m 之间为中度损坏，大于 10m 为重度损坏。

8. 排水系统淤塞

轻：边沟、排水沟、截水沟等排水系统淤积。按长度计算，每 1m 扣 1 分，累计长度不足 1m 按 1m 计算。

重：边沟、排水沟、截水沟等排水系统全截面淤积。损坏按处计算，每处扣 20 分。

（五）桥隧构造物

桥隧构造物包括桥梁、隧道和涵洞三类。

1. 桥梁技术等级

桥梁技术等级采用《公路桥涵养护规范》（JTG H11—2004）规定的等级评定方法，规定一、二类桥梁不扣分，三类桥梁每处扣 40 分，四类桥梁每处扣 70 分，五类桥梁每处扣 100 分，同时直接将 MQI 设为最低值。

桥梁评定分为一般评定和适应性评定。

一般评定是依据桥梁定期检查资料，通过对桥梁各部件技术状况的综合评定，确定桥梁的技术状况等级，提出各类桥梁的养护措施；桥梁适应性评定包括以下内容：依据桥梁定期检查和特殊检查资料，结合试验与结构受力分析，评定桥梁的实际承载能力、通行能力、抗洪能力，提出桥梁养护、改造方案。一般评定由负责定期检查者进行，适应性评定应委托有相应资质及能力的单位进行。

桥梁技术状况等级分为以下五类。

一类：完好、良好。

二类：较好。

三类：较差。

四类：差的。

五类：危险。

桥梁各部位裂缝限值详见《公路桥涵养护规范》（JTG H11—2004）相关内容。

2. 隧道技术等级

隧道技术等级分为三类。

S 类隧道：隧道各结构部分无异常。

B 类隧道：隧道有个别结构部分出现异常。

A 类隧道：隧道结构严重异常，通行有危险。

隧道技术等级采用《公路隧道养护技术规范》（JTG H12—2005）规定的等级评定方法，规定 S 类隧道（无异常）不扣分，B 类隧道（有异常）每处扣 50 分，A 类隧道（有危险）每处扣 100 分，同时直接将 MQI 值设为最低值。

3. 涵洞技术等级

涵洞的技术等级分为五级，分别是完好、较好、较差、差、危险。

涵洞技术等级采用《公路桥涵养护规范》（JTG H11—2004）规定的等级评定方法，规定好、较好类涵洞不扣分，较差类涵洞每处扣 40 分，差类涵洞每处扣 70 分，危险类涵洞每处扣 100 分，同时直接将 MQI 设为最低值。

（六）沿线设施

沿线设施损坏分为五类。

1. 防护设施缺损

防护设施（如防撞护栏、防落网、声屏障、中央分隔带活动护栏和防眩板等）缺少、损坏或损坏修复后部件尺寸和安装质量达不到规范的技术要求，损坏按处和长度(m)计算。

轻：长度小于或等于 4 m，每缺损 1 处扣 10 分。

重：长度大于 4 m，每缺损 1 处扣 30 分。

2. 隔离损坏

隔离栅损坏后修复不及时或修复质量达不到规范的技术要求，损坏按处计算，每缺损一处扣 20 分。

3. 标志缺损

各种交通标志（如指示标志、警告标志、禁令标志、里程碑、轮廓标、百米桩等）残缺、位置不当或尺寸不规范、颜色不鲜明、污染，可变信息板故障等。损坏按处计算，其中，轮廓标和百米桩每 3 个损坏算 1 处，累计损坏不足 3 个按 1 处计算，每处扣 20 分。

4. 标线缺损

标线（含凸起路标）缺少或损坏，损坏按长度（m）计算。每缺损 10m 扣 1 分，累计长度不足 10 m 按 10 m 计算，评定时不考虑车道数量的影响。

5. 绿化管护不完善

树木、花草枯萎或缺树，虫害未及时防治，绿化带未及时修剪或有杂物，路段应绿化而未绿化。损坏按长度（m）计算，每 10m 扣 1 分，累计长度不足 10 m 按 10m 计算。

四、公路技术状况检测与调查

（一）检测与调查内容

公路技术状况检测与调查包括路面、路基、桥隧构造物和沿线设施四部分内容。路面检测包括路面损坏、平整度、车辙、抗滑性能和结构强度五项指标。其中，路面结构强度为抽样检测指标。桥隧构造物调查包括桥梁、隧道和涵洞三类构造物。

（二）检测与调查单元

第一，公路技术状况以 1 000 m 路段为基本检测或调查单元。

第二，公路技术状况数据按上行方向（桩号递增方向）和下行方向（桩号递减方向）分别检测。二、三、四级公路不分上下行。

第三，采用快速检测方法检测路面使用性能评定所需数据时，每个检测方向至少检测一个主要行车道。

（三）检测与调查方法

1. 路面检测

（1）路面损坏状况检测

路面损坏状况检测，宜采用自动化的快速检测方法，条件不具备时，可人工检测。

采用快速检测设备检测路面损坏时，应纵向连续检测，横向检测宽度不得小于车道宽度的 70%。检测设备应能够分辨 1mm 以上的路面裂缝，检测结果宜采用计算机自动识别，识别准确率应达到 90% 以上。

采用人工方法调查时，调查范围应包含所有行车道，按表 4-1 至表 4-3 规定的损坏类型实地调查，调查及汇总表的样式详见《公路技术状况评定标准》附录。有条件的地区，可借助便携式路况数据采集仪进行现场调查、汇总、计算与评定，紧急停车带按路肩处理。

路面损坏检测数据应以 100m（人工检测）或 10m（快速检测）为单位长期保存。

（2）路面平整度检测

路面平整度检测宜采用快速检测设备，可结合路面损坏和车辙一并进行检测。单独检测路面平整度时，宜采用高精度的断面类检测设备。路面平整度检测设备必须定期标定，每年至少标定 1 次，标定的相关系数应大于 0.95。

条件不具备的三、四级公路，路面平整度可采用 3 m 直尺人工检测。

路面平整度检测数据应以 100 m（人工检测）或 20m（快速检测）为单位长期保存。

（3）路面车辙检测

路面车辙宜采用快速检测设备，可结合路面损坏和路面平整度一并检测，路面车辙检测设备必须定期标定，每年至少标定 1 次。根据断面数据计算路面车辙深度（RD），计算结果应以 10 m 为单位长期保存。

（4）路面抗滑性能检测

路面抗滑性能检测，宜采用基于横向力系数的路面抗滑性能检测设备或其他具有可靠数据标定关系的自动化检测设备。检测设备必须定期标定，每年至少标定 1 次。路面抗滑性能检测数据（横向力系数）应以 20m 为单位长期保存。

（5）路面结构强度检测

路面结构强度检测宜采用自动化检测设备检测。

自动检测时，宜采用具有可靠数据标定关系的自动化检测设备，检测结果应能换算成我国相关技术规范规定的回弹弯沉值。自动化检测设备必须定期标定，每年至少标定 1 次，标定的相关系数不得小于 0.95。弯沉检测数据应以 20 m 为单位长期保存。

采用贝克曼梁检测时，检测数量应不少于 20 点/（km·车道）。

抽样检测时，检测范围可控制在养护里程的 20% 以内。

2. 路基、桥隧构造物和沿线设施调查

公路技术状况和所需要的路基、桥隧构造物和沿线设施数据，应按《公路技术状况评定标准》中调查及汇总表格式确定。有条件的地区，可借助便携式路况数据采集仪进行现场调查、汇总、计算与评定。

（1）桥梁检查

桥梁检查分为经常检查、定期检查和特殊检查。

①经常检查

经常检查主要是对桥面设施、上部结构、下部结构及附属构造物的技术状况进行的检查，经常检查一般每月不得少于 1 次。

②定期检查

为评定桥梁的使用功能，制订管理养护计划提供基本数据，对桥梁主体结构及其附属构造物的技术状况进行全面检查，它为桥梁养护管理系统收集结构技术状况的动态数据。定期检查周期根据技术状况确定，最长不得超过 3 年。

③特殊检查

特殊检查是查清桥梁病害原因、损坏程度、承载能力、抗灾能力，确定桥梁技术状况的工作。特殊检查分为专门检查和应急检查。专门检查是根据经常检查和定期检查的结果，对需要进一步判明损坏原因、缺损程度或使用能力的桥梁，针对病害进行专门的现场试验检测、验算与分析等鉴定工作；应急检查是当桥梁受到灾害性损坏后，为了查明破损状况，采取应急措施，组织恢复交通，对结构进行详细检查和鉴定工作。

（2）涵洞检查

涵洞检查分为经常检查和定期检查。

①经常检查每月至少进行 2 次，在洪水、冰雪前后及行洪期间应加强检查。经常检查的内容包括：进水口是否堵塞，沉沙井有无淤积，洞内有无淤塞及排水不畅，洞口周围是否有杂物堆积，涵洞是否清洁、漏水，周围路基填土是否稳定和完整，涵洞结构是否损坏等。

②定期检查每年至少进行 1 次。检查内容包括：涵洞位置及过水能力是否适当；进水口铺砌、翼墙、护坡、挡水墙、沉沙井是否完整；排水是否顺畅；涵体侧墙是否漏水、开裂、变形或倾斜；涵身顶部盖板或拱顶是否开裂、漏水、变形下挠、松动脱落等。

（3）隧道结构检查

隧道结构检查分为日常检查、定期检查、特别检查和专项检查。

①日常检查是对隧道土建结构的外观状况进行的日常巡视检查，通过日常检查，应及时发现早期损坏、显著病害或其他异常情况，并确定对策措施。

②定期检查是按规定的周期对隧道土建结构的基本技术状况进行全面检查。通过定期检查，应系统掌握结构基本技术状况，评定结构物功能状态，为制订养护工作计划提供依据。检查周期一般为每年 1 次。

③特别检查是在隧道遭受自然灾害、发生交通事故或出现其他异常事件后，对遭受影响的结构立即进行的详细检查。通过特别检查，应及时掌握结构受损坏情况，为采取对策措施提供依据。

④专项检查是根据定期检查和特别检查的结果，或者通过其他途径，判断需要进一步查明某些破损或病害的详细情况而进行的更深入的专门检测。通过专项检查，应完整掌握破损或病害的详细资料，为其是否实施处置及采取何种处置措施等提供技术依据。

五、工程检查与验收

检查和验收是确保公路改善及大中修工程质量的重要环节。工程质量检查与验收应通过"政府监督、施工监理、企业自检"所组成的完善质量保证体系，根据《基本建设工程质量监督管理暂行办法》及有关规定执行，其主要内容如下。

（一）作业检查

在整个施工过程中，由施工单位的现场技术负责人对作业班组的每个施工环节、每道工序、工程位置及各部尺寸、所用材料及操作程序等通过班组自检后进行检查，填写原始记录，并经工地监理工程师查验核实、签证。

（二）定期检查

定期检查是综合性的全面检查或重点检查。省公路管理局每年不少于一次，地市公路管理局每半年一次，县公路管理局每月一次。工程检查的内容包括施工组织及设备是否符合要求，技术安全措施是否得当，工程进度和质量情况，材料计量和规格质量是否符合要求，技术操作是否符合规定，各项原始记录中完成的指标与实际是否符合，与设计要求的相符程度，好路率，财务开支，计划的执行情况等。

（三）中间检查

中间检查主要是对隐蔽工程进行的检查，包括路基填土前的原地面处理，路面铺筑前的底层和路槽，基础施工前的基底土质、高程和各部尺寸。浇筑混凝土前的埋设钢筋规格、数量、位置及其他隐蔽部分的检查。还有局部工程检查包括路基、路面、桥梁、涵洞、构造物等部分工程已完工时进行的检查，另外还有暂停未完工程的检查。中间检查应经工地或上级监理工程师检查签证。

（四）竣工验收检查

当工程已按施工合同及设计文件的要求建成，并已按规定编制竣工文件，施工单位可提出验收申请，经建设单位核实确已具备验收条件时，可报请主管部门或投资建设单位组织验收。

养护工程项目原则上采用一阶段竣工验收。竣工验收参照现行《公路工程竣工验收办法》执行，检验评定标准按现行《公路技术状况评定标准》（JTG H20—2007）执行。验收委员会（组）对整个工程质量应做出评价，按优良、合格、不合格评定工程质量等级，并对验收合格的工程应提出竣工验收鉴定书，报上级主管部门批准。

对于改善、大中修工程一律实行保养制度，保修期为2年，以工程竣工验收接收之日起算。

在保修期内凡因施工造成的破损一律由原施工单位无偿修复。

对小修保养工程的养护和施工，要建立实地检查、中间检查和上下工序交接制度。每项保养作业和小修工程项目完成后，应分别由县公路管理局或地市公路管理局进行验收。

竣工工程全部资料、征用土地产权等凭证均交给养护单位接管存档。

六、技术档案管理

（一）建立技术档案的意义

各级公路管理部门和较大的工程都应建立技术档案。技术档案是公路技术历史记录的汇总，是以路线为单元的全部技术变更过程的资料，应分别建立专案存档并装订成册，以便查阅。

应设置专人保管（或兼管），并建立有关制度，对重要图纸和绝密资料更要妥善保管，要拨给资金购置相应的设备，做好防火、防盗、防虫蛀等工作，并明确岗位责任制。

（二）技术档案的主要内容

1. **公路路况调查登记**

它是反映路线和结构技术经济状况，并为改善路况决策的依据。

这些技术资料的要求，应按现行《公路养护技术规范》（JTG H10—2009）的规定进行办理。

2. **改建和大、中修工程的技术条件**

其主要内容包括：

①每个工程的设计文件及施工图纸、预算及原始资料；

②图纸会审记录；

③材料、构件、仪器的质量出厂证明及试验单据；

④各项工程原始施工记录；

⑤质量与事故及处理情况有关资料；

⑥竣工图表，决算及竣工验收文件；

⑦施工总结等。

3. **养路技术管理资料**

养路技术管理资料主要包括公路养护远景规划、年度计划、改革成果、养路机械效果、相关的各种报表及统计资料及其他有关资料。

4. 科学试验的有关技术资料

主要有科研计划、科研方案、试验资料、试验报告等。

5. 公路交通情况观测

《公路养护技术规范》（JTG H10—2009）中所规定的各项资料。

6. 图片、照片和实物

有关图片、照片和实物。

七、GBM 工程简介

GBMX 工程是指实现公路标准化、美化和管理规范化的目标和全面规划，GBM 是其简称。

实施 GBMI 工程的目的，是为满足国家经济建设日益发展和对外交往的需要，从而必须切实改善和提高国、省干线公路的养护和管理水平，并以此推动我国公路标准化、美化建设进程。实施 GBM T 工程的作用是可以从根本上治理公路脏、乱、差、费现象，从而达到改观换貌，提高公路和公路职工的社会地位。

（一）基本要求

第一，凡公路的新、改建工程和养护工程必须符合部颁有关设计，施工和养护技术标准、规范的要求，体现公路自身的建筑美。

第二，公路沿线要因地制宜，采取多种措施和手段，突出一个"畅"字，保持一个"洁"字，实现一个"绿"字，注重一个"美"字。基本达到路、景、物交织协调，构成流畅、安全、舒适、优美的公路交通环境。

第三，公路养护无差等路，年平均好路率保持在90%以上，并应具有较大抗洪能力（路基设计洪水频率不低于1/50）。

第四，现有公路桥梁承载能力不足汽车—20级、挂—100标准的，要逐步采取改建或加固措施，保障安全畅通。

第五，公路全线常年保持路面中心线相适应的流畅、顺适、鲜明的分车道线，以及路缘石线、路肩外缘线等公路特征线型。

第六，公路养护与公路管理工作实现规范化。

（二）具体标准

在《国省干线 GBM 工程实施标准》中，对路面、路基、桥涵构造物、沿线设施、绿化和管理，都具体规定了 GBMI 工程的标准。下面介绍关于管理的 GBMI 程标准。

第一，认真贯彻执行《中华人民共和国公路法》，坚持依法治路，强化路政管理，保护公路路产，维护公路路权，达到公路无路障，路面、路肩及沿线设施无侵犯、无损坏。

严格控制公路两侧建筑红线，防止公路街道化。穿越村镇路段，可采取半封闭等措施，消灭脏、乱、差，保障安全畅通。

第二，公路沿线道班的设置以专业化、机械化养护大道班（或工区）形式为主，每30~50 km设置一个。本着布局合理、实施适用、环境整洁、方便生活的原则，建设道班房。

第三，公路管理机构组织实施公路养护工程作业时，应掌握交通运行情况，根据作业场地的总长度、宽度及作业时间，采取措施，维持交通，并按照保障作业人员安全的原则，选定养护作业方案。

第四，公路路面部分、桥上和桥头两端各50 m内全路幅、弯道内侧的路肩均严禁堆放沙石料等堆积物；其余路段的路肩，因养护工程作业需临时堆料的，应有规则地整齐堆置；桥涵、挡土墙等大中修工程作业只允许单侧路肩堆料，长度不超过50 m；路面工程在路肩上堆料连续长度不得超过50 m。

第五，因养护工程作业，使现有公路不能正常通行时，应当实行作业交通安全控制，并在作业处或施工路段设置明显的施工标志；必须实行单向行车且作业路段较长，影响会车视距者，在路段两端还需增设交通警戒员，以红绿旗或红绿灯警示信号指挥来往车辆。影响行车安全的，夜间还需设置红灯警示信号。

第六，在交通流量大的公路上进行大中修或改善工程，可能造成交通堵塞时，公路管理机构应选定绕行路线或修筑行车便道，并维护使之处于良好状态。同时函告当地公安交通管理机关，共同疏导交通；需中断交通时，应与当地公安交通管理机关共同发布通告。

第七，公路遇有水毁或其他自然灾害损毁，公路管理机构要及时组织抢修。因水毁或其他灾害断绝交通时，在阻车地两端要设立阻车标志和绕道标志。

第八，养路工上路作业必须着安全标志服。经常上路作业的各种车辆和机械均以橘黄色为标志色涂漆，并设置黄色标志灯饰。在车辆和机械的显著部位应有公路路徽标记。在作业现场，要加强施工车辆、机械管理，禁止乱停乱放。夜间停放车辆的机械前应设置警告标志。

第九，逐步建立有线或无线通信设施，解决道班（或工区）抢险救护等方面的通信问题；并根据公路技术状况，配置相应的养护机械、巡路车和检测试验仪器设备，逐步实现科学化、机械化养路。

第十，道班应建立健全政治、文化、业务学习制度、劳动考勤制度、生产检查验收制度、巡回线路抢修制度、材料机具管理制度、安全生产劳动保护制度。并设置以下图表：管养公路示意图、出勤出工统计表、公路养护月计划完成情况表、材料耗存登记表、成本核算表、公路养护质量示意图、晴雨记录表及道班基本情况图。

第十一，各级公路管理机构要系统地观察公路使用情况，做好交通量调查，掌握各项技术经济指标，充实和修订公路路况技术档案，逐步建立现代化数据库管理系统。

第十二，公路沿线不宜设置道路交通标志以外的其他标志。如确需设置广告牌、店名牌、宣传标语等标志时，需经县级公路管理机构审查批准，方予以设置，标志设置应做到整齐划一、美观大方。审批、设置工作只收取工本费，严禁经营性管理。

第十三，交通部发布的 GBM 工程标准可作为干线公路设计和新改建工程竣工验收标准的补充内容。

第三节　养护的生产管理

公路养护生产管理是对其日常生产活动的计划、组织和控制，以及与工程项目生产密切相关的各项管理工作的总称。生产管理的任务就是运用组织、计划、控制的职能，把投入生产过程的各种生产要素（如人力、资金、材料机具、信息等）有效地结合起来，形成有机体系，按照最经济的方式，保质、保量、安全、按期或提前完成施工的任务。

一、养护生产的组织方式

第一，公路改善与大中修工程，其生产组织方式与公路基本建设工程相似，采取内部竞标或对外公开招标的方式进行。

第二，小修保养工程，由于具有点多、面广、线长、作业分散等特点，一般采用包干负责制组织施工，把养路责任与个人物质利益相结合。有条件的地区应采取公开招标或内部竞标的方式选择养护生产企业。对养护单位的管理实现合同管理。

包干负责制一般有如下两种形式。

（一）全面包干负责制

以一个行政区域某一干线公路范围为单位，组织相应的养护机构，对所辖范围的公路养护工作负全部责任。具体做法是省公路局对地市公路局，地市公路局对县公路局，县公路局对道班定里程、定养护等级、定人员编制、定材料消耗、定使用经费、定生产任务指标、定奖励的办法、定检查评比。

（二）局部包干负责制

这是以某一单项工作进行包干负责的制度。范围一般较小，可以落实到人，制定养护定额，养护投资实行计量支付。目前一般有以下形式：

①干部分片包干制；
②养路队（道班）分段保养负责制，如路面、桥涵专业队等形式；
③养路队（道班）分工负责制，如路基分段包给个人等形式；
④绿化管理负责制；

⑤主要养护机械单项核算制；

⑥县公路管理站（公路段）对养路队（道班）实行合同制。

包干负责制在实施过程中必须建立和执行"小修保养工程保修制度"，明确规定保修期限、责任、处理方法。

二、计划管理

（一）公路养护计划管理的任务和作用

公路养护工程的计划管理，是指从事公路养护的各级部门，用计划来组织、协调其生产、技术、财务活动的一种综合性管理工作。做好计划管理工作，可以大幅度地提高劳动生产率，合理地使用人力、物力、财力，取得显著的经济效益。

公路养护计划管理的任务主要如下：

第一，确保完成上级下达的公路小修保养、大中修、改善工程的任务，提高好路率，消灭差等路，不断提高公路技术标准，完善公路沿线设施。

第二，合理地组织和安排公路局，生产班组的人力、物力和财力，在认真做好综合平衡的基础上，积极挖掘公路局、道（施工）班的生产潜力，采用先进的养护技术和科学的管理方法。

第三，结合管养路段的自然条件、技术状况和资金的可能，在计划安排上应贯彻先重点路线、后一般路线，先小修保养、后大中修和改善的原则，做到任务平衡，人力、物力安排得当。

公路养护计划，包括制订长远规划，编制、执行、检查年度、季度、月（旬）作业计划；按计划内容可分为公路保养小修计划、大中修工程计划、改善工程计划、公路绿化计划、养护经费收支计划、劳动工资（包括民工建勤）计划、物资供应计划等。通过计划的编制，可使各级公路养护部门明确各个时期的任务和奋斗目标，调动各级职工的积极性；制订劳力、材料、机具计划，为完成任务提供可靠依据；并按计划要求预先做好各项准备工作，及时进行调度、平衡，保证养护工程顺利完成。

（二）计划编制的内容与方法

1. 远景规划

远景规划是指超过1年较长时期的计划，如3年、5年、10年规划等。养路远景规划是一个粗线条的指标性计划，只突出几个较大的指标，作为主观奋斗目标。制订养路远景规划，要有高瞻远瞩的眼光，预见国内外形势发展的趋向，要掌握国民经济发展规律和对公路发展的要求。根据客观规律的变化，提出编制养路远景规划项目和指标。

公路远景规划的编制可分以下三步进行。

（1）搜集和整理资料

主要是搜集有关公路发展的经济调查资料和现有公路技术状况的基本资料。经济调查资料要向工矿、农村、水电、铁路、水运和汽车运输等部门了解情况，摸清各个部门的远景设想及对公路发展的要求，特别集中反映在交通量和载重汽车的吨位上，以便考虑公路设计标准。同时，还要收集有关部门的建设对公路干线干扰的资料，以便考虑公路局部改线方案。另外要收集现有公路技术状况的基本资料，包括线路、里程、技术等级、桥涵状况、载重标准、水淹地段、历史水毁特征和交通量等情况，以及国内外公路发展水平和科技发展水平等。

（2）编制公路发展的远景规划

通过整理分析各项调查资料，便可着手编制公路发展的远景规划，并要求其与国民经济的发展相适应，以免造成失调现象。公路管理部门要争取主动，确定的公路技术改造目标要走在国民经济发展的前一步，真正起到先行的作用。在一条路线或一个里程之内，应按同一技术标准要求进行全面改造，以适应运输需要。

（3）反复调整、综合平衡、落实

实现远景规划，首先要有足够的资金。根据需要与可能的原则，反复调整，养路费收入与公路技术改造所需要资金相适应，以达到综合平衡，使编制规划落实在可靠的基础上。

2. 年度计划

养路年度计划的编制，根据远景规划的要求和本年度计划的执行情况，做好各方面的综合平衡工作。其具体编制过程大体可以分三个阶段进行：收集资料；编制计划草案；上报审批计划。

除了现行《公路养护技术规范》中规定的各级公路部门应进行的路况调查登记和交通量调查统计等工作外，还应收集下列各项资料，作为编制下一年度计划的主要依据：本年度计划执行情况和预计年末完成情况；远景规划要求考虑安排项目的资料；预计下年度养路资金情况；亟待进行的（主要是一季度）工程项目的调查资料；需要补充的生产能力和技术革新措施的资料；小修保养年公里预算定额资料等。

公路养护年度计划是在计划年度内全部养护生产、经营活动的实施方案，是养路工作最主要的综合性计划。它既是养护远景规划的具体化，又是季度计划、月度计划的依据。

公路养护年度计划在年度开始前制订，在制订新的年度计划时，首先要对上一年度计划执行的情况进行全面分析研究，它是制订新年度计划的基础。编制新年度计划时必须遵照国家关于公路养护工作的方针、政策，根据公路的整体规划，综合上年度计划项目，具体安排落实。

编制计划时，一般是按照先重点线路，后一般线路；先小修保养，后大中修和预留水电等预备费用，如还有可能，再行安排改建和提高项目的原则，由省级公路管理部门分配指标给地市公路管理部门，再由这些部门提出各自的计划草案，上报省级公路管理部门汇总平衡，并经省级交通部门审定和省级计划部门批准。

3. 月度计划

月度计划是为了保证年度计划的实现，防止前松后紧、严重不平衡情况发生的重要计划。养护单位包括基层班组，为了适应气候对公路的影响，主要采用月度作业计划来指导生产。根据自然条件、运输需要、物资供应、机械调度、劳力安排、资金分配等情况编制。它编制的内容应紧密配合年（季）度计划。月度计划只是更具体，更切合实际，它的施工进度安排力争提前，不宜推迟；它是年（季）度计划的具体化，并做必要的调整和补充，使各项生产工作有序、紧凑地进行，更好地发挥计划指导生产的积极作用。公路管理部门的各个职能科室或有关人员都应根据职能范围，围绕养路年度计划安排及当时的具体情况，在每月初制订月度作业计划并付诸实施。月末检查小结，并按规定汇总上报。

（三）小修保养计划的编制

公路工程小修保养计划，是指导和控制小修保养生产的主要依据。

1. 小修保养生产计划的内容

（1）产量指标：公路养护里程和小修保养工程数量和工作量。

（2）质量指标：包括各单项工程质量标准和要求。

（3）小修保养工程年公里成本和单项工程成本。

（4）主要材料消耗。

（5）主要机械台班消耗。

（6）员工出勤率和直接生产率。

（7）主要机械完好率和利用率。

（8）为完成任务、实现进度、保证质量、降低成本应采取的技术组织措施和安全生产措施。

2. 计划的编制

（1）小修保养年度计划的组成文件

①文字说明，对计划编制必要的说明。

②小修保养路况计划表：主要包括各等级的计划里程、计划综合值等。

③小修保养工程进度计划表：主要包括工程项目、工程量、工作量、全年分季度完成的工程量和工作量。

④小修保养工程材料使用计划表：主要包括材料名称、本年度计划用量、分季度使用量。

⑤小修保养工程机械使用计划表：主要包括机械名称、本年度计划用量、分季度使用量。

⑥小修保养劳动力计划表：主要包括道班人数、计划出勤率、计划出勤天数、计划出工日数、计划直接生产利用率、计划直接生产工日、全年计划总用工数、分季度用工数。

⑦小修保养完成各项经济技术指标措施计划表：主要项目包括计划达到的指标与要求、

计划实施方案和内容的说明、负责实施的人员等。

以上各表均按路线并按道班填写。

（2）年度计划的编制方法

小修保养年度生产计划，由县公路管理局负责编制，将全县各条公路上各个道班的计划内容统一汇总编制。年度计划编制完成后，应与年度预算一起上报审查批准。

3. 小修保养季度生产计划的编制

（1）季度计划的组成

季度计划包括：季度好路率计划表；季度工程计划表；季度材料使用计划表；季度机械使用计划表；季度劳动力措施计划表；季度技术组织措施计划表。

（2）季度计划的编制方法

季度计划是落实年度计划的基础。县公路管理局根据上级批准的年度计划，结合生产实际情况，编制季度小修保养生产计划。在编制季度计划时，可按实际情况对年度计划进行调整。季度计划应按规定时间上报，批准后方可贯彻执行。

4. 小修保养月份生产计划的编制

（1）月份计划的内容

月份计划是以道班为单位按旬分列的。某个道班月份生产计划表中主要包括工程计划和机具使用计划、劳动力计划和工程进度计划。

（2）月份计划的编制方法

月份计划是实施性生产计划。县段于上月下旬（25 H）在路况检查评定（自检）的基础上，根据批准的季度计划和实际路况进行编制。县段于月末前下达到道班，并报上级备查。

5. 旬作业计划的编制

旬作业计划由道班根据县公路管理局下达的月份生产计划编制。旬作业计划的格式各省有统一规定。各道班根据旬作业计划，每天将次日的生产安排公布在道班的布告牌上，以利于作业计划的贯彻执行。

（四）现代化计划管理简介

现代化计划管理是相对于目前大量应用的生产型管理中的计划管理而言的，它包括预测技术、决策技术、全面计划管理（含目标管理）及公路养护 ABC 分析法等。为了促进公路养护生产的计划管理向现代化计划管理方向过渡，现仅将其基本知识加以介绍。

1. 预测技术

（1）基本概念

预测是对未来尚未发生或目前还不明确的事物进行预先的估计和推测，是在现实对事物将要发生的结果进行探讨和研究的一种技术。预测技术在公路养护管理中的例子不胜枚举，如怎样才能准确地估算出拟建公路的远景交通量问题；怎样确定与变化着的工农业、人口、综合运输能力等因素相适应的公路网密度问题；公路在使用年限内是否会达到预期的经济效益问题等。

（2）基本原理

由于预测对象受到多种偶然因素的影响，所以常常使预测对象的发展表现得杂乱无章，似乎没有规律。但是，这种偶然性始终是受内部隐蔽着的规律支配的。认识事物的发展变化规律，利用规律的必然性，是进行科学预测所遵循的总原则。在进行预测时，人们一般借助于以下几项原则：惯性原则、类推原则、相关原则、概率推断原则。

2. 决策技术

（1）决策的定义

决策就是对未来的行为确定目标，并从两个以上的可行方案中选择一个合理方案的分析判断过程。正确的决策产生正确的行动，得到好的结果；错误的决策产生错误的行动，得到坏的结果。在同样条件下，决策水平的高低，往往会带来"天地之差"的结果。

（2）决策方法

关于决策方法的分类，可以概括为"两种不同情况，三种不同决策方法"。即确定情况下的决策和不确定情况下的决策。其中，不确定情况下的决策根据所掌握数据资料的不同，又分为风险型情况下的决策和完全不确定情况下的决策。

（3）决策原则

①确定性决策问题。这类问题有时很简单，如贷款修路，当有几个利率方案可供选择，当然选用利率低的方案来决策。②风险型决策问题。风险型决策的标准有三个：期望值标准、机会均等的合理性标准和最大可能性标准。③完全不确定性决策问题。在进行这种决策时，选择最佳方案的准则有悲观原则、乐观原则和最小后悔原则。

3. 全面计划管理的概念

所谓公路施工企业全面计划管理，是指在国家统一计划指导下，结合建筑市场的需求情况，根据企业现代化大生产客观规律的要求，对企业的生产经营活动制订计划目标，实行有计划的组织、指挥、协调和控制的管理工作。它的特点是全面的、全过程的、全员性的综合管理。

它要求企业各个部门、各个环节的各项工作都要计划化；要对企业生产经营活动的全过程实行计划管理；要使企业的全体人员都要关心和参与计划的制订和执行。

4. 确定公路养护重点的 ABC 分析法

ABC 分析法，就是将公路养护工程任务（路段、桥、涵等）分为 ABC 三大类，其中 A 类数量最少，但属于急需修理或养护的任务；B 类是数量较多，但需要修理或养护的程度次于 A 类；C 类是数量很多，但需修理或养护的程度尚次于 B 类，从而可以确定修理或保养工程任务的先后次序的方法。公路养护 ABC 分析的方法分两种：第一种是较简便的按实际交通量分类法；第二种是评分分类法。

三、文明安全生产与劳动保护

文明生产是指按照社会化大生产的客观要求，科学地从事企业生产的一切活动。企业从事一切生产活动都应当讲文明、讲科学、讲安全。

（一）文明施工

1. 文明施工教育

通过文明施工教育，施工现场人员应掌握文明安全生产知识，提高对文明安全生产的认识，使施工现场人员成为有高度责任感和事业心，具备科学技术知识和管理知识，能够严以律己的劳动者。养护作业人员进行养护作业时，应当穿统一的安全标志服，利用车辆进行养护作业时，应当在公路作业车辆上设置明显的作业标志。现场管理员工应统一着装，胸前佩挂证卡，并应自觉遵守工地各项规章制度和劳动纪律，杜绝"三违"现象。

2. 文明管理

文明管理指管理的科学化和民主化。

科学化是指建立文明施工管理和监督管理网络，推行现代管理方式。建立和贯彻一整套科学管理生产的规章制度，包括各项责任制、工艺规程、操作规程、设备维护与检修规程、安全技术规程等。

民主化是指充分发挥职工管理企业的积极性和创造性。

3. 文明的环境

文明的环境指工地、作业区、机器、设备等整洁、舒适和安全。

第一，施工单位应按照场地总平面图设置各项临时设施，布局合理，养护作业区按规定进行交通控制。文明责任区划分明确，并有明显标志，同时应设置明显的标牌，标明工程项目名称、工程概况、建设单位、设计单位、监理单位、施工单位、项目经理和技术负责人的姓名，开、竣工日期。

第二，施工现场作业区道路平整、设有路标。机具材料应做到"二整"：施工机械设备应保持状况良好、停置整齐；施工材料堆放有序、存储合理规整。

第三，作业区道路和现场按工程需要需有足够的照明设施；施工电源要集中布置，统一接线，专人负责，并定期检查。

第四，工地现场外观应做到"三洁"：施工场地整洁、生活环境清洁、施工产品美观净洁。施工范围内的沟道，地面无废料、垃圾和油垢，应做到工完、料尽、地清。办公室、作业区、仓库等场所内部应整洁。生活区中的食堂、供排水、浴室、医务室、宿舍和厕所应符合卫生通风照明等要求，职工宿舍内外应保持卫生，施工产品符合规范要求，外观洁净、美观。

第五，禁烟区严禁吸烟。禁止边作业边吸烟。

第六，遵守国家有关环境保护规定，避免和降低灰尘等对周围环境的污染。

（二）安全生产

安全生产就是要保证人和机器设备在生产中的安全，在生产过程中，要坚持"安全第一、预防为主"的安全生产方针。要把安全第一的思想铭刻在心，切实做到"生产必须安全，安全促进生产"。

1. 施工现场安全管理规定

第一，施工现场必须具备良好的施工环境和作业条件，实行安全生产，避免发生人身伤亡事故和工程事故。进入施工现场的所有人员必须遵守施工现场安全管理规定。

第二，施工现场安全生产实行项目经理负责制。应建立健全工地安全组织保障体系，制定和完善安全管理制度，采取各项安全防护措施，确保施工正常进行。

第三，施工现场所有施工人员必须经过上岗前的安全教育。应备有各个工种安全生产手册或须知，做到每个职工人手一册，使从事施工活动的每个职工具备本工种的安全常识，增强防范意识。特种工种需经过专业培训，持证上岗。

第四，进入施工现场的所有人员，应穿戴、使用有关防护用品、用具。

第五，施工现场应设置必要的提示、警示、警告等各种安全防范标志，避免施工现场的人员可能发生意外伤害。

第六，施工现场必须杜绝违章指挥、违章作业、违反劳动纪律的"三违"行为。

第七，施工现场必须做好防火、防电、防爆和防坠落等防护工作。

①必须遵守国家有关消防规定，各种消防设施配置齐全，并由专人负责，经常检查和定期更换。油库、易燃品存储等重点防火区域必须禁止火源进入。

②供电线路布设及施工用电必须遵守有关安全用电的规程和规定，应避免妨碍作业和交通。

③炸药、高压气瓶等易爆品的使用和管理必须遵守国家有关安全规定，并保持足够的安全距离，确保安全。

④高处作业必须遵守有关作业规程，设置必要的安全防护网或防护栏杆。特殊情况下应使用安全带。

第八，施工现场应建立完善的机具设备例保、检修制度，保证机械设备正常安全运作。

2. 小修保养生产中的安全工作

第一，路上作业，应在作业区两端竖立明显的警告标志及档栅，设专人进行交通指挥，夜间应配装红灯信号警告；施工路段设置的便道应加强维护；在正线上作业留出的行车道应有足够的安全宽度和会车处。

第二，雨季施工和水上水下作业，应与有关气象、水文台站建立全天情报联系，以便采取应变措施，做到有备无患。

第三，遇有道路毁坏中断，立即设置路障，并通知交通管理部门或登报通告阻、通日期及相应措施。

3. 公路养护生产中应注意的安全问题

第一，严禁采用底脚挖土（俗称挖神仙土，即下面掏空，使土自动塌落的操作方法），以免塌土伤人。

第二，撬除悬岩、陡坡上松动的石块，要系好安全带。不可站在石块的下方，并忌用力过猛，以防人随石下，发生危险。

第三，铁锤、铁锹及十字镐等带柄工具，要随时检查木柄是否松动、伤折，以防脱落伤人。

第四，凡皮肤受伤或呼吸系统及面部等暴露部分患病职工，不得参加熬油、喷洒等接触沥青的工作。

第五，沥青加热时要防止溢锅烫伤及引起燃烧，现场需设置灭火器、消防沙、湿麻袋等消防器材，以防不测。

第六，各类脚手架、跳板必须牢固、稳定、不起翘。

第七，拆下的模板、脚手板等木料，不得随地乱丢，带钉的木板要及时拔除。

第八，桩锤未放下或桩锤起落时，禁止撬移桩架。

第九，雨季、汛期作业，应与气象、水文站保持联系，以便及早采取措施，加以防范。如遇洪水突然袭击，应迅速组织力量将机具设备、材料转移到安全地点。

（三）劳动保护

劳动保护工作是为了保护劳动者在生产过程中的安全与健康而进行的组织管理工作，以及为此而采取的一系列技术措施。它专指对劳动者在劳动生产过程中的安全与健康的保护。

1. 劳动保护的任务

第一，保证安全生产，防止工伤事故和职业病发生。

第二，合理确定工作时间和休息时间，注意劳逸结合。

第三，对女职工实行特殊保护。

第四，开展工业卫生工作。

2. 劳动保护的内容

（1）安全技术

安全技术为了消除企业生产中引起伤亡事故的潜在因素，以及为了保证工人在生产中的安全，而必须采取的各种技术措施，称之为安全技术。

（2）工业卫生

为了改善生产劳动条件，避免因生产活动可能引起的对职工健康的危害，避免有毒、粉尘、噪声、振动，防止职业病的发生而采取的各种技术组织措施，称之为工业卫生。

（3）劳动保护制度

劳动保护制度指为切实做好安全文明生产和保障职工身体健康而建立的一系列生产行政管理和生产技术管理制度。它由两方面内容组成：一是属于生产行政管理方面的制度，如安全生产责任制、安全教育制度、安全生产监督检查制度、工伤事故调查分析处理制度、卫生保健制度等；二是属于生产技术管理的制度，如安全操作规程、设备维护制度等。

3. 油路养护中的劳动保护工作

第一，对患有皮肤病、眼病、喉病、面部或手部有破伤，以及对沥青有过敏感染的人员不应担任沥青（特别是煤沥青）的加工、运输和操作等工作。

第二，对运油、熬油、洒油、摊铺等工序，凡经常接触沥青的人员，其外露皮肤需涂上防护油膏，应穿长袖、长裤工作服，戴口罩、帆布手套、护目眼镜等，并用干毛巾围裹颈部。用手摇洒布车洒油人员还需戴上口罩。

第三，接触沥青人员在上下班时，还需点眼药水一次，以保护眼睛，眼药水的品种及点滴标准由医生决定。

第四，每天工作完毕，应将防护用品除下，脸和手用肥皂洗净，再擦一些润滑脂。若皮肤或手已染有沥青，应立即用松节油洗净，不宜使用汽油、柴油等油类擦洗。

第五，如果有人被沥青灼伤时，应立即将黏在皮肤上的沥青，用酒精、松节油或煤油等擦干净，再用高锰酸钾溶液或硼酸水洗伤处，必要时请医务人员治疗，事故严重的应立即报告医务人员进行急救。

在施工现场或拌和厂、加热站等处，都需要配备灼伤防暑等药品，以备急需。如气候炎热，工地应保证供应茶水及清凉饮料，同时还应采取相应的防暑降温措施。

第五章　桥面的养护与维修

第一节　铁路桥梁桥面的养护与维修

桥面是桥梁直接承受列车载重的部分，它把列车活载比较均衡地传递给桥跨结构。桥面状态是否完好，直接关系到列车在桥上运行是否平稳和安全，关系到桥梁各部分的受力状况及使用寿命。所以，桥面在构造上必须坚固性好、整体性强、各部尺寸准确、经久耐用并经常保持良好状态。

一、铁路桥梁桥面的种类

铁路桥梁桥面有道砟桥面、明桥面和无砟桥面三种。

（一）道砟桥面

道砟桥面是把轨道铺设在石砟道床上，在圬工桥上一般采用这种桥面。

（二）明桥面

明桥面由基本轨（又称正轨）、护轮轨、护木、桥枕、步行板、人行道及各种连接零件组成。桥梁枕木直接铺设在钢梁（或木梁）上，钢轨钉在桥枕上。一般钢桥（或木桥）特别是大跨度钢桥都采用这种桥面。

1. 明桥面的主要优点

（1）重量轻

明桥面一般为道砟桥面重量的三分之一左右，可以减轻桥跨结构的载重。

（2）弹性好

由于桥梁枕木具有很好的弹性，因而可以减轻列车活载对钢梁的冲击。

（3）能与各种不同构造类型的钢梁紧密连接。

2. 明桥面的主要缺点

（1）木质容易腐朽

按照现行防腐养护方法，一般的使用期限为 20 年左右。

（2）不能防火

在蒸汽机车行驶的桥上需有专门的防火设施。

（3）养护工作量大。

（三）无砟桥面

无砟桥面分为无砟无枕桥面和无砟有枕桥面两种，多用在预应力混凝土梁桥上。

1. 无砟无枕桥面的主要特点

无砟无枕桥面主要有以下几种优点：

（1）减轻梁的重量

与有砟桥面相比，无非无枕桥面少了梁上道砟、枕木的自重，使梁身截面的高度和厚度可以相应地减少，从而可以使梁身自重减轻很多。例如，跨度 31.7 m 无砟无枕梁的重量比等跨的有砟梁轻约 43%。

（2）节约原材料

（3）轨道稳定，养护工作量减少

由于钢轨借助于扣件固定在梁体桥面混凝土内，所以轨道稳定，大大减少了养护维修工作量，同时还有利于铺设无缝线路。

无砟无枕桥面还存在以下问题：

第一，钢轨直接固定在梁上，轨距、轨顶高程不能做较大的调整，拨道和起道工作受到一定限制。

第二，扣件定位及承轨台平整较难，加上技术要求较高，维修困难。

第三，目前扣件还不够完善。如何解决曲线上梁的平面矢距及近、远期超高度的设置问题较为复杂，所以在曲线桥上使用无砟无枕桥面还受到一定限制。

2. 无砟有枕桥面

无砟有枕桥面与无砟无枕桥面的区别是钢轨铺设在嵌入钢筋混凝土上的模型短枕上。模型短枕可用钢筋混凝土或木材做成。对于这种桥面，应特别注意使模型短枕牢固地固定在桥枕槽内，基本轨与短枕的扣件应联牢。

二、桥上线路及温度调节器

（一）桥上线路一般要求

1. 桥梁建筑物与线路平面、纵断面的关系

第一，纵断面符合线路要求，桥上按规定设置上拱度。

第二，线路顺直、圆顺，桥上线路中心线与梁的中心线应吻合并符合设计要求，其偏差值：钢梁不得大于 50 mm，拷工梁不得大于 70 mm，以防止桥梁承受偏载而出现超应力。

2. 桥上钢轨接头位置

桥上的钢轨接头对于桥梁的受力状况很不利，因为它可增大列车对桥梁的冲击力。所以在下列位置不能有钢轨接头：

第一，桥梁长度在 20 m 及以下的桥面上。

第二，钢梁端及纵横梁连接处、无砟无枕梁端、拱桥温度伸缩缝和拱顶等处前后各 2m 范围内。

第三，设有伸缩调节器的钢梁，在温度跨度（由一孔钢梁的固定支座至相邻钢梁固定支座或桥台挡砟墙的距离）的范围内。

第四，横梁顶上如上述位置的钢轨接头不可避免，应将其焊接。如一时不能焊接，可用高强度螺栓连接顶严轨缝。但焊接或顶严的轨缝，除设有伸缩调节器或使用特种钢轨扣件（如分开式 K 形扣件）外，不能连续超过 2 个接头，其余桥上钢轨接头的轨缝均应能满足：

①当轨温上升到最高轨温时不致形成瞎缝；

②当轨温下降到最低轨温时，不大于容许最大轨缝值。

桥上钢轨接头应采用相对式。明桥面上的钢轨接头，当桥枕净距为 100～150mm 时可设在桥枕间或桥枕上；桥枕净距在 150 mm 以上时宜设在桥枕间。

3. 连接零件

桥上宜采用 K 形分开式扣件。它的优点如下：

第一，垫板较大，连接牢固，能减少枕木的机械磨损。

第二，钉孔不易进水，有利于枕木防腐。

第三，扣压力大（每根枕木可达 15 kN），防爬力强，轨道不易变化。

桥上的伤损夹板必须及时更换。各种连接零件应做到数量齐全、位置正确、连接紧密、作用良好。对状态不良或失效者要进行修理或更换。

4. 桥头钢轨锁定

为了防止桥头两端钢轨的爬行影响到桥上，从而破坏桥梁结构，在桥梁前后各 75 m 范围内要增加防爬设置，彻底锁定线路。

明桥面上一般不安装防爬器，仅在桥头两端钢轨确认已经锁定，而桥面上钢轨尚有爬行时，才可在桥上安装防爬器。

（二）温度调节器

1. 温度调节器的作用

温度调节器又称钢轨伸缩调节器（简称伸缩轨）。它的作用是保证钢轨能随桥梁的温度和活载位移而自由伸缩。

2. 桥上设置温度调节器的目的

第一，防止桥上轨道因钢梁伸缩而发生变形。

第二，使桥上钢轨，特别是焊接或冻结接头的钢轨能随着温度的变化而自由伸缩，不致影响桥梁。

3. 桥上设置温度调节器的条件

凡温度跨度超过 100 m 的钢梁，在活动端上的线路应设置温度调节器。每一温度跨度安设一副。

所谓温度跨度，是指桥跨结构受温度升降的影响而伸长或缩短的区段长度。简支梁的温度跨度是指由一孔钢梁的固定支座至相邻一孔钢梁的固定支座或桥台挡砟墙的距离。连续梁的温度跨度是指一联钢梁的固定支座到相邻一联钢梁的固定支座或桥台挡砟墙的距离。悬臂梁只计算墩（台）上的相邻两固定支座间或固定支座到桥台挡砟墙间的距离。拱桥（无下拉杆的）为水平长度的一半，温度跨度超过 100m 时，应在拱的两端各安装一副温度调节器。因为它受温度变化的伸缩在两端同时存在。

长跨度的钢梁，由于温度变化和列车的作用，钢梁弦杆会伸长或缩短，使活动端产生较大的水平移动。例如，一孔 100m 长的钢梁，当温度由 40℃降到 -40℃时，钢梁要缩短 90 mm，但是，钢梁活动墙上的钢轨不可能有这样大的伸缩量，因而，很容易使钢轨及螺栓因受力过大而遭受损伤。如采用 12.5 m 或 25 m 长的钢轨，此时钢轨间距将有 20～40 mm 的缝隙，这种过大的缝隙，会使车轮通过时产生撞击跳动，既加剧桥梁的震动，又加速钢轨和车轮的磨耗和损伤，所以规定温度跨度超过 100 m 时应设置温度调节器。

4. 温度调节器的类型及其构造特征

温度调节器由基本轨、尖轨、大垫板、轨撑、导向卡等组成。按其构造的平面形式不同，可分为斜线型、拆线型及曲线型温度调节器等三类。这里仅介绍曲线型温度调节器。

曲线型温度调节器采用高型特种断面尖轨（73kg/m），尖轨与基本轨的断面形式是爬坡式。这种调节器与旧有调节器相反，它是基本轨伸缩，尖轨在大垫板上不动。尖轨轨头外侧刨切成圆曲线（半径为 500m），所以称为曲线型温度调节器，内侧刨切线为圆曲线的切线，基本轨不预先被顶变形而是直轨，只是在组装的时候，由尖轨轨头的刨切圆弧和基本轨轨撑（按半径 500m 曲线布置）把基本轨别弯成相应半径的弹性曲线（半径 500 m）。基本轨伸长时，进入尖轨刨切线范围的部分，由于尖轨轨头和基本轨轨撑的横向约束，被别弯成相应半径的圆曲线（半径 500 m）；当基本轨缩短退出尖轨刨切线范围后，由于桥枕上的扣件约束，又恢复成直线。基本轨就这样反复地自由伸缩。

这种调节器的基本轨轨头与尖轨轨头的刨切圆切弧密贴，而基本轨轨底与尖轨轨底相互尖轨之间保持一定的间隙，两者使用不同形式的尖轨轨撑控制位置。尖轨轨撑不但侧向螺栓顶紧轨腰，而且紧扣轨底，基本轨轨撑仅垫圈是侧向顶紧轨腰，控制横向位置，但不扣紧轨底，因此基本轨能自由伸缩。

曲线型温度调节器是目前最好的一种调节器，它的特点如下：

第一，轨距保持不变。不论伸缩量多大，轨距始终保持 1 435 mm 不变。

第二，允许伸缩量大。目前设计的最大伸缩量为 1 000 m，而旧有调节器最大伸缩量仅为 600 mm，这就为发展大跨度桥跨结构和无缝线路创造了更有利的条件。

第三，尖轨与基本轨头部保持密贴。在尖轨刨切范围内，不论伸缩量多大，尖轨与基本轨轨头均保持密贴。

第四，强度及稳定性均较好。由于尖轨采用 73 kg/m 钢轨，尖轨与基本轨的断面形式是爬坡式，并均用轨撑控制位置，因此提高了调节器的强度和稳定性。

第五，更换温度调节器的技术要求高。温度调节器由于长期使用，零件磨损而需要更换，有的调节器由于设备陈旧，不能适应运输需要，也需要换成新型的调节器。当调节器的个别部位损坏时，可以进行个别更换，但是为了使两侧的基本轨和尖轨高低一致，同时为了使调节器各部分间密贴吻合、整体性良好，最好成组更换。

5. 温度调节器养护的技术要求

温度调节器的构造复杂，零件较多，是桥上轨道的薄弱环节，它的状态直接影响着行车安全。因此必须加强养护维修，保持其各部分状态经常良好。养护的技术要求如下：

第一，温度调节器两端轨道应锁定，使钢轨与钢梁的伸缩一致。固定轨（曲线型调节器的尖轨、斜线型及折线型调节器的基本轨）应牢固锁定在大垫板上，发生爬行时，应立即采取防爬措施。

第二，伸缩轨（曲线型为基本轨、斜线型及折线型为尖轨）必须能够自由伸缩。应保持伸缩部分的经常清洁，注意清除妨碍伸缩的渣滤和污垢，经常在摩擦面上涂石墨粉或油脂，使其伸缩灵活。

第三，斜线型、折线型调节器的尖轨尖端绝不容许伸过基本轨弯折点，如伸过，应将伸缩缝重新拼装一次。两根尖轨尖端应对正，误差不超过 5 mm。

第四，斜线型、折线型温度调节器，要特别注意使尖轨尖端轨距与当时钢轨温度和钢梁气温跨度相适应，在任何情况下都不能超过 1 451 mm。其余各部分均为 1 435 mm。

第五，尖轨与基本轨应密贴，轨撑应紧贴轨腰，导向卡应紧贴尖轨底，如不密贴应进行修整，必要时，可在轨撑与铁座间加调正片或在导向卡与尖轨底间加铁线卡挤严。导向卡磨损过甚或轨撑、螺栓失效时应及时更换。各种螺栓（螺钉）应经常保持无松动、无锈蚀。

第六，尖轨或基本轨轨头，如有飞边，应及时铲除或打磨掉，防止轨头产生剥离现象。

第七，在温度调节器及其两端各 2 m 范围内，应无失效桥枕和吊板。

第八，做好桥上气温、钢轨温度、钢梁温度、温度调节器伸缩量及钢轨爬行等的经常检查和观测工作。如发现温度调节器伸缩量及钢轨爬行等的反常现象，应检查分析原因，必要时采取措施，保证安全。

第九，温度调节器有下列不良现象之一时，禁止使用：

①基本轨或尖轨的垂直磨耗超过 6 mm。
②尖轨被轧伤，轮缘有爬上尖轨的危险。
③尖轨顶宽 50 mm 及其以上断面处，尖轨顶面较基本轨顶面低 2 mm 及以上。
④尖轨或基本轨有裂纹等损伤。
⑤尖轨尖端与基本轨在静止状态下不密贴。

三、护轨

（一）护轨的作用

护轨又叫作护轮轨，它的作用是当机车、车辆万一在桥头或桥上脱轨时，能将脱轨的车轮限制在基本轨与护轨之间的轮缘槽内，使其继续顺桥滚动，以防止机车、车辆向旁偏离撞击桥梁或坠落桥下，造成严重后果。

（二）护轨的铺设条件

符合下列条件的桥梁应铺设护轨：

第一，特大桥及大、中桥。

第二，桥长 10m 及以上，而桥上曲线半径小于或等于 600 m，或桥高（轨底至河床最低处）大于 6m 时。

第三，跨越铁路、重要公路、城市交通要道的立交桥。

第四，多线桥上的各线按上述第一到第三项办理，但多线框构桥可只在两外侧线路上铺设。

（三）护轨铺设的技术要求

1. 护轨长度

为了使桥梁建筑物不受机车车辆脱轨可能造成的损害，护轨伸出桥台挡砟墙以外的直线部分应不少于 5 m；当直线上桥长大于 50 m、曲线上桥长大于 30 m 时应不少于 10m，然后弯曲交会于铁路中心。弯轨部分的长度要求不少于 5 m。在任何情况下，护轨都要铺满桥台全部长度，并伸出桥台后边缘不少于 2 m。

2. 轮缘槽宽度

护轨外侧与正轨内侧之间的净空称为轮缘槽。轮缘槽的宽度为护轨与正轨头部间的净距，当基本轨为 50 kg/m 及以下时为（200±10）mm，当基本轨为 60 kg/m 及以上时为（220±10）mm。

这个规定主要是考虑到车轮厚度最大为 140 mm，当车轮脱轨时，能使其落入轮缘槽内，并有一定活动量，以防车轮沿槽滚出桥外。

3. 护轨顶面高程

我国机车轮缘顶点到轮缘工作面最小距离为 25 mm，为使车轮脱轨时能被护轨卡住，不致越过护轨，规定护轨顶面不应高于基本轨顶面 5 mm，也不应低于 25 mm。

护轨高度不足，一般不能使用，容许加垫厚度小于 30 mm 的纵向长垫板，捣碎桥面也可使用横向垫板。如护轨垫板过厚，当脱轨车轮撞击护轨时，护轨会被撞翻，失去防护作用。

4. 护轨连接

每个护轨接头安装 4 个夹板螺栓。螺栓帽安装在轨道中心一侧，以避免车轮脱轨时被切断或撞伤。在温度调节器处，应采用一端带有长圆孔的夹板，使护轨能同钢梁一起伸缩。在明桥面上，护轨应每隔一根桥枕钉 4 个道钉（每股钉 2 个），使用厚度 20~30 mm 的垫板时，每股护轨应在每根桥枕上钉 2 个道钉。

在道砟桥面上，每股护轨在每根轨枕上钉 2 个道钉。

5. 梭头

护轨尖端应切成不陡于 1:1 的斜面，并用螺栓串联牢固，做成梭头，或另装铁梭头。自动闭塞区间，应在护轨端交会处安装绝缘衬垫，防止正轨与护轨间偶然有导电物体搁置造成短路，使自动闭塞信号显示错误。

（四）护轨养护的技术要求

第一，护轨应目视顺直或圆顺（以头部外侧为准）。轮缘槽宽度以及护轨顶面高程应符合规定。

第二，夹板、螺栓、道钉应数量齐全，状态完好。

第三，护轨底部悬空不大于 5 mm。接头轨面及头部外侧错牙不大于 3 mm。

第四，梭头各部连接牢固，并搁在轨枕上，尖端悬空小于 5 mm。

第五，大跨度钢桥的护轨爬行时，应及时拉轨，并安设防爬器或在桥头轨道上设置防爬锁定桩进行锁定。

四、桥枕

（一）桥枕的作用及规格

桥枕是桥面上最重要的设备，它的作用如下：

第一，直接承受由钢轨传来的竖向力和水平力，并把这些力均衡地分布到钢梁上。

第二，固定钢轨位置，防止钢轨倾覆或纵向及横向位移，保持轨距。

（二）桥枕铺设的技术标准

第一，为使桥枕受力均衡，桥枕应与线路中线垂直。在斜桥及曲线桥上，可在桥头或钢梁端部采取措施，如加厚挡砟墙，接长纵梁或采取扇形布置等使桥枕逐渐转变成与钢梁中线垂直。

第二，两桥枕间净距为 100 ~ 180 mm（横梁处除外），专用线上可放宽到 210 m，并尽可能使桥枕净距保持均匀。

桥枕净距不能大于规定的尺寸，因为桥枕过稀，不但会增加桥枕负担，而且当列车脱轨时，轮缘会卡在枕木间，不易拉出桥外，甚至会把桥枕切断，造成严重后果。但是，桥枕净距也不能小于规定尺寸，因为桥枕过密，既浪费木材，又给抽移桥枕及清扫钢梁等作业造成困难。

第三，桥枕不能铺在横梁上，因为桥枕铺在横梁上，会使横梁直接承受车轮压力和冲击，不利于清扫和排水，会加重横梁上盖板的锈蚀，对横梁的结构不利。同时，由于横梁上的桥枕弹性比支承在两根纵梁上的桥枕弹性小，会造成轨道软硬不均，对行车也不利。

靠近横梁的桥枕，枕与横梁翼缘边缘之间应留出 15 mm 及以上缝隙，以利于横梁的排水和清扫。

如横梁两侧桥枕间净距在 300 mm 及以上，且桥枕顶面距横梁顶面在 50 mm 以上时，应在横梁上垫短枕承托，短枕与护轨连牢，短枕与正轨之间应留出空隙（一般为 5 ~ 10mm）。这样，既能防止脱轨车轮陷入桥枕间隔内或切断桥枕而造成严重后果，又能使横梁不致直接承受车轮的压力和冲击。

第四，桥枕与钢梁连接系之间应留有一定空隙（至少 3 mm 以上），保证在列车通过时，桥枕底部不接触钢梁连接系的任何部分（包括连接铆钉）。如有接触，可以在桥枕下挖槽。如果钢梁上平连接系位置都较高，应将其改造降低，因为连接系杆件比较薄弱，如直接承压，将产生弯曲、裂纹和铆钉松动等病害。

第五，有桥面系的上承钢梁，桥枕只能铺设在纵梁上，但是，设计允许铺设在主梁翼缘上者除外。

第六，桥台挡砟墙上应铺设双枕，以改善和加强明桥面与桥台连接段的轨道受力状况。双枕可用短枕、普枕或桥枕，并用螺栓连接固定在挡砟墙上，但不能用钢筋混凝土轨枕。

（三）桥枕失效标准及更换要求

桥枕状态达到下列条件之一时，即为失效桥枕：

第一，标准断面桥枕因腐朽、挖补、削平和挖槽累计深度超过 80 mm（按全宽计）。

第二，道钉孔周围腐朽严重，无处改孔，不能持钉及保持轨距。

第三，桥枕内部严重腐朽。

第四，通裂严重，影响共同受力。

有连续两根及以上的失效桥枕时应予以立即抽换。钢轨接头处的4根桥枕不容许失效。一孔钢梁上的桥枕失效达25%及以上时应进行整孔更换。单根抽换时，可使用整修后的桥枕。

（四）更换作业

1. 全面更换桥枕

全面更换桥枕首先要进行桥面抄平，抄平应用水准仪进行。通过抄平，测出钢梁上各放置桥枕位置的高程，然后根据上拱度设置要求，以及考虑线路坡度、曲线超高的影响，确定各根桥枕高度，即可依此加工刻槽制作新桥枕。一般均需封锁线路，其方法有下列两种：

（1）"大揭盖"

将桥上线路拆开，移出钢轨，然后将旧枕逐根更换为新桥枕，最后铺好桥上钢轨。这个方法需要的时间较长。为了缩短封锁时间，一般按一节钢轨的长度逐一进行更换，即取下一节钢轨，撤走铁垫板及旧桥枕，随即铺好新桥枕，立即安装基本轨恢复线路，然后再度封锁，撤换下一节钢轨下的桥枕。

（2）逐段抽换

在一定长度内松开桥上钢轨与桥枕的连接，用千斤顶顶起钢轨及护轨并用垫木楔住。旧桥枕和新桥枕都由两侧横向移出或穿入，最后落下钢轨恢复线路，这种方法可视封锁时间的长短，掌握每次抽换的数量，条件是两侧应有人行道。

2. 单根抽换桥枕

单根抽换桥枕可以在不拆卸钢轨的条件下进行，因此目前多数桥梁都有三角侧向支架的人行道，站在上面即可顺利地抽出旧枕纳入新枕。

对于下承式板梁，因两边有腹板挡住，桥枕从两侧抽不出来，所以一般要拆去一股钢轨才能进行。但当纵梁间距及主梁中心距都足够时，也可以不拆除钢轨，从纵梁与钢轨间抽穿桥枕。

3. 更换桥枕作业

（1）准备工作

先按钢梁长度计算确定桥枕根数与间距，然后把新桥枕运到工地，并按顺序编号。对抽换桥枕的工具要进行检查，并预先安放好，拆除桥上的步行板、护木，每隔一根桥枕拆下一个钩螺栓，同时起冒道钉。

（2）基本作业少

拆除一次所需更换桥枕上的钩螺栓，用千斤顶抬起钢轨及护轨（或将其拆去）。用抽换桥枕工具依次抽出旧枕，清扫钢梁上盖板，以同样的方法及相反的步骤换入新桥枕，落道，拆除千斤顶（或抬回基本轨与护轨），恢复线路，检查轨距、水平度，新桥枕每股轨打入两只道钉，安装一半或1/3钩螺栓，让列车通过。

（3）整理工作

补齐并拧紧螺栓，钉齐道钉，装上护木、步行板等，使桥面与线路恢复完好状态。清理工具，运走旧枕等材料，更换桥枕的质量要求应符合验收标准。

五、防爬设备

明桥面防爬设备包括护木及防爬角钢。护木固定桥枕相互位置，不使爬行和偏斜，起第二护轨作用。防爬角钢起防止桥枕连同护木顺桥方向移动的作用。

（一）护木

护木标准断面为 150 mm × 150 mm，在与桥枕连接处刻 20～30 mm 深的槽口与枕木卡紧。当桥面上的护木螺栓与钩螺栓不共用时，护木在每隔一根桥枕上以及纵梁两端安装防爬角钢和护木搭接的桥枕上均应用直径为 20～22 mm 的螺栓连接牢固，上下均配以 80 mm × 80 mm × 8 mm 铁垫圈及 80 mm × 80 mm ×（10～20）mm 木垫圈（或 6～10 mm 厚橡胶垫圈）。螺栓顶超过基本轨顶不得大于 20 mm。护木采用半木搭接设于桥枕上。

护木内侧与基本轨头部外侧距离：Ⅰ式布置时最小为 200mm，最大距离 500 mm；Ⅱ式布置时最小 300 mm，最大 500 mm。

护木应为一直线，若因钢梁类型不一而必须错开时，在接头处靠外面一根护木的内侧加三角形木块并用螺栓连牢，使脱轨车轮能贴护木内侧通过，防止撞击或越出护木。护木在钢梁活动端应断开并留一定空隙，以便能与钢梁共同移动。

护木的防腐及养护同桥枕，制作时应涂防腐浆膏或热防腐油两度。

（二）防爬角钢

跨度在 5 m 及以上的钢梁，每孔梁两端各安装一对防爬角钢，如跨度较长，仅在端部安装；尚不能阻止桥面运行或两端防爬角钢有切入桥枕的现象时，可在中部每隔 5～10 m 再安装一对。

有桥面系的钢梁，每个节间纵梁的两端各安装一对，如节间长度在 4m 以下时，可在每两个纵梁两端各安装一对。

防爬角钢最小尺寸为 120mm×80mm×12mm，钢梁两端防爬角钢的水平肢应装成相反方向，桥枕与防爬角钢垂直肢间应垫以 15～30 mm 厚的木板，并用直径为 20～22 mm 的螺栓与桥枕连牢。

第二节　公路桥梁桥面的养护与维修

一、桥面铺装层的养护维修

（一）桥面铺装层的种类及其构造

桥面铺装是车辆直接作用的部分，它的主要功能有以下三个方面：防止车辆轮胎或履带直接磨耗桥面板，保护主梁免受雨水侵蚀，分散车轮的集中荷载。

因此，桥面铺装的质量的好坏直接影响着行车是否舒适、畅通与安全，是桥梁日常养护工作的重点，必须认真做好桥面铺装的日常养护工作。

目前，桥面铺装常用形式主要有沥青混凝土铺装和水泥混凝土铺装。

随着科学技术的发展，最近几年还出现了钢纤维混凝土铺装和改性沥青与SMA铺装层。

1. 沥青铺装层的构造

从上到下它主要由沥青混凝土、混凝土保护层、钢筋网、防水层、混凝土整平层等部分组成。

2. 水泥混凝土铺装层的构造

它主要由水泥混凝土、钢筋网、防水层、混凝土整平层等几部分组成。

3. 钢纤维混凝土铺装层的构造

它主要由钢纤维混凝土、钢筋网、防水层、混凝土整平层等几部分组成。

4. 改性沥青与SMA铺装层的构造

常用的改性沥青可分为两类：一类是合成橡胶类，另一类是塑性体类。SMA是一种由沥青、纤维稳定剂、矿粉及少量的细集料组成的沥青玛蹄脂填充间断级配的粗集料骨架间隙而组成的沥青混合料。

以钢桥面铺装为例来说明其构造。从上到下它主要由铺装层上面层、黏层油、铺装层下面层、黏层油、防水层、黏结层、钢板防锈层等几部分组成。其中最重要的是铺装层、防水层和防锈层。黏层油和黏结层不是独立的层次。

（二）桥面铺装层的常见缺陷及成因

桥面铺装层直接承受车轮荷载的作用，经受车轮对它的撞击、磨耗，所以铺装层易产生各种缺陷。其常见缺陷如下：表面松散、露骨，纵、横向裂缝或龟裂，表面磨耗、坑槽等。

1. 沥青铺装层常见缺陷及成因

沥青铺装层的常见缺陷有沉陷、纵裂、龟裂、车辙、推移、波浪、壅包、收缩裂缝、老化开裂、磨耗、松散、泛油等。其主要缺陷的分类及产生原因见表5-1。

表5-1 沥青铺装层常见缺陷分类及产生原因

缺陷分类		主要产生原因及说明
局部裂缝	纵裂横裂龟裂	施工不当，基层的裂缝反射
	老化开裂	沥青材质不良
	收缩裂缝	由材料收缩引起的温度应力超过了材料的抗拉强度，为寒冷地区的一种常见缺陷
变形	车辙（推移波浪）	为铺装层的各层在汽车荷载重复作用下进一步压实和沥青层中材料的侧向位移而形成的永久变形。热稳定性差的面层材料，侧移下沉现象严重，即车辙明显
磨耗	磨光剥落松散坑槽	面层混合材料不良，主要是石料抗磨耗性能不好、石料与沥青的黏附力不良，碾压不足等。光滑桥面铺装层上高速行驶的汽车在雨天时，轮胎与地面之间易形成水膜，造成汽车的"水漂"祸害，因此，必须注意提高路面的抗滑性能

2. 水泥混凝土铺装层常见缺陷及成因

水泥混凝土铺装层常见缺陷主要有：表面裂缝、表面磨耗、露骨、坑槽等。其中裂缝最为常见。

（1）大面积裂缝

大面积裂缝一般呈均匀分布的龟状细裂缝，通常是在水泥混凝土板铺装过程中，由于表面整修收水不当、气温较高、养护不周等原因，导致混凝土板表面因失水过快而引起的表面收缩裂缝，这种裂缝一般只是深入混凝土表面几毫米，不会随时间的延长而发展。

另外由于混凝土材料的不稳定，如采用的材料产生了碱集料反应等原因，也会引起铺装层大面积的开裂，裂缝呈不规则状况，有些会引起翘曲现象等。

（2）局部裂缝

局部裂缝一般分施工时产生的初期裂缝和使用后产生的纵横向裂缝、板角裂缝及结构附近裂缝等几种。

初期裂缝产生的原因一般是水泥混凝土硬化过程中，表面沙浆沉降开裂及早期混凝土塑性收缩而产生的开裂，其长度一般为数厘米到数十厘米。

纵横方向和板角处的裂缝均为贯通裂缝。

3. 钢纤维混凝土铺装层常见缺陷及成因

钢纤维混凝土铺装层常见缺陷主要有表面龟裂（网裂、纵裂、横裂）、脱皮或局部破损露骨、表面磨损等。当桥面排水不良时，对钢纤维混凝土面层的整体性也有影响。

4.改性沥青与 SMA 桥面铺装层常见缺陷及成因

如前所述，改性沥青与 SMA 是桥面铺装层采用的一种新型材料，是为解决沥青混凝土路面的车辙问题而发展起来的。我国大约在 20 世纪末开始将其用作桥面铺装材料，由于使用时间短，至今尚未发现重大缺陷。但值得注意的是，1997 年首次将该材料应用于广东省虎门大桥钢桥面铺装时，由于级配不合适等原因，在 1997 年 7～8 月夏季高温季节，产生了过大的车辙和横向变形。

（三）桥面铺装层的养护维修

每日应对桥面铺装层进行清扫，桥面不得有污物及过往行人或车辆丢弃的杂物，以保持干净的工作状态。同时还应加强检查与养护，如检查行车道和铺装层下的泄水孔的排水效果，使其保持排水畅通，雨量大时，应注意观察桥面有无积水。

1.沥青铺装层的养护维修

对沥青铺装层应观察其是否平整，有无跳车现象；是否有龟裂，是否有松散、露骨，即桥面是否出现锯齿状的粗糙状态；是否有车辙、推移、波浪等现象。一经发现，应视其病害情况及时进行相应的修补和整治。

（1）裂缝的养护维修

沥青铺装层的裂缝有多种形式，应根据裂缝产生的不同情况采取相应的养护措施。

（2）车辙的养护维修

一般可采用沥青混合料覆盖车辙并加铺沥青混合料薄层罩面的方法。条件许可时，可用加热切割法（使用铣刨机及或加热切削整平机）铣刨或切削，然后参照沉陷处理的方法进行车辙部分的维修。

（3）坑槽的养护维修

桥面坑槽的修补在养护维修作业中是比较常见的。补坑所用沥青混合料有加热拌和式和常温拌和式两种。常温拌和式材料能够贮藏、袋装，便于搬运以及冬季施工作业，但是常温材料修补桥面坑槽的耐久性一般较差，仅作为临时修补使用。

2.水泥混凝土铺装层的养护维修

对水泥混凝土铺装层应观察其是否平整，是否有裂缝，是否有露骨等现象。其中，最关键的是要观察是否有大面积裂缝或局部裂缝（错台）。

（1）板块断裂的维修

当损坏分布全桥面板时，可用多个风镐将旧板凿碎清除，再根据通车期限要求，选用合适的材料浇制板块、抹面、压纹或拉槽，养护灌缝；如为局部损坏，则画线凿除或用锯缝机配合在上口锯除损坏部分（包括边缘松动部分）清除干净，将接缝处清除干净，必要时还应刷上水泥或其他黏结剂，并立即用适宜的修补材料予以修补，其表面压纹或拉毛尽量与原板块相同，为了加强新旧混凝土结合，需在接缝处再加耙钉或锚筋。其原有纵横缝应认真恢复，必要时其上部锯缝深度应加深。如损坏处布有钢筋时尽可能不要弄断，不得已切断时，经论证分析认为应恢复时，必须接好。

（2）裂缝的修补

①压注灌桩法

对宽度在 0.5 mm 以下的非扩展性的表面裂缝，可采取压注灌浆法。灌注材料可用环氧树脂或其他黏结材料。

②扩缝灌浆法

局部性裂缝且缝口较宽时，可采取扩缝灌浆法。修补材料可用聚合物混凝土或其他新型快硬高强材料。

③条带罩面法

对贯穿全厚层的开裂状裂缝，宜采取条带罩面法进行修补。

④表面龟裂的处治

对于表面裂缝较多及表面龟裂，可把裂缝集中并划为一个施工面，将其中所有裂缝四周松动部分切割成一条深 20 cm 的凹槽，把混凝土碎屑吹刷干净，灌筑早强混凝土，喷洒养护剂养护到设计强度。

（3）孔洞坑槽的维修

孔洞、坑槽主要是由于混凝土材料中夹带松木、纸张和泥块等杂物所致，影响行车的舒适性。其修补方法如下：

①先将孔洞凿成形状规则的直壁坑槽。

②用钢丝刷将损坏处的尘土、碎屑清除。

③用压缩空气吹干净。

④用快硬沙浆或早强混凝土进行填补。

⑤喷洒养护剂进行养护。

（4）混凝土铺装层的局部修补。

铺装层的边或角的破损可采用局部修补的方法维修。

3. 钢纤维混凝土铺装层养护维修

应经常观察其表面是否平整、是否有龟裂，表面是否脱皮或局部破损露骨，表面是否磨耗呈平滑状态。还应观察铺装层下的排水效果，一旦铺装层下积水，会影响铺装层本身的使用寿命。

钢纤维混凝土桥面如有发生纵缝、横缝或网缝，要及时修补：对宽度 < 0.2 mm 的缝可用环氧树脂胶泥封闭；对宽度 ≥0.2 mm 的缝可用环氧树脂浆液压力灌浆。

钢纤维混凝土桥面如果局部损坏严重，可将损坏严重的部分凿除重新铺装；如果严重损坏的面积大，长远考虑，应改为改性沥青混凝土桥面。

4. 改性沥青混凝土铺装层的养护维修

（1）检查桥面

检查桥面铺装层是否有坑槽、纵裂、横裂、网裂、车辙、松散、不平、磨耗，以及是否有桥头跳车现象等。这些检查一般由目测即可完成。桥面的平整情况则可借助板尺等简单工具进行测量。

检查出桥面铺装层的病害后，应针对不同病害分别采取不同的养护维修措施。

（2）局部裂缝的养护维修

由于沥青材料性能不良、老化或桥面板本身出现损坏而引起沥青混凝土桥面铺装层的裂缝，养护维修有多种形式。对纵裂、横裂或网裂等形式，可根据裂缝产生的不同原因采取相应的措施。通常的做法是将已损坏的沥青混凝土凿除，按工艺要求重新铺沥青混凝土。

（3）坑槽的养护维修

桥面坑槽的修补在养护维修工作中是比较常见的。修补坑槽应仍用改性沥青混凝土。修补作业的具体做法如下：

①用切割机垂直切除坑槽四边损坏部分，并将切割下来的松散的残渣清除干净。

②切割完毕后，在坑槽四壁，即在修补范围内涂刷黏结剂。

③摊铺改性沥青混凝土。

④整平、压实修补处。

二、桥面伸缩缝的养护维修

（一）桥面伸缩缝的种类及其构造

1. U形锌铁皮伸缩缝

中小跨径的装配式简支梁，变形量在 20～40 mm。U形锌铁皮分上下两层。

2. 钢板伸缩装置

梁端变形量较大，在 4～6 cm 以上。

3. 橡胶伸缩缝

（二）伸缩缝的常见缺陷及成因

1. 伸缩缝的常见缺陷

桥面伸缩缝由于设置在梁端构造薄弱部位，直接承受车辆反复荷载的作用，又大多暴露于大自然中，受到各种自然因素的影响，因此可以说伸缩缝是易损坏、难修补的部位，经常发生各种不同程度的缺陷。

伸缩缝的常见缺陷根据采用形式的不同而有所区别，现分述如下：

（1）锌铁皮伸缩缝

锌铁皮伸缩缝使用多年后均有损坏现象，其形式如下：

①软性防水材料（如沥青沙或聚氯乙烯胶泥等）老化、脱落。

②伸缩缝凹槽填入其他硬物，不能自由变形。

③铸铁皮上压填的铺装层（如水泥混凝土或沥青混凝土等）断裂、剥离。

④伸缩缝上后铺压填部分发生沉陷，高低不平。

⑤由于墩（台）下沉，出现异常的伸缩，车辆行驶时出现冲击及噪声。

（2）钢板伸缩缝

钢板伸缩缝（包括梳形钢板伸缩缝）的常见缺陷如下：

①角钢与钢筋混凝土锚固不牢，使钢板松动，在车辆行驶时受到冲击震动，更加速了它的破损。

②缝内塞进石块或铁夹物，使伸缩缝接头活动异常，不能自由变形。

③排水管发生破坏损伤或被土沙堵塞。

④表面钢板焊接部位破坏损伤。

⑤梳形钢板伸缩缝在梳齿与承托板的焊接处出现裂缝，更严重者出现剪断现象。

（3）橡胶伸缩缝

橡胶伸缩缝是近年来在国外广泛采用的构造。国内采用的橡胶伸缩缝构造虽不复杂，但还不适应较大变形量的要求。这种伸缩缝的常见缺陷如下：

①橡胶条破坏损伤。

②橡胶条剥离。

③橡胶嵌条连接部位漏水。

④锚固构件破损、锚固螺栓松脱。

⑤伸缩缝构造部位下陷或凸出。

⑥车辆行驶时不适，产生噪声。

2. 伸缩缝缺陷产生的原因

伸缩缝产生缺陷的原因是多方面的，但其主要原因有以下几种：

（1）车辆的冲击作用明显变大

交通量增大，重型车辆不断增多，随之车辆的冲击作用也明显变大，因此设计、施工上即使稍有缺陷也成了破坏的原因。

（2）设计方面的原因

①有些桥梁结构、桥面板的刚度不足，当桥面板受到汽车荷载作用时，因翼板较薄、横向联系较弱，导致桥面板变形过大。

②很多设计是将伸缩装置的锚固件置于桥面铺装层中，与主梁（板）连接的部分很少，这些锚固方法在荷载作用下容易造成开焊、脱落，而且力的分布不容易传递，微小的变形

可能演变成大的位移，最终导致混凝土黏结力的失效。

③伸缩量计算不准确，没有考虑到伸缩装置时的实际温度对伸缩装置的影响等，在伸缩装置本身不具备或很难具备调整初始位移量，以适应于安装温度对位移的要求时，选型不当是造成伸缩装置破坏的重要原因。

④设计时未对伸缩装置两侧的后浇混凝土和铺装层材料选择、配合比、密实度和强度提出严格要求或规定。

⑤对于大跨桥、斜桥、弯桥等设计时没有形成与一般的梁（板）结构相符合的构造形式和锚固方法。

⑥使用黏结材料、橡胶材料等新形式的伸缩装置，错误地选定构造和材料且防水、排水设施不完善，由于漏水、溢水，锚固件受腐蚀，梁端和支座侵蚀严重，多成为破坏的原因。

（3）施工方面的原因

①对桥梁伸缩缝装置施工工艺要求重视程度不够，未能严格掌握施工工艺标准和安装工序进行施工。

②锚固件焊接质量不能得到保证，只注意表面，忽视内部质量是否达到标准要求。

③后浇混凝土（或其他填充料）浇筑不密实，达不到设计的强度要求，时常出现蜂窝、空洞等，难以承受车辆荷载的强烈冲击。

④由于赶工期，草率从事，放松了伸缩装置的施工质量，甚至不按设计图纸要求施工，是现阶段造成伸缩装置破坏的重要原因之一。

⑤伸缩装置两侧混凝土和沥青混凝土铺装层结合不好，碾压不密实，形成两张皮，容易产生开裂、脱落，最终引起伸缩装置的破坏。

⑥缺乏统一的质量验收标准。

（4）管理维护原因

①平常对伸缩装置尚的沙土、杂物未能及时、认真地清扫，使原设计的伸缩量不能保证。

②原有桥梁逐渐老化，维修又不充分，因此破坏不断扩展。

③桥梁超载情况不能得到有效控制，特别是夜间缺乏管理，车辆不按规定行驶，超载车辆自行上桥，对桥梁伸缩装置的有效使用和耐久性也常带来严重危害。

（三）伸缩缝的养护维修

桥面伸缩缝是最容易遭破坏而又相对难以加强和修复的部位。如果置小破损于不顾，势必会发展成严重的破坏，就会严重影响交通，甚至危及行车安全，这时就得进行修补或彻底更换。所以，注意做好经常性的检查、养护等工作，及时进行修补，是非常重要的一项工作。

1. 伸缩缝的日常检查

有计划、有组织地做好经常性的检查工作可以尽早地避免因小的损坏而演变成大的破坏。日常检查工作主要包括伸缩缝是否堵塞、挤死、失效；各部分的构件是否完好；锚固连接是否牢固，连接件是否松动；有无局部破损；密封橡胶带是否老化、失去弹性、异常变形或开裂；伸缩缝是否有不正常的响声或异常的伸缩量；伸缩缝各基本单元间隙是否均匀；钢构件是否锈蚀、变形；伸缩缝处是否平整，有无跳车现象等。

为便于养护维修，对检查应做好记录，建立检查记录档案。

2. 伸缩缝的养护

桥面伸缩缝要经常注意养护，使其发挥正常作用。其日常养护工作的主要内容如下：

（1）伸缩缝应经常养护

比如清除碎石、泥土杂物；拧紧螺栓，并加油保护；修理个别损坏部分等，使其发挥正常作用。若有损坏或功能失效要及时修理或更换。

（2）经常检查其使用情况并及时进行更换

早期使用的伸缩缝主要有以下几种类型，应经常检查其使用情况并及时进行更换。

①U形铁皮伸缩缝，要防止杂物嵌入，若铁皮老化、开裂、断裂，应拆除并更换为新型伸缩缝。

②钢板伸缩缝或钢梳齿板伸缩缝，应及时清除梳齿内的杂物，拧紧连接螺栓。若钢板变形、螺栓脱落、伸缩不能正常进行时应及时拆除更换。

③橡胶条伸缩缝，若橡胶条老化、脱落，固定角钢变形、松动，则应及时拆除更换。

④板式橡胶伸缩缝，若橡胶板老化、预埋螺栓松脱、伸缩失效则应及时更换。

3. 伸缩缝的维修

第一，修补前应查明原因，采用行之有效、与之相适应的修补方法。修补工作要依据缺陷的程度，或部分修补，或部分乃至全部更换。

第二，对于铁皮伸缩缝，当其软性填料老化脱落时，在充分扫清原缝泥土后，重新注入新的填缝料。当铺装层破坏时，要凿除重新铺筑。凿除破损部位要画线切割（或竖凿）。清扫旧料后再铺筑新面层，当采用混凝土浇筑时，要采用快硬水泥并注意新旧接缝要保持平整，对铺筑部分要加以初期养生。

第三，对于钢板伸缩缝，当钢板与角钢焊接破裂时，应清除垢秽后重新焊牢；当梳齿断裂或出现裂缝后，也要采取焊接方法进行修补。排水沟堵塞后应及时予以清除。

第四，桥面伸缩缝的修补或更换工作大都不阻断交通。因此，通常可考虑采用限制车辆通行，半边施工、半边通行车辆；或白天使用盖板，夜间施工时禁止通行；或白天使用盖板，夜间限制车辆通行，半边施工、半边开放交通等方法。总之，均要注意抓紧时间，尽量缩短工期，并且保证修补质量。

第五，伸缩缝的更换要选型合理，以满足桥跨结构由于温度，混凝土收缩、徐变等引起的变形的需要，使行车平稳、不漏水。对于中小跨径桥梁，当位移量小于 80 mm 时，可选用浅埋式单缘型钢伸缩缝或弹塑体伸缩缝；位移小于 50 mm 时，可选用弹塑体填充式伸缩缝；对于大位移量桥跨结构，可选用结构性能好的大位移组合伸缩缝（如毛勒缝）。

三、桥面排水设施的养护维修

（一）桥面排水设施的设置概况及要求

为了迅速排除桥面积水，防止雨水滞留在桥面上并渗入梁体而影响桥梁结构的耐久性，需要在桥梁上设置一套完整的排水系统，并经常进行养护维护，使其处于正常状态。

桥面排水设施主要包括桥面纵横坡和一定数量的泄水管等。

通常当桥面纵坡大于2%而桥长小于50 m时，一般能保证雨水从桥头引道上排水，桥上就可以不设泄水管。此时，可在引道两侧设置流水槽，以免雨水冲刷引道路基。

当桥面纵坡大于2%而桥长大于50 m时，为防止雨水积滞，桥面就需要设置泄水管，每隔桥长12～15 m设置1个。

当桥面纵坡小于2%时，泄水管就需要设置得更密一些，一般每隔桥长6～8m设置一个。泄水管的过水面积通常按每平方米桥面上不小于2～3cm²。泄水管可沿车行道两侧左右对称排列，也可交错排列。泄水管离缘石的距离为10～50cm。

桥梁上常用的泄水管有竖向泄水管道、横向泄水管道和封闭式泄水管道等形式。制造泄水管道的材料一般为铸铁、钢、钢筋混凝土以及塑料等。当桥长较短时，纵向排水管的出水口可以设在桥梁两端的桥台处；对于长大桥，除了在桥台处设置出水口外，还需在某些桥墩处布置出水口，并利用竖向管道将水引到地面。纵向排水管道一般可设在箱梁中或梁肋内侧；竖向排水管道应尽可能布置在墩（台）壁的预留槽中，或布置在桥墩（台）内部预留的孔道中。

（二）桥面排水设施的常见缺陷及其养护维修

桥面是供车辆行驶的部位，当桥面因排水不畅或排水设施破坏而形成障碍时，应尽快进行处理，以保证车辆的正常通行。

桥面排水设施的常见缺陷有桥面积水管、泄水管堵塞，泄水管被截断导致水流方向改变等。对于钢筋混凝土桥梁，桥面积水将使雨水渗入混凝土的细小裂纹中，会使混凝土产生破坏而缩短使用寿命，同时水分还会使钢筋锈蚀；对于钢桥，桥面积水将会加速对梁体表面的侵蚀，使钢梁表面锈蚀。

1. 排水设施的检查

应经常检查桥面是否有坑槽，是否有积水。泄水管是桥面排水的重要设施，应经常检查泄水管是否完好、畅通；泄水管的盖板是否损坏、丢失，管口是否被杂草或石块堵塞；管体有无脱落，管口处有无泥石杂物堆积，出水口是否畅通；桥头排水功能是否完好等。

2. 排水设施的养护

第一，桥面要经常清扫，使其保持整洁。桥面不得凹凸不平，如发现桥面有坑槽，应及时进行修补，避免积水。

第二，泄水管盖板（进水管口处）上的杂物应及时清除，避免杂物掉入管内堵塞管道而影响排水。

第三，若发现泄水管出水口处有泥石杂物堆积，应及时清除掉。

第四，泄水管应经常进行疏通。

第五，当发现泄水管损坏时要及时修补，接头不牢、已掉落的要重新安装接上，损坏严重的要予以更换。

四、栏杆及防撞护栏的养护维修

（一）栏杆及防撞护栏的设置概况与要求

桥梁的栏杆或护栏是桥梁上的一种安全设施，除了浸水桥或与路基同宽的小桥涵以外，公路与城市道路的桥梁上均需设置栏杆或护栏。栏杆给行人和车辆以视觉上的安全，可以保障行人的安全，但不能抵挡机动车辆的冲撞；护栏则既能保障行人的安全，又能抵挡车辆的冲撞，使车辆不致冲出桥外。护栏适用于高速公路或汽车专用公路上的桥梁，它应具有一定的强度，坚实而牢固。不过从行人安全方面来讲，采用柔性又牢固的护栏更为理想。

1. 桥面栏杆的设置

公路桥梁的栏杆作为一种安全防护设施，是桥梁上部结构一个不可缺少的组成部分。同时，从艺术角度上看，栏杆又是美化桥梁的一种艺术装饰。栏杆为人们感观所直接接触，一座桥梁当其栏杆美观、新颖、完好无缺，并能体现民族风格和时代特色时，将会使桥梁平添无限生机，更加完美，同时也提高了交通的安全感和舒适感。

公路上的钢筋混凝土梁式桥上所采用的多为钢筋混凝土装配式栏杆，最简单的栏杆由栏杆柱和扶手组成。复杂的在栏杆柱和扶手之间再设置有一定艺术造型的花板。

在城市桥梁或市政公路桥梁上，为便于行人夜间通行，还往往在栏杆柱上（或人行道内侧）设立灯柱。灯柱通常用钢筋混凝土制作，亦可用钢管制成。

对于一些重要的城市桥梁或特大桥梁，有时也采用金属栏杆，由于金属栏杆易于制成各种图案和铸成富有艺术性的花板，因此，可设计得更富有艺术性。但由于金属栏杆要花费较大数量的金属材料且要经常进行油漆养护，故一般只在有特殊要求的情况下采用。

2. 防撞护栏的设置

一般情况下，桥梁的外侧危险程度明显高于道路。车辆越出桥会造成车毁人亡的重大恶性事故，越是等级高的公路，车速越高，车辆越出桥的事故严重程度越大。因此，对于高速公路、一级公路等高等级公路上的特大桥、大桥和中桥，均应无条件地设置桥梁护栏。一般公路的特大、大、中桥在条件许可的情况下也应设置桥梁护栏。

高速公路、一级公路上的小桥、涵洞，由于跨径较短，所设桥梁护栏本身不能满足护栏最短长度规定的要求，如与两头路线上的护栏形式不一，破坏了护栏整体的连续性，既不协调又不美观，因而在不降低桥涵区段安全性的前提下，对小桥、涵洞的护栏可按路段护栏的要求设置。

在有人行道的桥梁上，虽然路缘起到了护轮带、防止车辆跌落桥下的功能，但难免会有车辆碰撞行人和非机动车辆的严重事故发生。因此，为保护行人和非机动车辆，同时把机动车和非机动车在平面上分隔开，提高车辆与行人的安全性，应按实际需要在人行道和行车道分界处设置汽车行人分隔护栏。

设置于桥梁上的护栏，按防撞等级划分有 PL1、PL2、PL3 三级。每一防撞等级的桥梁护栏应避免在相应设计条件下的失控车辆越出。在选择桥梁护栏时，首先应确定其防撞等级，然后才进行构造形式的选择，而构造形式的选择又要综合考虑公路等级、桥梁护栏外侧危险物的特征、美观性和经济性、养护维修等因素。

常用桥梁防撞护栏按使用材料可分为混凝土护栏和金属护栏。按防撞性能可分为刚性护栏、半刚性护栏和柔性护栏。

（二）栏杆及防撞护栏常见缺陷和损伤

公路桥梁的栏杆及防撞护栏都是桥面上的安全防护设施，暴露在自然环境条件下，加之受人为作用或车辆的撞击，出现各种各样的缺陷或损伤是不可避免的。其常见的缺陷主要有下几种：

1. *撞坏*

多数是在交通事故中由车辆冲撞所致，也有的是车辆在运输超宽物件时不慎被碰坏或被船只撞坏等。

2. *缺损*

缺乏养护管理，被人偷拆，或者金属、木料栏杆遭到锈蚀、腐烂破坏，造成个别部件缺损。

3. *裂缝*

钢筋混凝土栏杆长期外露，混凝土表面常因水分浸入、钢筋锈胀而使构件产生裂缝，混凝土保护层出现损坏、剥离、脱落等现象。

4. *变形过大*

金属栏杆或护栏的部件虽未造成破坏或缺损，但变形过大，如立柱局部变形、钢质波形板变形过大等。

5. 腐蚀

金属栏杆或护栏，一旦油漆脱落又长期未重新涂刷，将会受到自然环境的侵蚀。

（三）栏杆及防撞护栏的养护维修

为了保证行人和车辆的安全，栏杆、护栏必须始终处于完好的状态，如有撞坏、缺损、裂纹、变形或腐蚀，应迅速采取相应的措施进行修复。

桥梁的栏杆、护栏损坏虽然不妨碍交通，但会丑化桥容，使桥上交通缺少安全感，降低交通安全的舒适水平。因此，对损坏的桥梁栏杆要及时修理，同时，也要加强平时对栏杆的养护工作，使桥梁栏杆经常保持完好状态，水平杆件要能自由伸缩。如已撞坏，要及时重新安装；如有缺损，应及时补齐；钢筋混凝土栏杆如发现有裂缝或剥落，轻者可用环氧树脂黏结材料灌注封缝修补，严重者要凿除损坏部分，重新修补完整；金属栏杆要经常刷漆养护，如发现油漆有麻点、脱皮，应重新进行油漆；桥头端柱和导向柱，油漆要鲜明，并经常校正纠偏。

五、桥面照明系统的养护维修

（一）桥面照明的技术要求

桥梁照明应属道路照明系统，照明设施应做到维修方便、照明度适当，灯具需美观大方，使行车安全舒适、景观悦目。

特大型桥梁的照明要进行专门设计，既要满足照明功能要求，又要顾及艺术效果，做到和大桥的风格相协调。

大、中型桥梁的照明应与其连接的道路一致，若桥面的宽度小于与其连接的路面宽度，则桥的栏杆、人行道缘石要有足够的亮度，在桥的入口处应设灯光照明或反光标志，以保证行车安全。

桥梁照明要限制眩光：一是避免给正在桥头引道上或与桥位相邻道路上的行车者造成眩光；二是当桥下有船只通航时，避免给船上的领航员造成眩光。为此，必要时应采用严格控光灯具，也可在灯具内装上专用的挡光板或格栅。

桥面照明方式主要采用灯杆照明，有时也有栏杆照明。

桥面照明的技术指标通常用亮度、照度、眩光限值和诱导性四项指标。其中亮度、照度、眩光都与光通量、发光强度有关。

（二）保证桥面照明完好的重要性

桥面照明是桥梁工程中的重要组成部分之一，照明条件的好坏直接影响着夜间桥面的行车速度及交通事故潜在发生率。

桥面设置照明的主要目的是为了使车辆在不使用前大灯的条件下，也能够看清前方桥面（或道路路面）形状、周围交通情况，并能够及时认清前方障碍及各类标志等。因此，具有良好的照明条件不仅可以提高行车速度和桥面的利用率，而且还可以减轻或消除驾驶员的紧张与不安全感。对于城市桥梁除了考虑行车安全需要的正常照明外，还需要设置供夜间观赏的立面照明。这种照明会产生较强的艺术效果，所以显得尤为重要。

（三）桥梁照明系统的养护维修

桥面照明系统在桥面系中处于非常重要的位置，所以，必须对其进行检查、养护及必要的维修。

检查是养护和维修的重要依据。所以，检查工作要形成制度，由专人认真执行，并做好检查记录，记录要有专用的格式。通常，检查可以分为日常检查、定期检查和特殊检查：日常检查主要是对照明系统的状况等进行日常的巡视检查，便于及时发现问题进行小修保养；定期检查主要是采用仪器设备对桥面照明系统的技术状况每隔一段时间进行一次较详细的检查工作；特殊检查是指桥面照明系统遭受自然灾害的损坏或定期检查时难以判明原因时进行的检查。照明系统的检查主要包括以下几个方面：照明系统设施是否完好并处于正常工作状况；电压是否稳定；灯光亮度及照明效果是否正常；特殊部位、相关场所的平均亮度，照明的色显、照度等是否正常；配电房内的变压器、配电盘及开关的工作状态等。照明系统的养护、维修、检查的目的是为了查清照明系统存在的病害，并据此进行养护与维修。为了使桥面照明系统能正常工作，必须保持桥面所有照明设施处于良好状态，如有损坏或不正常状况应及时进行维修和更换，确保夜间桥上行车的安全。

当照明灯泡已坏时，应及时更换；灯柱锈蚀应及时除锈；灯柱残缺不齐时应补齐；金属灯柱的镀铸层有脱落时，应及时补镀；标志不正或脱落应扶正并固定或重新更换，照明线路老化而断路或短路时应及时更换。

六、桥上交通标志和标线的养护维修

（一）概述

桥梁是道路的重要组成部分，所以桥上的交通标志和标线属于道路交通标志标线的范畴。桥上交通标志和标线是桥上交通使用的说明书，是一种无声的语言，是保证行车畅通、有序、安全的重要设施，同时还是桥面的装饰工程、形象工程和美化工程。

交通标志是用图案、符号或文字对过往桥梁的行人和驾驶员（连同车辆）等交通参与者，进行指示、导向、警告、控制和限制的一种交通管理设施，使其获得确切的交通情报，从而达到交通的安全、迅速、低公害与节约能源的目的。

交通标线是由不同颜色、不同种类的路面（包括桥面）标线、箭头、文字、立面标记、突起路标和道桥边线轮廓标等所构成的交通安全设施，其主要作用是管制和引导交通，因此又常称其为交通安全控制设施。

交通标线可以和交通标志配合使用，也可以单独使用，它具有法律的性质，在交通管理中占有重要的地位。

（二）标志和标线的养护与维修

交通标志和标线是依据交通法规及国家有关标准制定的，是交通法规的具体体现，也是管理道路交通的安全设施，其作用非常重要，因此，成为桥梁养护与维修中必不可少的部分。为确保标志和标线的正确性，必须经常对其进行检查，检查所有标志是否齐全完好，所有标线是否清晰，对各种标志、标线、轮廓标等的反光情况还要在夜间进行巡查。巡视检查人员在检查中发现标志、标线遭到损坏或污染，应记录下来并及时反映给桥梁管理有关部门或有关领导。

检查工作是养护与维修的基础。只有全面了解标志、标线的现状后才能采取有效的措施进行养护与维修。为此，桥上交通标志和标线要经常保持明显、清晰，确保行车安全。标志牌架要保持清洁，做好油漆防腐工作，保证设施完好、结构安全。当交通条件有变化时应进行相应的变更和增补。标线应结合日常养护经常清扫或冲洗。当发现因剥落、污染、磨损而影响识别性能的标线占该路段中总标线的一半以上时，应予以重画；局部损坏的则进行修补，同时要注意避免与原标线错位。

第六章　桥梁支座的养护与维修

第一节　支座的类型

一、垫层支座

垫层支座是由油毡、石棉泥或水泥沙浆垫层做成的简单的支座，10 m 以下跨径的简支板、梁桥，可不设专门的支座，而将板或梁直接放在垫层上。垫层支座变形性能较差，固定支座除了设垫层外，还应用锚栓将上下部结构相连。

二、铸钢支座

（一）弧形钢板支座

弧形钢板支座又称切线式支座或线支座。上支座为平板，下支座为弧形钢板，二者彼此相切而成线接触的支座。钢板采用 40～50 mm 的铸钢板或热扎钢板，缺点是移动时要克服较大的摩阻力，用钢量大，加工麻烦，一般用于中、小桥梁。

（二）铸钢支座

铸钢支座是采用碳素钢或优质钢，经过制模、翻沙、铸造、机械加工和热处理等工艺制成的支座。有尺寸大、耗钢量大、容易锈蚀和养护费用高等缺点。

三、球面支座

球面支座又称点支座，为适应桥梁多方面转动的要求，将支座上、下两部分的接触面分别做成曲率半径相同的凸、凹的球面支座。

四、板式橡胶支座

板式橡胶支座由若干层橡胶片与薄钢板经加压硫化而成。按其形状可分为矩形、圆形、球冠和圆板坡形板式橡胶支座。

五、盆式橡胶支座

盆式橡胶支座是橡胶块紧密地放置在钢盆里的大吨位橡胶支座。由于橡胶块受到三向压力作用，因此使支座的极限承载能力有所加强。

六、辊轴支座

辊轴支座为活动支座。在垫板下安有数根辊轴，使支座能前后移动。该支座需设置保持各根辊轴隔开的装置和防止支座上浮的装置。

第二节 桥梁支座常见的缺陷和病害

一、铸钢支座缺陷类型

铸钢支座缺陷类型包括钢组件出现钢支座固定螺栓松动，锈蚀、损伤、断裂，锚固件及定位件失效，上、下座板变形，活动支座无法活动，位移超限、转角超限和支承垫石部位缺陷等。

支座上下错位过大，有倾倒脱落的危险。钢部件损伤包括铸钢件及锻钢件裂损、脱焊、锈蚀及支座钢件磨损和发生塑性变形。

支座锚固件及定位件失效包括销钉剪断、支座锚（螺）栓松动及剪断、牙板挤死与折断、辊轴连杆螺栓剪断等。

活动支座不活动、位移超限和转角超限等缺陷，通常是由于设计不当造成的，结果常引起锚栓剪断和摇轴或削扁辊轴倾斜度超差不能恢复等损伤。

支承垫石部位缺陷包括支承垫石不平、翻浆、积水和开裂等，应采取措施及时修补。

二、板式橡胶支座缺陷类型

板式橡胶支座性能劣化类型包括橡胶老化开裂、钢板外露、不均匀鼓凸与脱胶、脱空、剪切超限和支座位置串动等。

开裂是指板式橡胶支座表面形成的龟裂裂纹。一般板式橡胶支座在一定使用年限后均会出现表面的龟裂裂纹，但裂纹宽度及深度均不大。

钢板外露是指由于橡胶龟裂或支座制作不佳使板式橡胶支座内部的钢板裸露。

不均匀鼓凸与脱变发生在橡胶与钢板黏结破坏时。通常板式橡胶支座在荷载作用下，钢板之间的橡胶向外发生均匀的凸起属正常现象。当橡胶与支座内加劲钢板黏结不良，在荷载作用下发生钢板与橡胶脱胶，引起不均匀的鼓凸。

脱空是指板式橡胶支座与桥梁底面及支承垫石顶面之间出现的缝隙大于相应边长的25%。通常板式橡胶支座使用时，应通过转动计算，使支座顶、底面与桥梁全面积接触。局部脱空，一方面会造成支座压应力增加；另一方面，支座脱空部位与外界空气接触，容易产生橡胶老化。

剪切超限是指板式橡胶支座在最高及最低温度条件下的最大恒载剪切变形，即 $\tan\alpha > 0.45$。

支座位置串动是由于支承垫石不平，造成支座局部承压，引起支座位置窜动，严重时可能会造成个别支座脱落。

三、盆式橡胶支座缺陷类型

盆式橡胶支座缺陷类型包括钢件裂纹和变形、钢件脱焊、锈蚀、聚四氟乙烯滑板磨损、支座位移超限、支座转角超限和锚栓剪断等。

钢件裂纹和变形是指盆式橡胶支座的钢件中出现肉眼可见的裂纹，以及支座钢板在荷载作用下发生翘曲。

钢件脱焊是指支座焊接件及不锈钢板与基层钢板之间的焊缝脱焊。

聚四氟乙烯板磨损指盆式橡胶支座中由于聚四氟乙烯板和不锈钢滑板之间平面滑动所产生的磨损。磨损程度用测量聚四氟乙烯板的外露高度来表示。

支座位移超限是由于设计及安装不当造成支座聚四氟乙烯板滑出不锈钢板板面范围造成的。

支座转角超限是由于设计及安装不当造成支座转角超过相应荷载作用下最大的预期设计转角造成的。支座转角应由盆式橡胶支座顶、底板之间的最大和最小间隙求出。

其他类型支座的缺陷类型可参照上述支座来确定，如球型支座的缺陷类型可以由钢件裂缝、位移及转角超限、聚四氟乙烯板的磨损、锈蚀及锚栓剪切等缺陷来评定。

第三节　桥梁支座的养护维修

一、桥梁支座检查

桥梁支座的正常使用与日常的养护维修和性能检验分不开。支座一般可每半年检查一次，并应检查支座附近梁体有无裂缝。支座检查可借助检查小车进行，或修建专用检查梯。

支座检查主要检查支座功能是否完好，组件是否完整、清洁，有无老化、变形、锈蚀、断裂、错位和脱空现象。上、下座板与梁身和支座垫石相互之间是否密贴，有无三条腿等不正常现象；支承垫石是否完好，是否有积水或尘埃等。对柔性墩上的固定支座要观测有无变形；活动支座要检查其是否灵活，实际位移量是否正常，变位方向是否与温度变化相符，倾斜度是否在容许限度内，有无限位装置等。各类支座还应重点检查以下内容：

第一，平板橡胶支座应重点检查橡胶支座是否老化、变形；有无不正常的剪切外鼓变形；支座与梁身、支承垫石之间是否密贴。四氟板式支座是否脏污、老化；钢板滑动支座是否干涩、锈蚀。

第二，盆式支座的固定螺栓有无剪断，螺母是否松动，电焊是否开裂，四氟板位置是否正常。

第三，辊轴（或摇轴）支座和弧形支座应定期测量其位移值和梁温，位移值不允许超过容许值。弧形支座当发现位移超过限值或固定支座不固定时，应起顶梁身检查活动支座销子有无异常、固定支座安装是否符合标准。测量辊轴（或摇轴）支座位移应安装位移指示标（尺）并检查辊轴有无变形、磨损。对使用年久、铺设无缝线路、位于长大坡道及曲线上的桥梁，应认真检查其上、下锚栓（特别是弧形支座）有无弯曲断裂，如有剪断，还应检查墩（台）有无变位。

第四，混凝土支座有无剥落、露筋、锈蚀、碎裂等。

二、桥梁支座的养护

（一）养护的一般要求

第一，支座各部应保持完整、清洁、位置正确，活动支座伸缩与转动正常。每半年一次清扫，清除支座周围的垃圾杂物，保证支座正常工作。

第二，橡胶支座应经常清扫，排除墩帽积水，还要防止橡胶支座接触油脂，防止支座因橡胶老化、变质而失去作用。

第三，支座与梁底、支座与沙浆垫层之间的接触面应平整。梁体位移及转角应不受阻碍。支座垫板与锚螺栓应紧密接触，并不得有锈蚀。支座垫层上如有积水，应立即清除。

第四，支座或支座组件如有缺陷或产生故障不能正常工作时应及时予以修整或更换。

第五，梁支点承压不均匀，板式橡胶支座出现脱空或过大压缩变形时应予以调整，板式橡胶支座发生过大剪切变形、老化、开裂等应及时更换。支承垫石空洞、不密实缺陷等应及时进行处理。

第六，对盆式橡胶支座应设置防尘罩，防止尘埃落入或雨雪渗入支座内。支座外露部分应定期涂红丹防锈漆进行保护。防尘罩应经常清洁和防蚀处理，防止橡胶老化变质失去弹性。如橡胶老化，剪切变形 $\tan\alpha > 0.7$，橡胶有裂纹、鼓出、钢板锈蚀者应更换；锚螺栓剪断、盆边顶坏发生塑性变形者更换。

（二）盆式橡胶支座的养护

盆式橡胶支座在使用期间应每年定期进行一次检查及养护，主要应进行以下养护工作：

第一，检查支座锚栓有无剪断，支座橡胶密封圈有无龟裂和老化。

第二，检查支座相对位移是否均匀，并逐个检查支座位移量。

第三，清除支座附近的杂物及灰尘，并用棉丝仔细擦净不锈钢滑板表面的灰尘。

第四，松动锚栓螺母，清洗上油，以免螺母锈死。

第五，定期对支座钢件进行油漆防锈，但不锈钢滑动面不用油漆。

第六，校核并定点检查支座高度变化，以便校核支座内聚四氟乙烯板的磨耗情况，当支座高度变化超过 3 mm 时，应考虑是否需要更换聚四氟乙烯板。

根据德国交通部的经验，对聚四氟乙烯板的磨耗情况，应重点检查聚四氟乙烯板的外露高度 ho：

当 ho≥1.0mm 时，支座正常；

当 0.5mm≤ho≤1.0mm 时，应每年测量高度变化；

当 0.2mm≤ho≤0.5mm 时，应缩短检查期限，或更换，或经专家鉴定；

当 ho < 0.2 mm 时，应立即更换，或经专家鉴定。

盆式橡胶支座养护质量要求：

第一，梁底支承部位平整、水平，支承部位相对水平偏差不大于 0.5 mm。

第二，桥墩支承垫石顶面平整，相对允差 1mm；支承垫石顶面高程准确，允差 0 ~ - 4mm，相邻墩（台）上支承垫石顶面相对高差不大于 3 mm。

第三，支座与支承垫石顶面应紧密接触，局部缝隙不得超过 0.5 mm。

第四，恒载剪切变形角 $\tan\alpha \leq 0.45$，最大剪切变形角 $\tan\alpha \leq 0.7$。

三、桥梁支座常见病害诊治

（一）支座常见病害诊治方法

1. 小跨度钢筋混凝土板梁横向移动的整治

跨度小于 6m 的钢筋混凝土板梁，由于梁体重量轻，支座又均系沥青麻布或石棉垫，因而受列车的冲击和震动易发生横向移动。对该种梁，除顶起移正梁身外，均应在墩（台）顶上靠板梁侧埋设角钢或加筑挡墙。

2. 支座上、下锚栓折断、弯曲、锈死的整治

（1）下锚栓

在支座底板旁斜向凿去部分混凝土，取出旧锚栓，更换新锚栓，如锚栓被剪断而埋置于垫石内的栓杆仍牢固，也可采用清除剪断的锚栓上部，电焊接上一段新栓的方法处理。

（2）上锚栓

①可将支座上摆与混凝土梁底镶角板焊起来（当镶角板与梁体为整体时），如每个支座用 2 根 200mm 长，∠60×40×8 L 的不等边角钢，沿梁长方向将角钢短肢焊在梁底镶角板上，长肢焊在支座上摆上。

②用夹板加固法。每个支座用 2 块 4 mm 钢板，以 2 根 ϕ20 mm 螺栓将其置于支座上摆两侧夹紧于梁体上（如支座与梁体不等宽，则钢夹板与支座间加填板并与钢板焊牢）并在夹板中间钻孔做丝扣，用顶丝顶紧在支座上摆上，使夹板与支座上摆连成一体。

3. 支承垫石裂损、梁体有"三条腿"，个别支座出现明显悬空，以及因线路大修需抬高梁体的整治

第一，采用压力灌浆。适用于抬高量小于 30mm 者，抬高量很小时，也可采用灌铅法。

第二，支座下捣垫半干硬性水泥沙浆，适用于抬高量 30～100 mm 者。

第三，垫入铸钢板，适用于抬高量 50～300 m 者。

第四，就地灌注钢筋混凝土垫块，或更换钢筋混凝土顶帽。适用于抬高量在 200 mm 以上者。

实践经验证明在支座下捣填半干硬沙浆（也可用环氧树脂配制的沙浆）的办法效果好，并且有使用工具简单、封锁时间短就能恢复正常速度行车的优点。

支座下捣垫半硬性沙浆操作方法：

（1）凿毛

①将支座与梁临时连接，用千斤顶架空梁身，比实际需要高程高出 1～2mm；②在支座四周 200 mm 范围内，将支承垫石支承面凿毛，凿毛应用风镐，使用多种形式钎头进行；③先凿外侧一半并垫实，再凿内侧一半，全部凿毕用水冲洗干净，临时垫以硬木头，四周顶死才允许放行车辆，并指定专人检查。

(2)捣垫沙浆(现多采用环氧树脂水泥沙浆代替半干硬性沙浆)

①沙浆质量配合比——水泥比1:1~1:2、水灰比1:4~1:5,拌和沙浆稠度以手捏成团而不松散、不湿手为宜;②捣垫前支座的三面必须牢固地用模壳封妥,用水湿润凿毛面;③刷水泥浆一遍;④分次填入沙浆用镐捣实,手工操作每次厚度约50 mm,捣固必须认真以保证强度要求;⑤捣固完毕,将捣固的一面用模壳固封(一般用螺栓对拉或加撑头)才能开通桥梁;⑥一般捣垫沙浆以不高于100 mm为宜,如需超过,可分两层两次捣固。如一次捣垫在100~200 mm,则必须经过养生,等沙浆达到一定强度,才能使其受力;⑦捣垫完毕,其四周应用水灰比为0.3~0.35的沙浆锤制流水坡,坡度为1:1.5,靠支座边,其高度应比支座略低1~2mm,以利于排水。

(3)养生

锤制流水坡后1~2h,用湿草袋覆盖,保持湿润7 d。

4. 支座陷槽、积水、翻浆、流锈病害的整治

应使支座底板略高出墩(台)支承垫石,并采用细凿垫石排水坡的办法,结合支座下垫沥青麻布或胶皮板进行处理,能取得一定效果。流水坡约为3%,使水能很快排走。

具体细凿方法如下:先在离垫石外缘20 mm处开始向中心推进(防止损坏边缘),最后将周边的窄条敲下来,稍加修凿即成。细凿完成后用废沙轮打磨光滑。另一种做法是先在垫石四边(桥台为三边)的外侧打上要凿去的线条,用扁凿对准线条朝里敲打,其余方法同前。在细凿过程中,如发现有局部麻坑不平或边缘缺损等,可用环氧树脂沙浆腻补,凝固后一并用旧沙轮打磨平整。

要防止挡砟墙上的水流到桥台,必要时挡石墙与支座垫石间要凿小槽排水,防止支座底板下面进水。

5. 支座位置不正、滑行或歪斜,超过容许限度的整治

应用千斤顶起顶梁身并进行适当的修理或矫正,或移正梁身后重新安装支座。

起顶梁身所用千斤顶的数量和能力,应根据梁和桥面的重量来确定,为了保证施工安全,其起重能力必须超过荷载的50%~100%;钢桁梁和钢板梁一般在其顶横梁均预留有放千斤顶的位置。在墩(台)顶的排水坡面安放千斤顶,一般不必顾虑滑移问题,只要用硬木垫平并有足够的安全承压面积即可。但要注意千斤顶位置不要妨碍矫正支座工作的顺利进行。

钢筋混凝土梁和预应力钢筋混凝土梁可将千斤顶放在支座附近梁下起顶。如梁下净空不够安放千斤顶时,可以凿低一部分顶帽混凝土以便安放千斤顶,或在桥孔内搭枕木垛支承千斤顶。对于双片钢筋混凝土梁也可以用钢轨做成V形扁担放在梁下用两个千斤顶将梁抬起;如经过检算认为可以时,也可以将千斤顶安装在端横隔板下起顶。

旧式板梁的端横梁下面无起顶横梁时,也可用临时木撑顶紧后起顶。起顶钢梁也可采用这种方法,但这种方法在桥梁重量较大时,顶后移动钢梁或底板施工较复杂,仅在不

得已时采用。

起顶连续梁处理支座病害时,应同时起顶本联内的全部支座,并事先计算各支点的反力,用带压力表的油压千斤顶进行计量,要防止因起顶梁深造成支点高程与设计不符,改变梁跨各杆件受力,从而发生裂纹或损坏。

总之,起顶梁身时要视梁跨结构形式、墩身及周围具体情况的不同选用比较合理的施工方法。在起落过程中,为了保证安全,防止千斤顶发生故障以及千斤顶放松时结构受到突然的冲击,必须有保险木垛,并一路调整木垛上的模子使其顶面保持与梁底不超过5mm的空隙。

利用拉紧框架或弹簧整正支座辊轴的方法可以免除起顶梁身的麻烦。框架由两个角钢和两端带丝扣及螺帽的拉杆组成,整正时,把一个角钢支承在支座底板上,另一角钢紧贴住辊轴的连接角钢,上紧拉杆螺栓,利用列车通过时辊轴的滚动及时拧紧拉杆,使列车通过后辊轴不能返回原位,这样经数次整正,就能把辊轴调整过来。

弹簧整正支座辊轴是用千斤顶横向顶住辊轴来移正位置,千斤顶一端支承在固定支座或挡珏墙上,在千斤顶和辊轴间垫上弹簧,把弹簧顶紧,利用列车通过时辊轴的滚动,辊轴会被顶动,再适当上紧千斤顶,经过多次整正也可以把辊轴顶回原来位置。

6. 摇轴或辊轴活动支座倾斜超限的整治

造成辊轴或摇轴活动支座倾斜超限的原因多为施工安装不正确或墩(台)有位移等。整治的办法是起顶梁身,按照当时钢梁温度计算的位移量矫正摇轴或辊轴的倾斜度,移动底板,重新锚固锚栓。

大跨度钢梁的辊轴支座,由于笨重,移动底板重新锚栓施工困难,且工作量大,故当矫正量不大时,可用带有异形牙板(防爬齿)的辊轴更换原有正常牙板的辊轴,而不再移动底板重新锚固锚栓。异形牙板辊轴可根据矫正支座倾斜超限的具体需要设计。使整正后的辊轴倾斜符合计算要求。这样整正后,下摆中心线虽然不会与底板中心线一致,但能使辊轴倾斜正常,保证安全。

《维规》技术标准关于行车时速120~160km繁忙干线的桥隧设备行车条件规定:钢梁桥不得采用橡胶支座,设置板式橡胶支座的土工梁,必须加设可靠的横向限位装置,梁体横向位移不得大于2mm,横向限位装置应按统一的设计图加工。

橡胶支座使用一定时间后,由于受力及老化的作用发生剪切变形,其容许值应小于或等于$0.7h_0$(目前使用的橡胶支座$h_0=27~62$ mm),远远大于2mm,故根据橡胶支座设计使用条件及准高速容许位移的要求,必须设置可靠的限位装置,并且必须检查梁底支承面有无限位钢板条,若没有,必须补上。

第四节　桥梁支座的更换

支座是桥梁上、下部结构的连接点，其作用是将上部结构的荷载安全地传递到桥梁墩（台）上去，同时保证上部结构在荷载、温度变化、混凝土收缩徐变等因素作用下的自由变形，以便使结构的实际受力情况符合计算图式，并保护梁端、墩（台）帽梁不受损伤。在早期建设的一些梁式桥中，普遍存在着支座年久失养问题，橡胶支座日趋老化，钢板锈蚀失效，还有一些跨径较小的简支桥梁原本就没有设置支座，使得上述桥梁在目前的大吨位、大交通量的荷载作用下，出现了一系列问题，急需进行支座的更换或增设。同时，由于交通运输的需要，不中断或尽量缩短中断交通时间又对支座的更换施工提出了更高要求，因此桥梁支座的整体更换极其重要。

一、桥梁支座更换方法

在早期建设的一些梁式桥中，以简支梁桥居多，梁体之间横向联系多以横隔板并辅，以钢板间隔连接。即使桥面系可以整体清除，但上部结构仍是一个整体。因此，支座的更换必须建立在各桥跨的整体施工上。为此，应根据桥梁的具体情况，采用一系列起重或顶起设备，在墩（台）顶面或者在预先设置的支架上，选择安全、合适的位置，对已解除纵向约束的桥孔分头进行整体顶起，即可安全从事支座的更换工作。

1. **更换前的准备工作**

首先，对桥梁进行特殊检查，按基础、墩（台）、主梁、桥面系和附属工程逐一进行全面检查，并做好记录和拍照。对于基础、墩（台）所存在的病害应先进行正规处置，然后再处置主梁。需更换支座的，视桥面系和附属工程的具体情况，再决定是否对桥面系和附属工程予以保留或全部清除；需予以保留的，要事先对各桥孔的所有纵向连接予以解除，最后才能进行支座更换施工。支座更换办法基本可以分为以下三类：

（1）T形梁桥、箱梁桥

墩（台）结构无任何病害，可以直接考虑在盖梁顶面和T梁翼缘板（箱梁横隔板）下实施顶升，这是最容易施工的一种类型。

（2）板梁桥或需加固墩（台）的桥

有可以利用的扩大基础或承台，需搭设顶升支架实施作业，但顶升点应尽可能地靠近原支点。

（3）板梁桥或需加固墩（台）的梁桥

没有可以利用的扩大基础或承台，需重新浇筑临时承重基础，再搭设顶升支架实施作业。这种情况多发生在柱桩对接的桥墩或实体式墩（台）结构，遇到深水基础更为困难。

2. 更换步骤

（1）承重基础

支座更换前，应首先根据各桥墩（台）处的地质情况考虑临时受力结构。地质情况较好时可修建临时承重基础，当没有承台可以利用，同时地质较差时，可以利用立柱作为顶梁的临时受力结构。

（2）顶梁设施

在梁底设置横梁，横梁分上、下两种，中间安装顶梁的千斤顶。为了保证起顶过程中不致损伤梁底，在梁底和工字钢接触处用木板垫实，确保软接触密合，使横梁不与梁底部位接触。调节高度采用小钢板块。在基础和下横梁之间要根据桥下净空高度搭设受力支架，同时也要预留一定的操作空间，可由多组贝雷架构成支撑架，作为支架。

（3）试顶

支撑架、横梁、千斤顶安装完毕，待临时承重基础强度满足要求后，即可开始试顶。试顶主要是为了消除支撑本身的非弹性变形或沉降，在主梁还没有正式顶起时即可停止，并停放数小时进行观察，无任何变化后才能开始整体顶升。

（4）整体顶升

试顶完成后，在专业人员的统一指挥下所有千斤顶慢慢用力整体顶起梁体，使其离开原支座约 2 cm 立刻停止，并立即在上、下横梁间增设若干个钢筋混凝土预制块，形成临时固定点，以增加接触点和面积，提高顶升系统的稳定性，确保桥梁整体安全。

（5）台帽、盖梁维修

如果台帽、盖梁存有病害，应立即进行相应的规范处置。

（6）支座更换

台帽、盖梁处置完成后，即可去除原有支座，支座下方用高标号环氧树脂沙浆找平，精确计算出需增加的高度，用合适厚度的钢板来调节，调节施工完毕，重新安装新的支座，就可以慢慢地落梁，去掉混凝土块和千斤顶，拆除临时支撑，整孔梁体在施工过程中相对几乎是不动的，对桥面系结构也基本没有任何影响，支座更换前后支撑反力变化也不大，但梁体的支撑条件可大大改善。

3. 施工注意事项

第一，由于整体更换支座一般是在保证正常行车的情况下进行的，所以保证通车和安全工作显得尤为重要：一是确保施工中整个桥梁结构完整且不受损伤；二是施工中要确保人身和设备的绝对安全。这就要求施工前要做好全面检查，根据具体情况确定维修加固范围，按次序依次实施。整体更换支座施工方案，要通过准确的分析和计算，配备足够的机械设备和劳动力；同时，在顶起和落梁这很短的时间内，要有专业人员统一指挥，确保所有被顶的梁体同步上升、同步下降；缩短临时封闭交通时间。

第二，要认真做好测量、观测记录工作。要准确计算出原支座和现支座的高度差，以指导施工，确保梁体、桥面系支座更换前后的高程不变。

第三，支座的质量检验及安装是保证支座正常使用的关键。支座安装前应进行检验，应根据不同的支座类型按照相关要求进行安装。

二、桥梁支座安装要求

1. 一般要求

正确地安装与定期的养护是保证桥梁支座正常工作的重要措施。

设计者在设计支承垫石时，应考虑使梁底与桥墩顶面之间有 30 cm 的净空，以便对支座的使用状态进行检查和养护，并在必要时安放千斤顶，进行支座的更换。

支座在出厂时，一般应有明显的标记，注明支座型号、反力和位移，以免在安装时发生混淆。

支座通常在工厂组装好后整件运输到工地，为保证运输过程中支座的整体性，应用临时定位装置将支座各部件连接起来。这些临时定位装置在支座正式工作之前，应予以拆除，具体拆除的时间，应由工地工程技术人员根据支座的形式及结构受力状态决定。例如，活动支座的上、下连接板应在张拉梁体预应力前拆除，以使支座能适应梁体预施应力的变形。

在支座安装之前应先对支座的安装位置进行测量检验，支座安装平面应和支座的滑动平面或滚动平面平行，其平行度的偏差不宜超过 2‰。

支座安装前应对活动支座顶、底板的相对位置进行检查。辊轴支座和滑动支座的预制位移量必须符合设计要求。当受支座安装温度的限制，活动支座的预置位移量必须进行调整时，应在专业工程师的指导下进行支座位移的预调工作。

支座安装后，滚动和滑动平面应水平，其与理论平面的倾斜度不大于 2‰。支座上、下板中心应对中，其偏差不大于 2‰。

为保证支座安装平整，一般应在支座底面与支承垫石顶面之间，捣筑 20～50 mm 厚的干硬性无收缩沙浆垫层（或环氧沙浆垫层）。该沙浆垫层的强度必须和结构混凝土等强。当支撑平面较大时，也可以先铺设塑性的沙浆垫层，沙浆层的中间呈凸球形，支座座下时使沙浆压平。如果在支座安装时，采用螺丝或钢模块等措施进行支座调平，在灌注沙浆垫层凝固后，必须拆除调平螺丝及钢模块，以保证使沙浆垫层均匀传力。在安装预制梁体时，一般应先用辅助结构支撑梁体自重，待支撑沙浆凝固并达到要求的强度后，才能承受梁体重量。

2. 盆式橡胶支座安装要求

盆式橡胶支座的安装步骤：

第一，检查桥墩（台）支承部位的尺寸、预留（或预埋）螺栓孔的位置、支座的安装高程。要求支座支承平面水平及平整，支承面四角高差不得大于 2 mm。

第二，支座安装前方可开箱，并检查装箱清单，包括配件清单、原材料检验报告复印件、支座产品合格证和使用说明书。施工单位开箱后，不得任意松动上、下支座连接板，并不得任意拆卸支座。

第三，支座出厂时，应由生产厂家将支座调平，并紧固上、下支座连接板，以防止支座在运输安装过程中改变位置。如支座需要预设位移时，可由生产厂家在装配时预先调整好。

第四，支座安装步骤：

①支座开箱并检查装箱清单及合格证。

②在桥墩（台）支承部位画出中心线位置，并在支座顶底板上标注中心线位置。

③安装支座及地脚螺栓：先在下支座板四角用钢模块调整支座水平，并使下支座板底面高出桥墩顶面 20～50 mm，找正支座纵、横向中线位置，使其符合设计要求。用环氧沙浆灌注地脚螺栓孔及支座底面垫层。

支座安装时也可以先把地脚螺栓用 M5 沙浆或细石混凝土锚固在预留螺栓孔中，待沙浆或混凝土达到强度后，放上支座，上好锚栓螺母，用四角钢楔块调平支座水平，并使下支座底面高出桥墩顶面 30～80 mm，然后用 M5 干硬性沙浆，仔细捣入支座底板与桥墩之间，或者用重力压浆法向支座底板与桥墩之间注入 M5 干收缩沙浆。当地脚螺栓采用套筒螺栓方式时，套筒螺栓必须用模板准确定位，支承垫石灌注的顶面高程应低于设计高程 30～80mm，以便安装支座后灌注无收缩沙浆。在安装支座时，宜在套筒螺栓顶面设置一层石棉垫圈，以免钢套筒在拆除支座四周的钢垫块后成为下支座板的刚性支点。

④在环氧沙浆或无收缩沙浆硬化后，拆除支座四角临时钢楔块，并用沙浆填满抽出钢楔块的位置，以免钢楔块成为下支座板的刚性支点。

⑤在梁体安装完毕后，或现浇混凝土梁体形成整体并达到设计强度后，在张拉梁体预应力之前，拆除上、下支座连接板，以防止约束梁体的正常转动和位移。

⑥拆除上、下支座连接板后，检查支座外观，并及时安装支座外防尘围板。

⑦当支座与梁体及墩（台）采用焊接连接时，应先将支座准确定位，然后用对称间断焊缝将下支座板与墩（台）上预埋钢板焊接。焊接时应防止烧伤支座与混凝土。

由于盆式橡胶支座各方向的转动性能一样，因此在预制 T 形梁上使用盆式橡胶支座时，应特别注意安装阶段的侧向稳定性，为此应在梁端支座两侧附加适当的临时支撑，以防止梁体倾斜。特别是在铁路标准混凝土梁上使用时，由于梁体外侧有挡砟槽，梁体自重向外侧偏心，因而在安装阶段必须有适当的临时支撑，只有带两片 T 形梁之间的横隔板连接件焊成整体后，才允许拆除临时支撑，使两片 T 形梁整体工作。

3. 球形支座的安装要求

有关球形支座的安装要求，基本上与盆式橡胶支座一样，此处不再详述。但由于球形支座转动灵活，在工地无法调整上、下支座板的平行度，因此球形支座需在制造工厂的专用台座上调平，并用连接螺栓固定，在工地上不得任意拆卸，只能在支座安装、梁体混凝土浇筑完成后才能拆除连接螺栓，以使支座正常转动和位移。

第七章　桥涵构造物的养护与维修

第一节　概述

　　桥梁营运过程中，由于频繁承载，甚至超载，再加上自然因素（如雨、雪等）的影响，以及交通事故等人为事端的侵袭，会造成桥梁损伤和局部破坏。随着使用年限的增加，桥梁的损伤种类和损伤部位会越来越多，其程度也会越来越严重。如果因设计和施工的原因导致建造了一座先天不足的桥梁，运营中则会问题不断，难以维持正常使用状态。因此，桥梁结构的耐久性问题和养护维修工作显得越来越重要。只有认真地、不断地对桥梁结构的病害进行养护维修才能保持桥梁的各组成部分处于健康状态，确保桥梁抵抗自然灾害的能力。应在保证安全运营的同时，最大限度地实现和延长桥梁的设计和使用寿命。

　　同样，一些涵洞年久失修，有的变得坑洼不平，有的已经不能满足交通的需求，有的因大雨影响，发生内部坍塌，造成涵洞上面土方及路面整体塌陷，甚至造成人员伤亡。因为涵洞在公路交通中处于相当重要的位置，这些难行的涵洞就像一只无形的手，已经"轻轻扼住"了公路交通的咽喉，让老百姓在这里放慢了脚步。

　　为保证公路畅通无阻，应尽量保证桥涵构造物处于完好的技术状态，延长其使用年限，满足承载力和通行能力要求，因此对桥涵构造物进行经常性的养护维修是十分必要的。桥涵构造物不能满足实际承载能力及通行能力要求时，需对其进行必要的加固、拓宽等技术改造。

　　桥涵构造物的养护维修主要是对危害桥涵正常运营的部分进行经常性的修缮工作，如保持桥面清洁、伸缩缝完好并能自由伸缩以及疏通泄水孔、铺砌加固涵洞进出口等。

一、桥涵养护与修理工作范围

　　第一，技术检查与检验。
　　第二，建立和健全完整的桥涵技术档案。
　　第三，桥涵构造物的安全防护。
　　第四，桥涵构造物的经常保养、维修与加固。

二、桥涵养护与修理工作规定

第一，公路桥涵养护应符合下列要求：

①桥涵外观整洁。

②桥面铺装坚实平整、横坡适度。

③桥头顺适。

④排水、伸缩缝、支座、护墙、栏杆、标线等设施齐全良好。

⑤结构无损坏。

⑥基础无冲刷、淘空。

⑦与路基不同宽度的小桥，应逐步改建成与路基同宽。

第二，公路桥涵养护工作应贯彻"预防为主，防治结合"的方针，以桥梁结构安全为中心、以承重部件为重点加强全面养护。

第三，应加强桥涵的日常巡查。桥涵日常巡查是桥涵日常工作的重要内容之一，应予以充分重视，发现隐患或病害应及时处置。

第四，桥涵构造物的养护，应首先使原结构保持原设计汽车荷载等级的承载要求及设计交通量的通告要求。

第五，桥涵养护工程应重视经济技术方案的比选，并充分利用原有工程材料和原有工程设施，降低成本。

第六，桥梁管养单位应对辖区内所有桥梁建立"桥梁基本状况卡片"，将有关信息输入数据库，建立信息化档案。

第七，为利于分析判断桥梁可能发生的病害原因，应在结构正常状况时设置永久性控制检测点。

第八，加强桥涵档案管理工作。

三、桥涵养护工程分类

（一）小修保养

1. 保养

第一，清除污泥、积雪、积冰、杂物，保持桥面清洁。

第二，疏通涵管及桥下河槽。

第三，伸缩缝养护、泄水孔疏通、钢支座加润滑油、栏杆油漆。

第四，桥涵的日常养护。

2. 小修

第一，局部修理、更换桥栏杆及修理泄水孔、伸缩缝、支座和桥面的局部轻微损坏。

第二，修补墩、台及河床铺底和防护瓦工的微小损坏。

第三，涵洞进、出口铺砌的加固修理。

第四，通道的局部维修和疏通修理排水沟。

（二）中修工程

第一，修理、更换木桥的较大损坏构件及防腐。

第二，修理更换中小桥支座、伸缩缝及个别构件。

第三，大中型钢桥的全面油漆除锈和各部件的检修。

第四，永久性桥墩、台侧墙及桥面的修理和小型桥面的加宽。

第五，重建、增建、接长涵洞。

第六，桥梁河床铺底或调治构造物的修复和加固。

第七，通道的修理与加固。

第八，排水设施的更换。

第九，各类排水泵站的修理。

（三）大修工程

第一，在原技术等级内加宽、加高、加固大中型桥梁。

第二，改建、增建小型桥梁和技术性简单的中桥。

第三，增建、改建较大的河床铺底和永久性调治结构物。

第四，吊桥、斜拉桥的修理与个别索的调整更换。

第五，大桥桥面铺装的更换。

第六，大桥支座、伸缩缝的修理更换。

第七，通道改建。

（四）改建工程

第一，提高公路技术等级，加宽、加高大中型桥梁。

第二，改建、增建小型立体交叉。

第三，增建公路通道。

第四，新建渡口的公路接线码头引线。

四、桥梁养护的技术政策

第一，公路桥涵养护工作应贯彻"预防为主，防治结合"的方针，以桥梁结构安全为中心，以承重部件为重点加强全面养护。

第二，推广应用先进的养护技术和科学的管理办法，改善养护手段，提高养护技术水平，采用先进的公路桥涵养护机械。

第三，公路桥涵的养护按其工程性质、规模大小、技术难易程度划分为小修保养、中修、大修、改建四类。

第四，建立并执行公路桥梁养护管理工作制度，加强桥梁的检查、维修、加固和改建，逐步消灭危桥，并及时处理废桥、碍洪桥，以及改建加宽路窄桥和不符合公路荷载等级的桥梁。

第五，重视环境保护和综合治理，保护河道自然平衡，保护景观和文物古迹，防止河道变迁和环境污染。

第六，桥涵养护工程应重视经济技术方案的比选，并充分利用原有工程材料和设施，以降低成本。

第二节 桥梁的检查、评定与检验

桥梁的检查与检验是桥梁养护工作的两个重要环节，也是桥梁养护的基础性工作。对桥梁进行检验与检查，目的在于系统地掌握桥梁的技术状况，较早地发现桥梁的缺陷和异常，进而提出合理的养护措施。

一、桥梁检查

（一）桥梁检查的分类

桥梁检查分为经常检查、定期检查和特殊检查。

1. 经常检查

经常检查也叫一般检查，主要是对桥面设施和桥台附属构造的技术状况进行日常巡视检查，及时发现缺损，进行小修保养工作。

桥梁的经常检查至少每月进行一次，汛期要加强检查。经常检查一般采用巡视目测方法，当场填写《公路桥涵养护规范》（JTG H11—2004）要求的"桥梁经常检查记录表"，登记检查项目的缺损类型、估计缺损范围及养护工作量，提出相应的小修保养措施，并组织实施。桥梁的经常检查包括如下内容：

第一，外观是否整洁，有无杂物堆积，是否有杂草蔓生。构件表面的涂装层是否完好，有无损坏、老化变色、开裂、起皮、剥落、锈蚀。

第二，桥梁铺装是否完整，有无裂缝、局部坑槽、积水、沉陷、波浪、碎边；混凝土桥面是否有剥离、渗漏；钢筋是否露筋、锈蚀；缝料是否老化、损坏；桥头有无跳车。

第三，排水设施是否良好，桥面泄水管是否堵塞和破损。

第四，伸缩缝是否堵塞卡死，连接部件有无松动、脱落、局部破损。

第五，人行道、缘石、栏杆、扶手、防撞护栏和引道护栏有无撞坏、断裂、松动、错位、缺件、剥落、锈蚀。

第六，观察桥梁结构有无异常变形、异常的竖向振动、横向摆动等情况，然后检查各部件的技术状况，查找异常原因。

第七，支座是否有明显缺陷；活动支座是否灵活；位移量是否正常。

第八，桥位区段河床冲淤变化的情况。

第九，基础是否受到冲刷损坏、外露、悬空、下沉；墩台及基础是否受到生物腐蚀。

第十，墩台是否受到船只或漂浮物撞击二次受损。

第十一，翼墙（侧墙、耳墙）有无开裂、倾斜、滑移、沉降、风化剥落和异常变形。

第十二，锥坡、护坡、调治构造物有无塌陷，铺砌面有无缺损、勾缝脱落、灌木杂草丛生。

第十三，交通信号、标志、标线、照明设施以及桥梁其他附属设施是否完好。

第十四，是否有其他显而易见的塌坏或病害。

2. 定期检查

定期检查也叫详细检查，桥梁的定期检查是桥梁养护管理系统中采集结构技术状况动态数据的工作，为评定桥梁使用功能、制订养护计划提供基本数据。

按规定周期，由实践经验丰富的专职桥梁养护工程师参与，对桥梁主体结构及其附属构造物的技术状况进行全面检查，主要检查各部件的功能是否完善有效、构造是否合理耐用，发现问题需及时进行大修、中修，以改善或限制交通的桥梁缺损状况。同时，还需检查小修保养状况。

定期检查以目测为主，辅以必要的测量仪器、望远镜、照相机、探查工具和现场器材等设备，必须接近或进入各部件以仔细检查其功能材料的缺损状况，并在现场完成以下工作：

第一，现场校核桥梁基本数据并填写有关的表格、卡片，记录各部件缺损状况并做出技术状况评分。

第二，实地判断缺损原因，估定维修范围及方式。

第三，对难以判断损坏原因和程度的部件，提出特殊检查（专门检验）要求。

第四，对损坏严重、危及安全运行的危险桥梁，提出暂时限制交通的建议。

第五，根据桥梁的技术状况，确定下次检查时间。

定期检查的时间应符合下列规定：

第一，新建桥梁交付使用1年后，进行第一次全面检查。

第二，桥梁检查周期一般为3年，可视被检桥梁技术状况确定，每1～5年检查一次。

第三，临时桥梁每年检查不少于一次。

第四，在经常检查中发现的重要部（构）件的缺损明显达到三、四、五类技术状况时，应立即安排一次检查。

桥梁定期检查后应整理提出检查文件，并符合下列要求：

第一，桥梁定期检查数据表。每天检查的现场记录，应在次日整理并填写好每座桥梁定期检查数据表。

第二，典型缺损和病害的照片及附录说明，主要说明缺损的部位、类型、性质、范围、数量和程度等。

第三，每座桥梁应有两张总体照片，一张为桥面正面照片，另一张为桥梁上游侧立面照片。桥梁改建后应重新照一次。

第四，桥梁清单。

第五，桥梁基本状况卡片。定期检查完成后，应将本次检查的桥梁各部件技术状况评定结果登记在桥梁卡片上。

第六，提出定期检查报告，应包括下列内容：①辖区内所有桥梁的保养小修情况；②需要大中修或改善的桥梁计划，说明修理的项目，拟用修理方案，估计费用和实施时间；③需要特殊检查的桥梁的报告，说明检验的项目及理由；④需限制交通的桥梁的建议报告。

3. 特殊检查

桥梁特殊检查根据桥梁破损状况和性质，采用适当的仪器设备，以及现场勘探、试验等特殊手段和科学分析方法，查明桥梁病害原因、破损程度和承载能力，确定桥梁的技术状态，以便采取相应的加固、改善措施。

桥梁特殊检查分为应急检查和专门检验。

（1）应急检查

桥梁遭受洪水、流冰、漂流物、船舶撞击及滑坡、地震、风灾和超重车辆通过之后，应立即对结构做详细检查，查明破损状况，采取应急措施，尽快恢复交通。应急检查通常由地（市）级公路管理机构的专职桥梁养护工程师主持。

（2）专门检验

对定期检查中难以判明损坏原因及程度的桥梁、要求提高载重等级的桥梁以及技术状况为四类的桥梁，要求针对病害进行专门的现场试验检测、验算与分析等鉴定工作，以便采取有效的养护措施。

专门检查通常由省级公路管理机构的总工程师或授权的专职桥梁养护主管工程师主持，委托公路桥梁检测中心或具有这种能力的科研设计单位、工程咨询单位，签订特殊检查合同后实施。

实施特殊检查前，应充分收集资料，包括计算书、竣工图、材料试验报告、施工记录、历次桥梁定期检查和特殊检查报告以及历次维修资料等，原资料不全或有疑问时，可现场测绘构造物尺寸、测试构件材料组成及性能、勘察水文地质情况等。

特殊检查之后，应提交检查报告。检查报告包括以下内容：①概述检查的一般情况，包括桥梁的基本情况，以及检查的组织时间、背景和工作过程等；②当前桥梁技术状况的描述，包括现场调查、试验与检测项目及方法、检测数据与分析结果和桥梁技术状况评价等；③详细阐述检查部位的损坏原因及程度，并提出结构构件和总体的修理、加固或改造的建议方案。

（二）桥面系检查

1. 桥面铺装的检查

桥面铺装的检查首先是调查桥面铺装的类型，然后检查铺装层存在的主要缺陷。

目前永久性公路桥梁常用的桥面铺装有两大类，即沥青桥面铺装和水泥混凝土桥面铺装。沥青桥面铺装的主要缺陷与损伤现象有轻微裂缝（发状或条状）、严重裂缝（龟裂、纵、横裂缝）、坑槽、车辙、拥包、泛油、磨光和起皮等。水泥混凝土桥面铺装的主要缺陷与损伤现象有裂缝、剥落、坑洞和磨光等。

2. 伸缩缝装置的检查

伸缩缝装置的缺陷首先有可能导致跳车，影响行车舒适，引起司机心里不快，从而造成交通事故。

伸缩缝装置的检查主要是通过目测，必要时用直尺测量破坏的范围，并在记录中详细描述缺陷的形式。

对U形伸缩缝，主要检查伸缩缝是否堵死，缝内的沥青是否挤出或冷缩，锌铁皮是否拉脱。对钢制梳形板式伸缩缝，主要检查钢板是否损坏，伸缩缝间隙是否被石块等杂物卡死，连接螺栓是否损坏。对目前使用较多的橡胶伸缩缝，则主要检查橡胶件的剥离、损坏或老化状况，锚固螺栓是否失效，伸缩缝是否有下陷或凸起等缺陷。

最近又出现了一种新型伸缩缝装置，有人称其为填充型伸缩缝，也有人称其为弹塑性体伸缩缝。这类伸缩缝在使用过程中主要检查填充体（或弹塑性体）与桥面铺装或梁体黏结是否有效、可靠，填充体范围内的平整度是否满足要求等。

各种伸缩缝装置本身的缺陷主要是容易漏水，从而加速支座和结构本身的损坏。因此，在雨、雪后，宜对伸缩缝装置进行较为详细的检查。

3. 桥面排水设施的检查

桥面排水设施的检查主要是检查桥面泄水管槽有无破损、堵塞及桥下是否漏水。

桥面排水设施的缺陷在降雨、化雪时最易观察，因此最好在此时检查，也可在雨后进行。

桥面排水设施的缺陷往往导致桥面积水，降低桥面摩擦系数，引起车辆打滑。同时，积水通过桥面铺装裂缝或伸缩缝缺陷进入桥梁主要承重结构，进而影响这些承重结构的耐久性。

4. 栏杆、扶手及人行道的检查

栏杆、扶手及人行道的检查主要是检查人行道、缘石、栏杆混凝土有无剥落、裂缝、露筋，扶手、立柱是否松动、脱裂、缺件等。

5. 桥面附属设备的检查

如果桥梁上设有标志牌、照明设备或过桥管线，则应检查标志牌是否醒目、齐备，照明设施是否满足使用要求，过桥管线是否有漏水、漏油、漏气等现象，通信电缆及电线绝缘性能是否安全可靠。

（三）桥梁上部结构的检查

桥梁上部结构是桥梁的主要承重结构，由梁、板、拱肋等基本构件组成。

1. 桥梁基本构件缺陷的检查

桥梁基本构件的缺陷一般出现于施工或使用过程中。对钢筋混凝土桥梁上部结构的基本构件，主要检查构件表面是否存在以下现象：

第一，混凝土局部酥松、沙浆少、集料多，且骨料之间有空隙，形成蜂窝状孔洞。

第二，混凝土表面缺浆、粗糙，或有许多麻面形成。

第三，空洞现象，常发生在钢筋密集处或预留孔洞或预埋件处。

第四，露筋现象，即构件的主筋或箍筋无保护层而外露。

第五，保护层剥落。

第六，缝隙夹层，即施工缝处混凝土结合不好，有缝隙或夹有杂物。

第七，构件表面裂缝。

上述现象一般可简单地通过目测或用超声波进行检测。而混凝土裂缝则一般应检查裂缝发生的位置、形态、发展长度、宽度及裂缝数量，除裂缝的宽度需用仪器检查外，其他项目一般可目测进行。

裂缝宽度一般用刻度放大镜（或称为读数显微镜）量测，目前常用 JDX-3 型，放大倍数为 20 倍，测量精度为 0.01 mm。

检查裂缝的方法：①在裂缝的起点及终点用红油漆或红粉笔与裂缝垂直画线，同时也可在裂缝附近沿裂缝延伸方向画细线，以标明裂缝的形态和发展长度；②在标注的裂缝上，选择目测裂缝宽度较大的位置用刻度放大镜量测裂缝的宽度；③量出主要裂缝宽度后，将裂缝的位置、走向、长度、分布情况及特征用坐标法绘制裂缝展开图。

2. 梁式桥横向联系的检查

基本构件的横向联系是保证桥梁上部结构整体的重要组成部分。对横向联系的检查，一般包括联系本身状况的检查以及与基本构件连接状况的检查。

对有横隔板的梁式桥，主要检查横隔板的损伤裂缝及连接钢板的锈蚀情况；对无横隔板梁式桥，则主要检查桥道板的开裂状况。

3. 桥梁拱桥的检查

拱桥的检查主要是检查拱圈的拱脚、L/4（L 为跨径）、3L/4、拱顶和拱上结构的变形，以及混凝土开裂与钢筋锈蚀等缺损状况。

拱上立柱（或立墙）上下端、盖梁和横系梁应检查混凝土有无开裂、剥落、露筋和锈蚀，下承式拱桥的吊杆上下锚固区的混凝土有无开裂、渗水，吊杆锚头附近是否有锈蚀或断裂现象。

双曲拱桥应注意检查拱肋间横向连接拉杆是否松动或断裂，拱波与拱肋接合处是否脱裂，拱波之间沙浆是否松散脱落，拱坡顶是否开裂、渗水等。

圬工拱桥的检查应包括下列内容：①主拱圈有无变形、灰缝松散脱落、渗水，砌块有无断裂、脱落；②实腹拱的侧墙与主拱圈间有无脱裂，侧墙角有无变形，拱上填土有无沉陷或开裂；③空腹拱的小拱是否变形、错位，立墙或主柱有无倾斜、开裂；④砌体表面是否长苔藓，砌缝是否滋生草木。

4. 桥梁支座的检查

桥梁支座主要检查其功能是否完好，组件是否完整、清洁，有无断裂、错位和脱空现象。各种支座的检查应包括下列内容：

①简易支座的油毡是否老化、破裂或失效。
②钢板滑动支座和弧形支座是否干涩、锈蚀。
③摆柱支座各组件相对位置是否正确，受力是否均匀。
④四氟板支座是否脏污、老化。
⑤橡胶支座是否老化、变形。
⑥盆式橡胶支座的固定螺栓是否被剪断，螺母是否松动。
⑦辊轴支座的辊轴是否出现不允许的爬动、歪斜。
⑧摇轴支座的辊轴是否倾斜。
⑨活动支座是否灵活，实际位移量是否正常。
⑩支承垫石是否破碎。

另外，由于支座变形或其他因素的影响，支座上、下的结构也可能出现异常，所以应尽可能同时进行检查。

5. 桥梁墩台与基础的检查

墩台与基础的检查，应包括下列内容：

第一，是否有滑动、倾斜、下沉或冻拔。

第二，台背填土有无沉降裂缝或挤压隆起。

第三，混凝土墩台及帽梁有无冻胀、风化、腐蚀、开裂、剥落、露筋等。空心墩的水下通水洞是否堵塞。

第四，石砌墩台是否有砌块断裂、通缝脱开、变形，砌体泄水孔是否堵塞，防水层是否损坏。

第五，墩台顶面是否清洁，有无泥土杂物堆积、滋生草木，伸缩缝处是否漏水。

第六，基础下是否发生不允许的冲刷或掏空现象；扩大基础的地基有无侵蚀；桩基顶段在水位涨落、干湿交替变化处有无冲刷磨损、颈缩、露筋，有无环状冻裂，是否受到污水、碱水或生物的腐蚀。

墩台的变位（包括沉降、位移和倾斜）检查，通常先用目测并结合桥梁上部结构检查进行初步判断。墩台沉降的详细检查用水准仪量测，应以永久水准点为基准并按国家一、二等水准测量规范检查。在墩台上设置固定的铅垂线测点，用经纬仪或吊垂球来测定墩台身的倾斜度。墩台的水平位移可用钢线尺丈量或由小三角测量确定跨径，与竣工时的跨径进行比较即可得出水平位移值。有关吊桥及斜拉桥的检查，可参见《公路养护技术规范》。

二、桥梁技术状况的评定

（一）评定分类

桥梁评定分为一般评定和适应性评定。

桥梁评定一般是依据桥梁定期检查资料，通过对桥梁各部件技术状况的综合评定，确定桥梁技术状况等级，提出各类桥梁的维护措施。

桥梁适应性评定是依据桥梁定期及特殊检查资料，结合试验与结构受力分析，评定桥梁的实际承载力、通行能力、抗洪能力，并提出桥梁维护方案、改造方案。评定的周期一般为 3～6 年。

（二）桥梁技术状况评定流程

《公路桥梁技术状况评定标准》评定的流程是：构件评定—部件评定—组成评定—总体评定。从实际使用来看，构件的评定最为复杂。新的评定标准越来越多地用到量化指标，造成查表工作量越来越大，评定的细则越来越多，计算工作量也很大，建议采用电算程序进行计算。

（三）评定方法及标准

1. 桥梁各部件技术评定的方法

第一，根据缺损程度（大小、多少或轻重）、缺损时结构使用功能的影响程度（无、小、大）和缺损发展变化状况（趋向稳定、发展缓慢、发展较快）三个方面，以累加评分方法对各部件缺损状况做出等级评定。

第二，重要部件（如墩台与基础、上部承重构件、支座）以其中缺损最严重的构件评分，其他部件，根据多数构件缺损状况评分。

第三，全桥总体技术状况的等级评定应采用考虑桥梁各部件加权系数的综合评定方法，也可以重要部件最差的缺损状况评定，或对照桥梁技术状况评定标准（见表 7-1）进行评定。

表 7-1　桥梁技术状况评定标准

	一类 （完好、良好状态）	二类 （较好状态）	三类 （较差状态）	四类 （很差状态）	五类 （危险状态）
总体评定	1.重要部件功能与材料均良好； 2.次要部件功能良好，材料有少量（3%以内）缺损或污染； 3.承载能力和桥面行车条件符合设计指标。	1.重要部件功能良好，材料有局部（3%以内）缺损或污染，裂缝宽小于限值； 2.次要部件有较多（10%以内）缺损或污染； 3.承载能力和桥面行车条件达到设计指标。	1.重要部件材料有较多（10%以内）缺损，裂缝宽超限值，或出现轻度功能性病害，但发展缓慢，尚能维持正常用功能； 2.次要部件有大量（10%~20%）缺损，功能降低。进一步恶化将不利于重要部件和影响正常交通； 3.承载能力比设计降低10%以内，桥面行驶不舒适。	1.重要部件材料有大量（10%~20%）缺损，裂缝宽超限值，风化、剥落、露筋、锈蚀严重，或出现轻度功能性病害，且发展较快，结构变形小于或等于规范值，功能明显降低； 2.次要部件有20%以上的严重缺损，失去应有功能，严重影响正常交通； 3.承载能力比设计降低10%~25%。	1.重要部件出现严重的功能性病害，且有继续扩张现象；关键部位的部分材料强度达到极限，出现部分钢筋断裂、混凝土压碎或杆件失稳变形的破损现象，变形大于规范值，结构的强度、刚度、稳定性和动力响应不能达到平时交通安全通行的要求。 2.承载能力比设计降低25%以上。
墩台与基础	1.墩台各部均完好； 2.基础及地基状况良好。	1.墩台基本完好； 2.3%以内的路面有风化、麻面、短细裂缝，缝宽，小于限值，砌体灰缝脱落； 3.表面长有青苔、杂草； 4.基础无冲蚀现象。	1.墩台3%~10%的表面有各种缺损裂缝宽超限值，有风化、剥落、露筋、锈蚀现象，砌体灰缝脱落，局部变形等； 2.出现轻微的下沉、倾斜、滑动等现象，发展缓慢或趋向稳定； 3.基础有局部冲蚀现象，桩基顶被磨损。	1.墩台10%~20%的表面有各种缺损，裂缝宽而密，剥落、露筋、锈蚀严重，砌体大面积松动变形； 2.墩台出现下沉、倾斜、滑动、冻拔现象，变形小于或等于规范值，台背填土有沉降裂缝或挤压隆起，变形发展较快； 3.基础冲刷大于设计值，基底冲空面在10%~20%以内，桩基顶段被侵蚀、露筋、缩颈，或有冻裂，木桩腐蚀、蛀蚀严重。	1.墩台不稳定，下沉、倾斜、滑动、冻拔现象严重，变形大于规范值，造成上部结构和桥面变形过大，不能正常行车； 2.墩台、桩基出现结构性裂缝，裂缝宽度超过限值； 3.基底冲刷深度大于设计值，冲空面达20%以上，地基承载能力降低，桥台岸坡滑移。
支座	1.各部分清洁、完好，位置正确； 2.支座工作状态正常。	1.支座有尘土堆积，略有腐蚀； 2.支座滑动面干湿。	1.钢支座固定螺栓松动，锈蚀严重； 2.橡胶支座开始老化； 3.混凝土支座有剥落、露筋、锈蚀现象。	1.钢支座的组件出现断裂； 2.橡胶支座老化开裂； 3.混凝土支座碎裂； 4.活动支座坏死，不能活动； 5.支座上下错位过大，有倾倒脱落的危险。	支座错位、变形、破损严重，已失去正常支承功能，使上下部结构受到异常约束，造成支撑部位的缺损和桥面的不平顺。

第七章 桥涵构造物的养护与维修

续 表

	一类（完好、良好状态）	二类（较好状态）	三类（较差状态）	四类（很差状态）	五类（危险状态）
砖、石、混凝土上部结构	1. 结构完好，无渗水，无污染； 2. 次要部位有少量短细裂纹，裂纹宽度小于限值。	1. 结构基本完好； 2. 3%以内的表面有风化、麻面、短细裂缝，缝宽小于限值，砌体灰缝脱落； 3. 上、下游侧表面有水迹污染，砌体滋生杂草。	1. 结构3%~10%的表面有各种缺损，裂缝宽超限值，有风化、剥落、露筋、锈蚀，桥面板裂缝渗水； 2. 石砌拱桥砌体灰缝脱落，局部松动、外鼓； 3. 横向连接件断裂、脱焊或松动，边梁或边拱肋有横移或外倾迹象。	1. 结构10%~20%的表面有各种缺损，重点部位出现接近全截面的开裂，裂缝宽超限值，顺主筋方向有纵向裂缝，钢筋锈蚀和混凝土剥落严重，桥面开裂渗水严重，砌体有较大松动、变形； 2. 结构存在明显的永久变形，变形小于或等于规范值，桥面竖向成波形。	1. 结构永久变形大于规范值； 2. 重点部位出现全截面开裂，裂缝宽度超过限值，部分钢筋屈服或断裂，混凝土压碎。主拱圈出现四铰，成不稳定结构； 3. 受压构件有严重的横向扭曲变形； 4. 承载能力比设计降低25%以上。
钢结构	1. 各部件及焊缝均完好； 2. 各节点铆钉、螺栓无松动； 3. 各部分油漆均匀、完整，色泽鲜明。	1. 各部件完好，焊缝无开焊； 2. 少数节点有个别铆钉、螺栓松动变形； 3. 油漆变色、起泡剥落，面积在10%以内。	1. 个别次要构件有局部变形，焊缝有裂纹； 2. 连接铆钉、螺栓损坏在10%以内； 3. 油漆失效面积在10%~20%之间。	1. 个别主要构件有扭曲变形、损伤裂纹、开焊、严重锈蚀； 2. 连接铆钉、螺栓损坏在10%~20%之间； 3. 油漆失效面积在20%以上。	1. 主要构件有严重扭曲变形、开焊，锈蚀削弱截面10%以上，钢材变质，强度性能恶化，油漆失效面积在50%以上； 2. 节点板及连接铆钉、螺栓损坏在20%以上； 3. 结构永久变形大于规范值； 4. 结构振动或摆动过大，行车和行人有不安全感。
人行道栏杆	完整清洁、无松动，少数构件局部有细裂纹、麻面	个别构件破损、脱落，3%以内构件有松动、开裂、剥落和污染	10%以内构件有松动、开裂、剥落、露筋、锈蚀、破损、脱落	10%~20%构件严重损坏、错位、变形、脱落、残缺	
桥面铺装、伸缩缝	1. 铺装层完好、平整、清洁，或有个别细裂缝； 2. 防水层完好，泄水管完好、畅通； 3. 伸缩缝完好、清洁； 4. 桥头平顺，无跳车现象	1. 铺装层10%以内的表面有纵横裂缝，浅坑槽、波浪； 2. 防水层基本完好，泄水管堵塞，周围渗水； 3. 伸缩缝局部缺损； 4. 桥头轻度跳车，台背路面下沉在2cm以内。	1. 铺装层10%~20%的表面有严重龟裂，深坑槽、波浪； 2. 桥面板接缝处防水层断裂渗水，泄水管破损、脱落； 3. 伸缩缝普遍缺损； 4. 桥头跳车明显，台背路面下沉2~5cm。	1. 铺装层20%以上表面有严重的破坏，桥面普遍坑洼不平、积水； 2. 防水层老化失效，普遍断裂、渗水、泄水管脱落，泄水孔堵塞； 3. 伸缩缝严重破损、失效，难以修补； 4. 桥头跳车严重，台背路面下沉大于5cm。	

续 表

	一类 （完好、良好状态）	二类 （较好状态）	三类 （较差状态）	四类 （很差状态）	五类 （危险状态）
调制构造物	1.构造设置合理,功能正常； 2.构造物完好	1.构造功能基本正常； 2.构造物局部断裂,砌体松动、变形。	1.构造本身抗洪能力不足,基础局部冲蚀； 2.构造物20%以内出现下沉、倾斜、局部坍塌。	1.构造本身抗洪能力太低,基础冲蚀严重； 2.构造物20%以上被破坏,部分丧失功能或功能下降。	
翼（耳）墙锥（护）坡	1.翼（耳）墙完好无损,清洁； 2.锥（护）坡完好,无垃圾堆积,无草木滋生； 3.桥头排水沟和行人台阶完好。	1.翼（耳）墙出现个别裂缝,缝宽小于限值,局部剥落,砌体灰缝脱落,面积在10%以内。 2.锥（护）坡局部塌陷,铺砌缺损,垃圾堆积,草木丛生； 3.桥头排水沟堵塞不畅通,行人台阶局部塌落。	1.翼墙断裂与桥台前墙脱开,但无明显外倾、下沉、砌体灰缝脱落、局部松动外鼓,面积小于20%； 2.锥（护）坡出现大面积塌陷,铺砌缺损,形成冲沟或积水坑,坡脚有局部冲蚀； 3.桥头排水沟和行人台阶损坏,功能降低。	1.翼墙断裂、下沉、外倾失稳,砌体变形,部分严重倒塌； 2.锥（护）坡体和坡脚冲蚀严重,有滑坡、坍塌,坡顶下降较大,作用明显减小； 3.桥头排水沟和行人台阶全部损坏,几乎消失。	
照明标志、附	完好无缺,布置合理。	照明灯泡坏,灯柱锈蚀,标志不正、脱落,附属设施基本完好。	灯柱歪斜不正,灯具损坏。标志倾斜损坏,附属设施需保养维修。	照明线老化破断或短路,灯柱、灯具残缺不齐,标志损失严重,附属设施需维修与更换。	

2.桥梁技术状况评定标准

根据《公路桥涵养护规范》的规定,桥梁技术状况评定等级分为一类、二类、三类、四类、五类。桥梁总体及部件技术状况评定标准如表7-1所示。

（四）维护措施

对一般评定划定的各类桥梁,分别采取不同的养护措施：一类桥梁进行正常保养；二类桥梁需要进行小修；三类桥梁需进行中修,酌情进行交通管制；四类桥梁需进行大修或改造,及时进行交通管制,如限载、限速通过,当缺损较严重时应关闭交通；五类桥梁需进行改建或重建,及时关闭交通。

对适应性不能满足的桥梁,应采取提高承载力,加宽、加长基础防护等改造措施；若整个路段有多座桥梁的适应性不能满足,应结合路线改造进行方案比较和决策。

三、桥梁检验

桥梁专门检验是对桥梁结构及部件的材料质量和工作性能方面所存在的缺损状况进行

详细检测、试验、判断和评价的过程。检验的项目主要有以下两方面：①结构材料缺损状况诊断，包括材料损坏程度检测、材料物理和化学性能测试及缺损原因的分析判断；②结构整体性能、功能状况鉴定，包括结构承载能力（强度、刚度和稳定性等）鉴定、桥梁抗洪能力的鉴定。

结构材料缺损状况的检测宜根据缺损的类型、位置和检测的要求，选择表面测量、无破损检测技术和局部试样等有效、可靠的方法。试样宜在有代表性构件的次要部件获取，检测与评定要依照相应的试验标准进行。采用没有标准依据的检测技术，应事先通过模拟试验，制定适用的检测细则，保证检测结果具有一定的可靠性。

结构整体性能、功能状况鉴定可采用以下两种方法：①根据实际的结构技术状况进行结构验算、水文和水力验算；②当验算结果不满足功能要求或难以确定时，可采用承载力试验鉴定。

（一）桥梁检验的准备工作

检验前应尽量收集有关资料（见表7-2），并做好现场核对工作。

表7-2　桥梁技术资料搜集项目内容简表

类别	收集资料的主要内容
桥梁概况及历史资料	1. 桥梁所在公路路线名称，跨越河流名称，桥梁全长、孔数、跨径组合、桥面净宽、横坡及纵坡等； 桥梁净空与通航河流等级及其最高洪水位等； 桥梁各部结构形式及建桥材料种类； 桥梁建造年代； 桥梁发生损伤、破坏、事故、水害等的程度及抢修、恢复情况； 建造及修复（包括加固）时所依据的设计标准（包括载重、洪水频率、地震烈度等）； 桥梁营运使用、交通量变化情况； 历年经常维修养护的一般情况，包括经常养护工作中所频繁出现的主要问题和缺陷。
桥梁技术资料	1. 建造及加固（包括大修）时的设计资料、竣工图样，预制梁出厂合格证明书； 2. 材料试验、施工记录、设计变更及隐蔽工作检验，竣工验收、总结等资料； 3. 桥梁定期检查的有关记录资料； 4. 建桥前后的水文、地质及航道交通变化等资料。

（二）桥梁结构检算

桥梁结构检算应按实际断面尺寸及缺损状况、材料的实际强度和弹性模量、地基实际容许承载力和水文条件进行计算，并按现行《公路桥涵设计通用规范》（JTG D60—2004）和《公路旧桥承载能力鉴定方法》有关条文办理。

（三）桥梁静、动载试验

承载力试验分为静力荷载和动力荷载试验，试验评定方法按照《公路旧桥承载能力鉴定方法》或《大跨径混凝土桥梁的试验方法》的有关内容实施。

静力荷载试验按设计荷载或被控制的车辆荷载，并计及冲击系数的结构件应作为最大试验荷载，同时测量结构控制截面和约束部位的位移、应变（或应力）和裂缝等结构力学性能参数。将实测数据与计算值或规范值进行比较，当各项实测参数均小于或等于规定值时，一般可认为结构承载能力满足使用荷载的要求。

动力荷载试验通常采用一辆重车按可能的最高车速，分为四种以上车速进行往返行车试验，以及在跨中或 L/4 处进行跳车或制动试验，同时测量结构动力响应（位移、速度或加速度等参数的时间历程曲线），处理分析结构自振特性（振型、频率和阻尼系数）和受迫振动性能（位移峰值、冲击系数与临界车速等），评定结构动力性能是否满足行车和行人安全舒适的要求。

承载力试验结果不满足的桥梁，在加固改善之前，应采取限载、限速或封闭交通的措施，并可继续监测结构变化状况。

桥梁定期检查、特殊检查、养护对策和维修、加固或改造的设计、施工、竣工验收等有关技术文件，均应按统一格式完整地归入桥梁养护技术档案。

第三节　桥梁上部构造的维护与加固

桥梁上部构造通常包括桥面铺装、防水和排水设备、伸缩缝、支座、栏杆和桥跨结构等。上部结构是养护维修的重点，因为其大部分构造天然敞露，受车辆及大气影响十分敏感。

一、栏杆的养护维修

栏杆是桥上的一种安全防护设施，是桥梁上部结构一个不可缺少的组成部分，也是桥梁美化的一种艺术装饰。

桥梁栏杆应经常保持完好状态。公路桥梁栏杆的缺陷主要有撞坏、缺损、裂缝。栏杆损坏虽然不妨碍交通，但会丑化桥容，使桥上交通缺少安全感，降低交通安全的舒适感。因此，应及时修理损坏的桥梁栏杆。

栏杆柱应竖立正直，水平杆件能自由伸缩，如有缺损，应及时补齐；如已损坏，需及时重新安装。钢筋混凝土栏杆如发现有裂缝或剥落，轻者可灌注环氧树脂，严重者应凿除损坏部分，重新修补完整。钢质栏杆应经常清刷，每年定期油漆一次。桥梁两端的栏杆柱，涂以 20 cm 宽红白相间的油漆，顶部下 20 cm 为红色，油漆鲜明。

二、桥面排水设施的养护维修

桥面排水设施主要有泄水管道和引水槽两种，这两种排水设施的常见缺陷有以下几种。

第一，泄水管管道破坏、损伤。在外界作用影响下而产生局部破裂、损伤，出现洞穴而产生漏水等。

第二，管体脱落。主要由于接头连接不牢而掉落，失去排水作用。

第三，管内有泥石杂物堆塞，造成排水不畅，甚至水流不通。

第四，管口有泥石物堆积。

第五，引水槽有堆泥、堵塞、水流不畅、槽口破裂损坏而出现漏水、积水等。

桥面排水设施出现缺陷会导致桥面积水，给行车带来不利影响，降雨时引起车辆滑移，成为交通事故的主要原因，严重时还会损坏桥梁结构本身安全。当雨水由伸缩缝进入支座时，将会使支座的功能恶化。在城市桥梁或立交跨线桥中，由于桥面积水，车辆过桥时污水四溅，殃及行人和破坏周围环境，使桥下居民受害。所以，必须加强对桥面排水系统的维修养护，主要要做到以下几点：

第一，桥面的泄水管、引水槽要及时清扫、疏通。缘石的横向泄水孔道，不够长的要接长，避免桥面流水沿梁侧流泻。

第二，泄水管损坏要及时修补，接头不牢或已掉落的要重新安装接上，损坏严重的要予以更换。

第三，引水槽已破裂的要重新修理，长度不足时应接长。当槽口太小、不能满足排水需要时要扩大槽口重新修筑。

三、桥面伸缩缝的养护

目前常用的桥面伸缩缝有锌铁皮伸缩缝、钢板式伸缩缝和橡胶伸缩缝三种。由于伸缩缝设置在桥梁两端构造薄弱部位，直接承受车辆反复荷载作用，又多暴露于大自然中，受到各种自然因素的影响，因此，可以说伸缩缝是易损坏、难修补的部位，经常发生各种不同程度的缺陷。

伸缩缝出现缺陷后会使车辆行驶出现跳车、噪声，甚至引起交通事故。同时，缺陷不及时修补也会向结构主体进一步发展。因此，对桥面伸缩缝要注意经常养护、检查，出现破坏后，要进行必要的修补或者更换。

（一）伸缩缝的养护

伸缩缝应经常养护，清除缝内沉积物，拧紧螺栓，使其发挥正常作用。对于梳形伸缩缝，应及时清除锯齿内的杂物；搭板伸缩缝，如有损坏，应及时修复；橡胶伸缩缝，如有损坏和老化，应修理更换；早期修建的U形槽伸缩缝，大都已经损坏失去作用，可更换为橡胶伸缩缝等其他形式伸缩缝；多孔简支梁（板）桥，在可能的条件下，可改做成水泥混凝土或沥青混合料铺装的连续桥面，减少伸缩缝总数。

（二）伸缩缝的维修

桥面伸缩缝维修前应查明原因，采用行之有效的维修方法。伸缩缝产生破损的原因如表 7-3 所示。维修工作要依据缺陷的程度，或部分修补，或部分以至全部更换。其更换的操作程序如下：

表 7-3　桥面伸缩缝缺陷的产生原因

产生原因	具体内容
设计方面的原因	1. 桥面板端部刚度不足； 2. 伸缩缝构造本身刚度不足； 3. 伸缩缝构造钻固的构件强度不足； 4. 过大的伸缩间距； 5. 后浇压铸材料选择不当； 6. 变形量计算不正确。
施工方面的原因	1. 桥面板间伸缩间距施工不良； 2. 后浇压铸材料养护管理不当； 3. 伸缩缝装置安装得不好； 4. 桥面铺装浇筑得不好； 5. 墩台施工不良。
养护不良及其他外部因素的影响	1. 车辆荷载增大，交通量增加； 2. 桥面铺装层老化； 3. 接缝处桥面凸凹不平； 4. 桥面没有经常进行清扫； 5. 地震等其他恶劣气候条件的影响。

第一，将伸缩缝两边各宽 40 cm 范围内的铺装层混凝土凿除，并清洗干净，调整原预埋螺栓锚筋及露出的桥面钢筋。

第二，如为新装橡胶伸缩缝，应凿挖或钻成埋置螺栓用的锚筋孔，并预先埋好锚筋。锚筋必须埋设牢固，尽可能直接焊接在桥面钢筋上，在孔内灌注环氧树脂浆胶，使其不易拔出。

第三，预埋的螺栓必须保证位置正确、安装牢固。

第四，安装橡胶板伸缩缝，使橡胶板平整、坚实。

第五，按原式浇筑铺装层混凝土。为维持通车，可分半幅桥面进行，也可在伸缩缝上架设跨缝设施。桥面为沥青混合料铺装时，可采用钢筋混凝土盖板式伸缩缝。

对伸缩量在 50 ram 以内的各类中小跨径桥梁伸缩缝的更换或改造，可采用 TST 碎石填充新型伸缩装置。更换旧桥伸缩缝时，槽口切割尺寸应尽可能接近标准槽口尺寸。

桥面伸缩缝的修补或更换工作不宜中断交通。因此，通常可考虑采用限制车辆通行，半边施工、半边通行车辆；或白天使用盖板，夜间施工时禁止或限制车辆通行。总之，既要注意抓紧时间缩短工期，又要保证修补质量。

四、桥面铺装的养护维修

桥面铺装材料主要有水泥混凝土和沥青类材料两种，由于使用的材料不同，产生缺陷的形式也不一样。沥青类铺装层的缺陷主要有泛油、松散、露骨、裂缝、高低不平及产生"跳车"，普通水泥混凝土铺装层的缺陷主要有磨光、裂缝、脱皮、露骨及高低不平。

桥面铺装的养护工作包括以下几个方面：应经常清扫桥面，保持桥面清洁完整和有一定路拱；在雨后应随时将积水扫到泄水管口排除，冬天结冰或下雪后，应及时清除桥面上的冻块或积雪；严禁在桥面上堆置杂物或占为晒场等，以保证车辆过桥时行驶的安全。此外，桥面防水层如有损坏要及时进行修复。

水泥混凝土铺装层如有磨光、脱皮、露骨或破裂等缺陷时，通常可通过如下方法进行维修。

（一）原结构修补

将原水泥混凝土铺装层的表面凿毛，并尽可能深一些，使骨料露出，用清水冲洗干净并充分润湿，再涂刷上同标号的水泥沙浆（或其他黏结材料），最后铺筑一层 4~5 cm 厚的水泥混凝土铺装层（在桥梁荷载能力容许的前提下）。

（二）采用黑色路面改建桥面

采用黑色路面（沥青类材料）修补桥面铺装，一般较水泥混凝土铺装容易，且上下结合也比较牢靠，施工期间对交通影响也比较小。但路面改变了原有结构且必须主桥加铺，否则会影响美观。黑色路面修补的结构可采用沥青表面处理或沥青细沙罩面，也可加铺一层 2~3 cm 的沥青混凝土。采用沥青细沙时，应先涂刷黏层沥青，使之与旧面层结合良好。

（三）全部凿除，重筑铺装层

桥面铺装层如已损坏严重，可采用全部凿除并重筑铺装层的方法修补。

新铺的面层可采用普通水泥混凝土，也可采用钢纤维混凝土等其他材料。沥青类桥面铺装层出现缺陷后，应及时处理，经常保持桥面完好平整。

如因构件连接处沉陷不均引起桥面凸凹不平时，可采用在桥下以液压千斤顶顶升，调整构件连接处标高，使其顶面具有相同高度的方法进行维修。

五、桥梁支座的养护维修

（一）桥梁支座的养护

桥梁支座是桥梁上下部结构的接合点，一旦损坏将严重影响到桥梁承载能力和使用寿命，所以必须注意经常养护，保证其处于正常的工作状态。

当前，我国在钢筋混凝土梁式桥中采用的支座形式有垫层支座、弧形钢板支座、摆柱式支座和橡胶支座等。根据《公路桥涵养护规范》（JTG H11—2004）规定，桥梁支座的养护工作主要有以下内容：

第一，支座各部分应保持完整、清洁，每季一检查，半年一清扫，清除支座周围的油污、垃圾，防止积水、积雪，保证支座正常工作。

第二，在滚动支座滚动面上应定期涂上一层润滑油（一般每年一次）。在涂油之前，应把滚动面揩擦干净。

第三，为了防锈，支座各部分除钢辊和滚动面外，其余部位均应涂刷防锈油漆保护。

第四，及时拧紧钢支座各部分接合螺栓，使支承垫板平整、牢固。

第五，应防止橡胶支座接触油污引起老化、变质。

第六，滑板支座、盆式橡胶支座的防尘罩，应维护完好，防止尘埃落入或雨、雪渗入支座内。

（二）桥梁支座的维修与更换

支座如损坏时，应及时查明原因（见表7-4），制订可行的维修、加固计划进行修补。

表7-4 支座损坏原因一览表

支座损坏原因	具体内容	支座损坏原因	具体内容
设计时缺乏足够的考虑	1. 形式的选定与布置错误； 2. 材料选定错误； 3. 支座边缘距离不够； 4. 支座支承垫石补强钢筋不足； 5. 对螺栓、螺母等的脱落研究不够。	维修管理不善	滑动面、滚动面夹杂尘埃、异物；因防水、排水装置的缺陷，向支座污水、溢水，使支座锈蚀；螺母、螺栓松动、脱落，又没有及时修理。
施工制作时不完备	1. 铸件等材料质量管理不够，质量较差； 2. 金属支座的油漆、防腐防锈处理不可靠； 3. 沙浆填充不可靠。	其他因素	桥台、桥墩产生的不均匀沉陷、倾斜与水平变位以及上部结构位移，影响支座的正常使用。

第一，支座有缺陷或发生故障时的维修和更换。

①支座的固定锚销剪断，滚动面不平整，轴承有裂纹、切口以及个别辊轴大小不合适时，必须予以更换。

②梁支点承压不均匀时，应进行调整。调整时可采用千斤顶把梁上部顶起，然后移动调整支座的位置。在矫正支座位置以后，降落上部构造时，为避免桥孔结构倾斜，应徐徐下落，并注意千斤顶的工作状态是否均衡，同时调整顶升用木框架的楔子，以保证上部结构能恢复原位。

③支座座板翘起、扭曲、断裂时，应予以更换或补充；焊缝开裂，应予以整修。

④如需要抬高支座时，可根据抬高量的大小选用下列几种方法：a.垫入钢筋（50 mm以内）或铸钢板（50~100 mm）；b.更换为橡胶板支座；c.就地浇筑钢筋混凝土支座垫石，垫石高度按需要设置，一般应大于 100 mm。

第二，油毡支座因损坏、掉落而不能发挥作用时，摆柱式支座工作性能不正常及有脱皮、露筋或其他异常情况发生或橡胶支座已老化、变质而失效时，都需进行调整，加以维修加固。

第三，对辊轴（或摇轴）支座实际纵向位移应与计算的正常位移相符。如实际纵向位移大于容许偏差或有横向位移时，应加以修正。辊轴矫正时，可用液压千斤顶进行矫正。如纵向或横向移动不大，用倾斜安装的千斤顶进行顶移；如移动较大，可先用千斤顶把上部结构顶起，放于木井架的移动托板上，然后再用绞车或千斤顶进行移动矫正。

六、桥跨结构的养护维修

桥跨结构是桥梁的主要承重结构，除直接承受车辆荷载的作用外，还长期暴露在自然界中。由于长期受到自然界的各种因素的影响，当桥跨结构出现缺陷时，其势必会扩大、加深、发展，危及桥梁的安全。因此，发现桥跨结构出现缺陷后，必须及时进行调查研究，分析缺陷的产生原因、现状、发展趋势，以及桥梁遭受破坏的程度、对使用的影响等，及时采取措施进行维修加固。

（一）一般原则

应在桥梁检查及评定的基础上，针对产生病害的原因进行；应充分发挥原有结构的承载能力，并选择投资少、工效快、尽量不中断交通、技术上可行且有较好耐久性的方法进行。

（二）钢筋混凝土及预应力混凝土梁桥的养护维修

钢筋混凝土及预应力混凝土梁桥上部结构的主要缺陷有表层损坏、裂缝、蜂窝及锈蚀等，还会由于设计标准低、结构布置不合理、施工质量差、外在因素的影响等，致使桥梁结构受到破坏，承载能力和通过能力不足，危及结构的安全，影响桥梁的正常使用。所以，钢筋混凝土及预应力混凝土梁桥的养护维修工作的主要内容包括损坏表层、裂缝的修补、主梁（或横梁）的补强加固等。

1.钢筋混凝土及预应力混凝土表层损坏、裂缝的修补

实际混凝土桥梁结构中裂缝的成因多种多样，然而不管何种裂缝，只要其裂缝宽度超过规范的限定值，都将影响桥梁结构的耐久性，甚至会降低桥梁的承载能力。因此，在桥梁养护工作中，应充分重视裂缝的修补。目前，修补裂缝的材料主要有两大类，即水泥（沙）浆和高分子化学材料。

水泥（沙）浆通常用高标号干硬性水泥配制，适用于缺少修补机具的工程。当裂缝宽

度较小时，一般用水泥浆修补；当裂缝宽度大于 0.4 mm 时，一般用水泥沙浆修补。施工时，先采用凿毛、喷沙或钢丝刷拉毛等方法清除原构件混凝土的松散组织或石料的风化及破裂部分，并沿填裂缝长度凿成 V 形槽口，用高压气枪或水枪冲洗吹干，然后用水泥（沙）浆人工用力挤压填缝，同时加强养护。当采用机械灌浆时，水泥浆的水灰比一般不宜小于 1.6，方法与化学材料灌浆类似。

采用高分子化学材料灌浆修补裂缝的材料一般以环氧树脂为主，其黏结力强、稳定性好、收缩性小、耐腐蚀且可灌性好，适合于裂缝宽度在 0.1 ~ 0.4 mm 的修补工作。环氧树脂灌浆材料由主剂、固化剂、增塑剂及稀释剂四部分组成。主剂环氧树脂是一种线型高分子聚合物。未固化的氧树脂是热塑性材料。

固化剂的作用主要是与环氧树脂直接起化学反应，使其固化并形成强度。固化剂的用量应根据环氧树脂的种类严格控制，用量过多则化学反应加快，易产生暴凝，使胶液报废；用量过少会使环氧胶固化时间加长、强度降低甚至引起其他不良后果。常用的固化剂有脂肪族胺类、芳香族胺类和改性胺类三种。

增塑剂的作用主要是改善环氧树脂胶硬化后的脆性，提高抗弯、抗冲击韧性。增塑剂有活性与非活性之分，把加入环氧树脂后不能起化学反应，也不能很好融合的称为非活性增塑剂，反之能参加固化反应的称为活性增塑剂。

稀释剂的作用在于降低环氧树脂的黏度，便于灌浆施工。稀释剂也分活性与非活性两大类。

2. 主梁的加固

钢筋混凝土及预应力混凝土梁桥主梁加固的方式很多，目前比较成熟且应用较广的技术有增加构件截面和配筋加固法、黏贴钢板加固法、施加预应力加固法、改变结构体系加固法及增加构件加固法等。

（1）增加构件截面和配筋加固法

对抗拉强度不足的简支梁桥，可在梁底部（受拉区）或侧面增配补强主筋，或在腹板上增设补强箍筋，然后喷涂或浇筑混凝土，从而使梁的抗弯截面增大，以提高梁的承载能力。

增加构件截面和配筋加固法的优点如下：能在桥下施工，不影响交通；加固工作量不大，而且加固的效果也较为显著，一般多用于梁板桥的加固，其加固程序如下：

①将梁下面的混凝土保护层凿去，露出主钢筋，并将原箍筋切断拉直。

②在暴露的原有主钢筋上缠上或焊上需要补充的拉力钢筋。补强钢筋的尺寸和数量应按强度计算确定。

③恢复箍筋，即将原箍筋接长，焊接成形。如计算箍筋不足，应增设箍筋，新增箍筋上端埋入桥面板中，梁腹上增设销钉固定新增箍筋位置。

④浇筑混凝土保护层。材料可采用环氧树脂混凝土或膨胀水泥混凝土。

⑤养护。

（2）黏贴钢板加固法

黏贴钢板加固法是采用化学黏贴剂将钢板黏贴在梁（板）的受拉缘或薄弱部位，使之与结构物形成整体，用以代替需增设的补强钢筋，提高梁的承载能力，达到补强效果的一种加固方法。20世纪60年代以来，该法在国内外得到了广泛的应用，取得了较好的效果。一般采用环氧树脂浆液作为黏结剂。

用黏贴钢板来加固桥梁，具有不需要破坏被加固的原有结构物、加固工程几乎不增加原结构的尺寸、施工工艺简单、便于操作、施工期短等优点。

黏贴钢板加固法的施工程序如下：

①表面处理。将梁（板）底面混凝土凿毛，使骨料露出，并清除破碎部分和浮尘。钢板表面的油污和锈蚀应清除干净。

②黏贴钢板。黏贴钢板一般可用注入施工法和压贴施工法来完成。从使用效果来看，压贴施工法较好。压贴施工法施工时先在混凝土黏贴面上用冲击钻成孔，钻孔可采用梅花形布置，安装膨胀螺栓，螺栓直径常用8~12 mm，在钢板的相应位置布孔；在钢板和混凝土黏接面上用刮刀均匀涂刷配制好的环氧树脂打底层，然后再用刮刀在钢板上均匀涂刷配制好的环氧树脂黏结剂；黏贴钢板后迅速拧紧螺母。用稠度较高的环氧树脂水泥沙浆填塞钢板与混凝土表面之间的缝隙及封住螺母。

③防护处理。目前，一般采取清除钢板外露面油污并除锈，即先涂一层环氧树脂薄浆罩面，然后再涂两层防锈漆。近几年出现的适用于工程的电化学镀锌（铝）工艺，已在西安市五路口人行天桥及广州市海珠大桥成功用于钢结构防锈，效果良好。

（3）施加预应力加固法

施加预应力加固法是运用预应力原理，在原梁体外受拉区域施加一定预压应力，来改善结构受力状态的一种加固方法。按施加预应力的方式划分为横向收紧张拉法、纵向张拉法、竖向顶撑张拉法和组合式预应力拉杆加固法等几种。

①横向收紧张拉法

横向收紧张拉法是将作为拉杆的粗钢筋分两层布置在梁肋底面两侧，在靠近梁端适当位置向上弯起，与固定在梁端的钢制U形锚固板焊接。粗钢筋弯起处用短柱支撑，纵向每隔一定间距设一道撑棍和锁紧螺栓。通过收紧器将拉杆横向收紧使拉杆受拉，从而在梁体产生预压应力。

横向收紧张拉法的具体施工程序如下：

a. 黏贴锚固钢板。将梁端混凝土保护层凿除，使主筋外露，清除碎渣浮尘后用环氧沙浆黏贴U形锚固钢板。

b. 焊接拉杆粗钢筋。先将粗钢筋的弯起段按设计斜度焊在锚固板上，然后用夹杆将粗钢筋的水平段与弯起段焊在一起。

c. 安装张拉装置。先放好弯起点垫块撑棍，再安设中间撑棍及锁紧螺栓，紧贴锁紧螺栓处安放收紧器。

d. 预张拉。预张拉的目的在于检查拉杆的焊接质量，预张拉力按设计张拉力的 80% ~ 90% 控制，预张拉保持 12 h 后卸除。

e. 张拉。旋紧收紧器，使两侧拉杆向中间收拢，按设计收紧量对称地分次收紧。达到设计收紧量后再收紧 1 ~ 2 mm，然后拧紧锁紧螺栓，并用双螺母锁住，最后卸除收紧器。各段拉杆横向收紧的距离按设计预应力值计算出拉杆总变形值，并通过几何关系计算出具体的数值。

f. 防护处理。拉杆粗钢筋及 U 形锚固板均需涂以防护涂料以防锈蚀。

②纵向张拉法

当采用纵向张拉法补强加固时，拉杆钢筋仍沿梁底布置，两端向上弯起。它与横向收紧张拉法的不同之处在于拉杆两端弯起段通常都穿过翼缘板上的斜孔伸至桥面，拉杆端部设有丝扣，用轧丝锚锚固于梁顶锚固槽内。

纵向张拉法对于拉杆钢筋施加预应力可以用旋紧螺帽，端部用张拉千斤顶张拉，拉杆中间设置法兰螺丝收紧丝扣及电热法张拉等手段完成。纵向张拉补强加固的施工工艺步骤如下：

a. 凿开梁端桥面铺装。在梁端顶部按设计斜度凿出锚固槽。

b. 钻孔。在锚固槽内沿梁腹板侧壁方向按设计斜度钻两个平行的孔洞。

c. 黏贴梁端锚固垫板和梁底的短柱支座垫板。

d. 安装拉杆钢筋。拉杆分水平段和弯起的锚固段两部分，各拉杆的松紧度应调整一致。

e. 张拉。每片梁上的几根拉杆应保持均衡张拉。

f. 封锚。用防水沙浆或环氧沙浆填入锚固槽封锚。

g. 防护处理。

③竖向顶撑张法

采用竖向顶撑张拉是在梁端底部设置 U 形钢锚固板，沿梁底设置拉杆，拉杆两端焊在钢锚固板上，在梁的 1/4 跨径及跨中（或跨向横隔板）位置设置张紧夹具，张紧夹具安装固定于梁腹或横隔板上的承托架上，给拉杆施加预应力，当拉杆达到设计应力值后，用钢筋混凝土垫块在拉杆与梁底面间楔紧，以固定拉杆位置并保持张拉力，最后卸除张紧夹具和承托架，并做好拉杆的防锈处理。

下撑式预应力拉杆加杆法是将水平的补强拉杆在接近支座处（一般设在 1/4 跨径处）向上弯起，锚固于梁板支座的上部，弯起点处设置钢筋混凝土或混凝土的承托架，再施加预拉应力，当拉杆达到设计应力值后，通过拉杆承托架传力，对梁结构产生作用力，起到卸载作用。下撑式预应力拉杆加固的施工程序如下：

a. 凿好主梁锚固点孔洞，孔洞直径应较锚固套管大 2 ~ 3 cm，以便用环氧树脂沙浆将套管增大。

b. 装置张拉用的紧固件，并连接好槽钢和预应力拉杆粗钢筋。

c. 拉杆施加预应力，可用双作用千斤顶等机械张拉法或电热张拉法，张拉达到规定吨位和长度后，拧紧两端的螺母，使粗钢筋拉杆获得预拉应力。

采用下撑式拉杆进行补强加固时，在设计中必须考虑以下各部分的预应力损失：螺栓锚固引起的预应力损失、拉杆松弛引起的预应力损失、拉杆与混凝土间温差引起的预应力损失、混凝土弹性压缩引起的预应力损失、混凝土徐变引起的预应力损失、支座（短柱支座）摩擦损失等。

在下撑式预应力拉杆加固施工中必须注意：由于横向各片主梁的共同作用使各片主梁的受力相互影响这一特点，当张拉后一片主梁时，前一片已张拉过的主梁拉杆中的预应力值将减小。因此，需要对各片主梁进行反复补充张拉，以调整各主梁的预应力值，使各片主梁均达到设计值。

准确地控制拉杆的预应力值是保证下撑式预应力拉杆补强加固效果和施工安全的关键。预应力值的控制通常有以下几种方法：拉杆上贴应变片，测量拉杆的应变；直接由张拉千斤顶压力表读数；用测力扳手测定螺帽旋转力；控制螺帽转数，测量构件的上挠度。

无论采用哪一种方式对拉杆施加预应力，下撑式预应力拉杆均外露在结构外表，拉杆的锈蚀、梁下支撑的位移等都会影响到补强效果，特别是采用横向收紧张拉法施工时，撑棍的变形、锁紧螺栓在行车振动作用下可能发生的松动等，都会使拉杆中的预应力值受到损失，从而降低补强效果。为此，除严格各工艺过程的施工质量外，还要认真做好防护处理，并进行定期检查，加强维修。

④组合式预应力拉杆加固法

组合式预应力拉杆加固法是既布置有水平拉力箱杆，也布置有下撑式拉杆的一种加固方法。

（4）改变结构体系加固法

不同的结构体系受力特点也不同，如简支梁的跨中弯矩较同跨径的连续梁、拱式或刚架势体系要大得多，利用这一特点，通过改变原桥上部结构的结构体系可以达到改善结构受力、提高承载能力的目的。

改变结构体系的方法可以有多种，如在桥下净空和墩台基础受力许可的条件下，采用在梁（板）底下加八字撑的方法使简支梁变成连续梁。采用改变结构体系方法进行技术改造时，必须进行认真的计算并采取相应的措施。例如，在简支梁跨中增设支点时，应验算新增支点处由负弯矩产生的拉应力，并根据应力大小增加配置梁（或板）的上缘钢筋。此时也可以考虑利用原结构上缘的架立钢筋等承受部分负弯矩，也可按不产生负弯矩的原则选择支点位置，或者使新支点处产生的活载负弯矩与未增设支点前该处的恒载正弯矩接近，否则就有可能导致主梁上缘的开裂。该法一般要在桥下操作，且要设一些永久设施，因而会影响桥下净空，必须在不影响通航及排洪能力的情况下使用。

（5）增设构件加固法

①增加主梁加固

采用增加主梁的方法不仅可以较为有效地提高结构的承载能力，同时要求拓宽桥面的

T形梁桥，也是一种切实可行的方案。

当采用增加主梁的方法进行技术改造时，新增加的主梁一般设置在原有中梁的两侧。即在新增主梁位置上将原桥面凿开，切断原横隔梁，利用原结构设置悬挂模板，现场浇筑新增主梁混凝土。对预应力混凝土桥梁，考虑到在桥上无法进行预应力张拉，新增预应力梁必须先在预制场张拉后再安装就位。这种采用新增主梁的技术改造方法对过去常见的少主梁或双主梁整体现浇式桥梁的技术改造尤为有利，这种上部结构不仅主梁的间距大，新增的主梁容易布置与浇筑，增加主梁后对上部结构的承载能力可以明显得到提高，而且增加主梁后也改善了原有桥面板的受力状况。

为使新旧结构成为整体共同受力，通常需将原主梁的横隔梁内钢筋与新梁横隔梁的钢筋焊接起来，或通过预埋钢板将新旧横隔梁连接，有时还在横隔梁下部增设贯通全桥宽的连接钢筋，并加大横梁下缘混凝土截面，将此钢筋包裹在混凝土内，与此同时，整体浇筑桥面铺装混凝土，为进一步加强整体性，桥面铺装混凝土中常设置钢筋网。

②增加横梁加固

对因横向整体性差而降低承载能力的桥梁上部结构，可以采用增加横隔梁的方法增加各主梁之间的横向连接。此时，可在新增横隔梁部位的主梁梁肋上钻孔。设置贯通全桥宽的横向连接钢筋，此钢筋的两端用螺帽锚固在两侧主梁梁肋外侧。浇筑新增横隔梁混凝土之前，应将与主梁接合处的混凝土表面先凿毛清洗，然后悬挂模板浇筑横隔梁混凝土。

（三）拱桥的养护维修

1. 圬工拱桥的维修

圬工拱桥的维修工作主要是修理拱圈和拱上结构砌体的个别损坏部分，如灰缝的脱落、裂缝、局部变形等，以防止缺陷进一步扩大，恢复损伤结构的整体作用。圬工拱桥常用的维修方法有以下几种：

（1）修理防水层

圬工拱桥为防止渗漏，均宜设防水层。发现原桥没有防水层或防水层损坏失效时，可挖开拱上填料重铺防水层，或在桥面上加铺沥青混合料或水泥混凝土路面，可防止水渗入圬工砌体内。

（2）保护面层不受风化

圬工拱桥应注意灰缝的保养，如有脱落或缝内长草，应及时清除并修补好；如砖、石有风化剥落，可喷一层1～3 mm的M10以上的水泥沙浆，喷浆应分2～3层喷注，每隔1～2日喷一层，必要时可加布一层钢丝网，以增加喷涂层的强度。

（3）修补裂缝

圬工拱桥一旦开裂，裂缝往往容易发展，危及桥梁的使用和安全，应及时修补。修补的方法主要采用压注水泥沙浆和其他化学浆液的方法。

2. 圬工拱桥的加固

圬工拱桥的加固一般通过拱圈加固来实现。

（1）原拱圈下增设拱圈加固法

在桥下净空容许，或根据水文资料得出桥下泄水面积容许缩小时，可在原有拱圈下部增设拱圈，即紧贴原拱圈下面，喷射钢丝网水泥拱圈或浇筑钢筋混凝土新拱圈。

（2）原拱上增设钢筋混凝土拱圈加固法

在拱圈上加一层新拱圈，即挖开原拱顶填土层直到拱背，洗净修补好，凿毛，加筑新拱圈。在加厚拱圈时，应同时考虑墩台受力是否安全可靠等因素。当多孔石拱桥需全部加设新拱圈时，拆除拱上填料必须对称地同时进行。

（3）用双银锭腰铁钳入、卡牢相邻拱石的加强拉结法

对石砌拱桥采用锁牢整体拱圈的办法，可使相邻拱石得到加强，该法在我国古代桥梁建造中最早使用。

（4）石拱桥拱圈加固的钢板箍（或钢拉杆）与螺栓锚固法

石拱桥也可在拱圈的跨中和1/4L处加设三道（或多道，视具体情况而定）钢板箍（钢板厚可用6～8 mm）或钢拉杆，用螺栓在拱底及拱侧钻孔锚固，并注意将锚固点设在拱圈厚度的1/3L处。基锚固孔用膨胀水泥沙浆填塞牢靠。

3. 双曲拱桥的维修加固

双曲拱桥的维修加固，除对下部构造采取维修加固措施外，上部构造的维修加固主要是指对拱肋的加强、拱横向系梁的加强以及上部结构填料的调整等工作，具体分述如下：

（1）黏贴钢板加固拱肋法

为加固双曲拱桥桥肋强度，可以在拱肋表面清洁后，用环氧类沙浆黏贴钢板的方法提高其承载能力。在拱圈产生裂缝或承载能力不足时，采用该法加固效果明显。黏贴钢板的位置主要置于拱肋截面下，可用成条整板（或分块焊接）在拱圈弧形范围内间隔黏贴。一般可视具体情况选定尺寸，钢板厚度宜为4～10 mm，过厚时施工比较困难。

（2）螺栓钢板接合加固拱肋法

此法与前述利用钢板加固拱肋的基本目的相同，但不是单纯依靠黏贴，而是除利用胶黏剂之外，再按一定间距凿孔并埋入螺栓，然后就钢板预钻孔对准预埋件位置穿入并以螺母紧固。这种拱肋凿孔做法比较费劲，埋设位置不准确，因此，钢板钻孔要留有余量，如采用椭圆形孔或扩大孔径，方可减少对位时的麻烦。

（3）黏贴钢筋加固法

此法与前述基本相同，但所采用的是钢筋加固件。从实际情况看，此法与钢板黏贴法相比，具有与结构物黏附性能好、加固成形容易、补强效果更为显著的特点。

（4）扩大拱肋截面加固法

此法是通过采用钢筋和混凝土外包加大原拱肋，从而达到扩大拱肋的截面尺寸，增加

拱肋断面的含筋率或变无筋拱肋为有筋拱肋，提高拱肋的抗弯刚度的一种加固方法。该方法作用明确、效果显著、应用广泛。

（5）增设拱肋加固法

可在原桥所有或部分拱肋下新增拱肋，也可在原桥最外侧两拱肋旁新增拱肋并加强横向联系。

（6）调整拱上自重、改变结构体系加固法

当双曲拱桥由于自重或地基承载力不足，致使拱脚发生水平位移或转动、拱轴线发生变形时，在条件许可的情况下，可采取调整拱上自重的布置，改变双曲拱桥结构体系的方法，来改善拱圈受力情况，以达到加固的目的。根据具体情况，常采用的方法有以下几种：

①拆除拱上建筑，改建为桁架拱，以减轻自重，并使主拱圈主要承受全部活载及活载引起的轴压力。拆除拱上建筑时应保留立柱脚钢筋，以便桁架节点固定在拱圈上。桁架腹杆以三角形为宜，它的下节点较少，可降低构造上的困难。

②清除拱上建筑及实腹段范围内的填料，降低拱顶断面高度，浇筑钢筋混凝土桥面板，并用混凝土填料加强原有拱上建筑与桥面板的联系，从而加强拱上建筑刚度，使整个体系向柔拱刚梁转化，促使主拱圈在活载作用下主要承担轴力，而弯矩转让给加固后的拱上建筑。

③当立柱无钢筋且改造为桁架有困难时，可将拱上结构改造为钢架拱。计算结果表明，钢架拱在空腹范围内主拱圈的弯矩要比无铰双曲拱小，而且拱脚弯矩也将减少很多。

（7）顶推加固法

顶推的基本做法是在一端桥台的拱脚处安装顶推装置，将拱肋自拱脚向跨中方向顶推，使两脚间已发生的相对位移减小以至完全消除，以减轻或消除因桥台位移对上部结构产生的危害。

第四节　桥梁下部构造的维护与加固

一、墩台基础的养护

砖石、混凝土和钢筋混凝土桥梁墩台养护的目的和任务是为使结构物保持完整、牢固、稳定、不发生倾斜，并减少行车震动和基础冲刷。根据《公路桥涵养护》（JTG H11—2004）规定，对墩台基础养护的主要工作内容如下：

第一，桥梁上下游各1.5倍桥长，在不小于50 m和不大于500 m的范围内，应做到两点：①河床要适时地进行疏浚，每次洪水过后，应及时排除、清理河床上的漂浮物和沉积物，使水流顺利宣泄；②不得任意修建对桥梁有害的水工建筑物，必须修建时，应采取必要的桥梁防护措施。

第二，墩台表面必须保持清洁，要及时清除青苔、杂草、荆棘和污秽。

第三，圬工砌体长期受大气影响、雨水浸蚀而发生灰缝脱落，应重新勾缝。

第四，混凝土表面发生浸蚀剥落、蜂窝麻面等病害时，应及时将周围凿毛洗净，用水泥沙浆抹平。

第五，圬工砌体镶面部分严重风化和损坏时，应予以更换。用石料或混凝土预制块补砌，要求接合牢固，色泽和质地与原砌体基本一致。

第六，梁式桥墩台顶面没有流水坡或坡面凹凸不平、有裂缝时，应及时铺填水泥沙浆或混凝土，做成横向坡度以利于排水。

二、墩台的修理与加固

第一，墩台身圬工砌体表面风化剥落或损坏时，损坏深度在 3 cm 以内的，可用水泥沙浆抹面修补，沙浆强度等级一般不应小于 M5。当损坏面积较大且深度超过 3 cm 时，不得用沙浆修补，而需采用挂网喷浆或浇筑混凝土的方法加固。

第二，当墩台出现变形时，应查明原因，采取下列针对性措施：①由于桥台台背填土遇水膨胀而变形，应挖去膨胀土，检修排水设施填以沙砾，修好损坏部位；②由于冻胀原因引起的变形，应挖去冻土，填以矿渣沙砾等，并封闭表面使其不渗水，修好损坏部位；③属于砌筑不良的变形，应凿去或拆除变形部分，重新砌筑或浇筑；④由于砌筑填缝不实、墩台有空洞的，可择空洞部位附近，开凿通眼，以压浆机压注水泥沙浆或环氧树脂胶修补。

第三，当墩台由于水泥混凝土温度收缩、局部应力集中及施工质量不良等原因产生裂缝时，应视裂缝大小分别采取下列措施：①裂缝小于规定值时，可进行封闭处理，一般涂刷环氧树脂胶；②裂缝大于规定值时，应采用压力灌浆法灌注环氧树脂胶或其他灌缝材料；③石砌圬工出现通缝和错缝不足时，应拆除部分石料，重新砌筑；④由于活动支座失灵而造成墩台拉裂时，应修复或更换支座，并处理裂缝；⑤由于基础不均匀沉降而产生自下而上的裂缝时，应先加固基础，再视裂缝发展程度，确定采取灌缝或加固墩台措施。对已贯通墩台的裂缝，可用钢筋混凝土围带或钢箍进行加固。

第四，墩台发生水平位移和倾斜时，应分析原因并按照具体情况确定加固方案。

梁式桥台背上压力大，造成桥台向桥孔方向位移时，可采取下列方法加固：①挖去台背填土，加厚桥台胸墙，更换内摩阻角大的填料，减小土压力；②小跨径简支架桥可在台间加设钢筋混凝土支撑梁，顶住桥台，以平衡台后土压力。

当拱桥桥台产生位移和转动时，可选择下列加固方案。

①在桥台两侧加厚翼墙，翼墙与桥台牢固接合为一整体，增加桥台横断面尺寸和自重，借以抵抗水平推力。

②当桥台的位移转动尚未稳定时，可在台后增设小跨引桥和摩阻板，以制止桥台继续沉降位移。

桩式墩台如结构强度不足或桩柱被碰撞折断等损坏，在基桩承载力许可的条件下，可采用下列方法修理加固：

①桩柱式墩台结构的整体稳定性不足时，可采用加固整个桩柱式墩台的方法，即在桩或柱间用槽钢或角钢作横、斜撑连接，以增强整体性和稳定性，钢板箍和横夹板（用槽钢或角钢）用螺栓拧紧。斜夹板可用电焊接合。如盖梁强度不足，也可在盖梁下加横向夹梁，用螺栓拧紧，予以加强。

②迎水侧桩。迎水侧桩往往被船只或流冰等碰撞损伤，以致折断，可视情况采用下列修理方法：a.对损伤或折断的桩柱，凿除松动部分混凝土，添加必要的钢筋，立模浇筑混凝土按原式修复，施工时可在桩柱两侧加设临时支撑；b.在桩柱损伤处，将原混凝土凿毛，外面加设钢筋混凝土围带，使损伤部位得以加强。

三、基础的修理与加固

第一，基础局部被冲空时，可分情况采取下列措施：

①水深在 3 m 以下时，可筑围堰将水抽干，以砌石或混凝土填补冲空部分，达到顶端与基础顶面平齐或稍高于基础顶面。

②水深在 3 m 以上时，可在四周打板桩或其他方法做坝围堰，灌注水下混凝土防护；也可以编织袋盛装干硬性混凝土，每袋装置质量为袋容积的 2/3，通过潜水作业将袋装混凝土分层填塞冲空部分，并注意比基础边缘宽 0.4 m 以上。

③当基础置于风化岩上且基底外缘已被冲空时，应及时清除表面严重风化部分。在浅水时，填以混凝土，并将周围风化地基用水泥沙浆封闭。在深水时，要采取潜水作业，铺以袋装干硬性混凝土。基础周围被冲空范围较大时，除填补基底被冲空部分外，还要在基础四周采取下列防护措施：a.打梅花桩，桩间块、片石砌平卡紧；b.浆砌块、片石或混凝土预制块；c.用铁丝、毛竹石笼，或以长鲜柳枝、荆条织成捆，内装片石或卵石。

第二，墩台周围河床冲刷严重并危及基础时，除修补被冲空的基础外，必须在洪水期过后，采取必要的防护措施，以防再次被冲坏。

第三，严寒地区，冬季冰层厚度变化，容易发生浅桩冻拔，深桩环状冻裂。可采取下列防护方法：①冰冻开始时，在距墩台周围 0.2～0.4 m 处凿冰沟（宽 0.5～1.0 m），沟内填充干草或麦秆等保温材料；②桩基周围冰层很厚时，可打入套管或板桩，中间填以保温材料；③将周围的土挖至冰冻线，将基础和桩的表面涂以沥青，填以重油拌和的粗沙和砾石，上面盖黏土，或用矿渣置换冰冻线以上的土，最后宜做水泥混凝土封层以防渗水再次冻胀；④小桥可用培草、培土、填平冲刷坑和临时抬高水位等措施。

为防止桥墩台被流冰和漂浮物撞击，可视河流具体情况，在桥墩上游适当地点设置菱形破冰体以保护桥墩。

第四,简支梁桥的墩台基础沉降和位移超过下列允许限值,且通过观察继续发展时,应采取相应措施予以加固。

①墩台均匀总沉降值(不包括施工中的沉陷)为 $2.0\sqrt{L}$ cm。
②相邻墩台均匀总沉降差值(不包括施工中的沉陷)为 $1.0\sqrt{L}$ cm。
③墩台顶面水平位移值为 $0.5\sqrt{L}$ cm。

注:L 为相邻墩台间最小跨径长度,以 m 计;跨径小于 25 m 的,以 25 m 计算。桩、柱式柔性墩台的沉降,以及基桩承台上的墩台顶面水平位移值,可视具体情况确定,以确保正常使用为原则。

第五,当地基承载力不足引起墩台基础沉降时,可采取下列措施。

①在刚性实体式基础周围加石砌圬工或混凝土,以扩大基础的承压面。新、旧基础要注意牢固接合。
②桩式基础周围加钻孔灌注桩或打入钢筋混凝土桩,并扩大原承台,将墩台的压力部分传递到新桩基上。
③在墩台基础之下,向墩台中斜向钻孔或打入压浆管,通过孔眼及管孔,在一定压力下压注水泥沙浆、加热的沥青、土的固结剂等提高地基承载力,加固范围和深度应通过计算确定。

第五节　涵洞的维护与加固

涵洞是公路上数量繁多、形式多样且分布很广的一种构造物,是保证公路畅通无阻的环节之一,因此必须认真做好涵洞的养护工作。

一、涵洞养护的要求与检查内容

(一)涵洞的养护的要求

确保涵洞行车安全、排水顺畅和排放适当,保持涵洞结构及填土完好,维护涵洞表面清洁、不漏水。

(二)涵洞检查内容

涵洞应定期进行检查。在洪水和冰雪季节前,应对有缺陷和损坏的涵洞进行实地检查。主要检查下列内容:

第一,涵洞的位置是否恰当,孔径是否足够,洞内有无淤塞、冲刷。

第二，涵洞有无开裂或其他破损，填土有无沉陷，涵底、涵墙有无漏水，八字翼墙是否完整。

第三，进水口是否堵塞，沉沙井有无淤积，洞口铺砌有无冲刷、脱落。

第四，涵洞内有无积水、积雪，洞身是否冻裂。

第五，现有涵洞设备是否能满足需要，是否需新建涵洞。

二、涵洞的日常养护

涵洞日常养护的主要任务与要求如下：

第一，及时清除洞口和洞内的淤积杂物和积雪，并将其抛弃到路基边以外的适当地点。

第二，洞口和洞底铺砌发生变形、沉陷、破损和漏水时，均需及时修理，并整理上下游沟槽，使水流的坡度保持顺适。

第三，涵洞出水口的跌水、急流槽与洞口接合处发生裂缝时，应采用干燥麻絮浸透沥青填实，构件也应根据损坏程度及时修理或更换。

第四，木涵上的螺栓、铁件如有松动、锈蚀、失落、损坏时，应当及时拧紧、更换或补充齐全。木构件也应根据损坏的程度及时修理或更换。

第五，倒虹吸管易появ破裂、漏水，要认真检查，若虹吸管顶面出现湿斑，应及时停止使用，挖开修理，更换软化的路基填土和破裂的管节。接头处必须填塞紧密。

第六，管涵的接头处和四铰涵管铰点的接缝处发生填缝料脱落时，应采用干燥麻絮浸透沥青后填实，不得采用灰浆抹缝的办法修理。

第七，砖、石涵洞的表面发生局部风化、轻微裂缝时，一般可用水泥浆或环氧树脂封闭。灰缝脱落，应及时修补。

第八，涵洞上下游的路基护坡、引水沟、泄水槽、警井和沉淀井发生变形或沉陷时，一般因设计和施工不良造成，必须认真修复。

第九，砖石拱涵的洞顶漏水，应挖开填土，用高标号水泥沙浆修理损失部分，再衬铺胶泥防水。

三、涵洞的雨季养护

在一年四季中，涵洞均有可能不同程度地遭受暴雨、洪水、风沙和冰雪等自然灾害，尤以雨季最为严重。因此，不同的季节养护应以雨季为重点。

（一）涵洞雨季养护的原则

涵洞雨季养护必须遵循"预防为主"的原则。因此，每年的汛前检查十分重要，必须认真做好涵洞的水毁预防。在检查中发现水毁隐患时，应采取适当的工程技术措施，及时防治，并应注意提高其抗御能力，以减少水害。尤其是一些偏小的涵洞孔，应验算其在设计洪水条件下是否具有充分的抗洪能力，做出评定并提出处置办法。陡坡涵洞的上下游必须增设防护设施时，应采取适当的山坡排水工程技术措施。涵洞的孔径大多按无压力式计算，对无压力式涵洞，可根据洞内顶点至最高流水面净高，做出抗洪能力的评定。

（二）涵洞水毁的主要原因

防止涵洞水毁要做到有的放矢。涵洞水毁的主要原因大致归纳如下：

第一，抗御洪水能力极差的危险涵洞。

第二，进水口或洞孔淤积严重，甚至堵塞。

第三，洞口、洞底铺砌层破损，易被洪水冲刷破坏，造成基础冲空。

第四，进水口或洞孔被漂浮物堵塞。

第五，遭受大型漂浮物、流冰或波浪冲击。

第六，涵洞位置不当，其主要原因有二：一是设计、施工所致；二是后来沟床的不利演变，致使水流不顺畅，洪水冲击翼墙和周围路堤，造成水毁破坏。

第七，洞孔偏小，或发生超过设计频率的洪水，造成过高的涵前壅水，产生过大的动水压力和浮力，甚至水过涵顶，致使涵洞推倒或冲移破坏。

第八，傍河路线上的涵洞，因河道的不利演变而造成的水毁破坏。

（三）涵洞雨季养护注意要点

第一，山区公路，因沟床坡度陡，水流流速大，洞口、洞底铺砌土层和跌水槽、急流槽易受洪水或漂流的大块石冲击而遭受破坏。

第二，平原区公路，洞口、洞孔和上下游沟槽被泥沙杂物淤积，造成水毁。

第三，傍河路段的下游洞口易遭受大河洪水冲击破坏。

（四）预防涵洞水毁的主要工作

在洪水来临之前，必须认真做好水毁预防，以保证涵洞具有良好的技术状况和抗洪能力。为此，在洪水来临之前必须做好以下工作：

第一，清除洞口和洞孔淤积杂物。

第二，整修沟床，使水道平整、顺畅，并注意清除涵洞上游有可能漂流的大块石，以免洪水冲击涵洞或堵塞洞孔。

第三，认真完成遗留病害的处置和拟建水毁预防工程。

第四，涵洞位置不当的，一般可改建上游沟槽，并用水泥沙浆砌片或混凝土预制加固沟底和沟壁，使水流顺适，保证涵洞不漏水。

第五，山区涵洞必须增设上游或下游陡坡排水设施时，应力争在洪水来临前修建。

第六，孔径偏小的涵洞，应按汛前检查时验算的结果，根据地形、地质情况进行设计，采取一侧或两侧加孔，或扩大孔径（尽可能利用一侧涵台）的措施。施工时要开设便道，或采取半幅施工方式，并设临时标志、护栏，保证交通安全和施工安全。

（五）涵洞的汛期养护

大雨或洪水期间，除组织昼夜巡视外，还必须有加强养护重点地段。

1. 洪水期间

洪水期间有些沟谷往往有大量草木等漂浮物或漂流的大块石，在有些高寒地区会有流冰冲击或堵塞涵洞。傍河路线，因为河道的不利演变，洪水波浪和漂浮物也会冲击涵洞。因此，在大雨或洪水期间应主要做好下列工作：

①在涵洞上游及时打捞清除漂浮物。

②洞口发生堵塞现象时，必须立即排除。

③洞口及其周围路堤被洪水破坏时，应立即用草袋、麻袋、编织袋装土石防护，以免水毁扩大。

④当涵洞发生局部和全部水毁，危及行车安全或阻车时，必须立即在其两端竖立危险警告标志或停止通车标志，以保证行车安全。

2. 每次雨后或洪水以后

每次雨后或洪水以后都要立即进行检查、维修，以避免水害。检查、维修内容有以下几项：

①清除沟槽、洞口和洞沟淤积杂物，尤其是要清除涵洞上游沟床可能漂流的大块石。

②进出水口或洞身、洞底的水毁破损处，均需及时修补，以防扩大。

③洞口、洞底已冲刷成深坑或基础冲空时，应及时加固。一般可用拌成半干湿的混凝土装入麻袋或草袋（约2/3），将冲空部位堆置密实，然后灌注混凝土。若冲空部位无水流或积水时，可用片石混凝土（或混凝土）填实。

④傍河路线因河道的不利演变，危及涵洞安全或造成水毁时，应立即用装土、石草袋（麻袋或各种编织袋）或石笼防护，待雨季后再按设计增设防护工程，修复水毁涵洞。

（六）涵洞水毁抢修

涵洞的局部或全部遭受水毁破坏，危及行车安全或阻车时，必须立即组织抢修，并尽量缩短阻车时间。根据"先抢通，后恢复"的原则，一般应采取以下抢修措施：

第一，开设便道或搭设便涵，以维持雨季交通。

第二，无法在雨季抢修恢复水毁破坏的部位时，必须根据具体情况立即采取临时性的防护措施，以免水毁继续扩大，如抛石、装土、石草袋（麻袋或各种编织袋）和石笼防护等。

第三，在降雨量较少的地区，且地质情况较好的小涵洞，也可在雨季抢修恢复，并应采取雨季施工的必要措施，免遭水毁。

（七）涵洞水毁恢复

涵洞遭受局部或全部水毁破坏后，进行恢复时应有充分的科学依据。因此，必须认真调查，分析发生水毁的原因，精心设计、精心施工，修一处、保一处，并提高其抗洪能力，逐步减少涵洞水毁。

四、涵洞的维护措施

（一）疏通清理

当涵洞进出口或洞身中淤积有泥沙或杂物、积雪时，应及时进行清理，疏通孔道，以保持流水畅通。洞底铺砌层、洞口上下游路基护坡引水沟、泄水槽、窨井（检查井）和沉沙井等处如发生淤积变形、塌陷，致使排水受阻，应及时清理，疏通所有排水设施，并对破损部分加以修理。

（二）堵漏和修理

涵底、涵墙及出水口的跌水设施与洞口接合处开裂、管涵的接头处及四俊涵管铆点接缝处出现裂缝或填料脱落而发生露缝、浆砌砖石涵洞洞（底）顶漏水、管涵的管节由于基础沉落发生严重错裂等破损现象时，应根据其具体情况，及时进行堵漏和修理。可以采用下述措施：疏整水道，使洞口铺砌与上下游水槽坡道平齐顺适；保持洞中地面平顺和一定纵坡，使水流不发生漩涡，并用水泥沙浆勾缝、铺底，衬砌胶泥防水层等。

（三）加固

对有些破损，必须采取加固措施。木涵洞上的螺栓铁件如有遗失、损坏、松动、锈蚀，应分别拧紧或补充更新；有的部件损坏严重时应予以更换；砖石、混凝土及钢筋混凝土端墙和翼墙如有离开路堤向外倾斜或鼓肚现象，应视情况采取开挖填土更换，或加固基础等措施；管节因基础被压沉而发生严重错裂，则可采取挖开填土加固基础并重做沙垫层的措施；砖石拱涵的加固，一般可采取拱圈上加拱的方法；对涵洞出水口处冲刷严重者，可采取浆砌块石铺底，并加水泥沙浆勾缝，铺砌末端设置混凝土或浆砌块石抑水墙，或在出口加做缓流的消力槛、消力池等设施或做三级挑坎（栏）处理。

对涵洞开挖修理加固时，应采取边施工、边维持通车的方式，并应设立标志、护栏以确保安全。

第六节　调治构造物的维护与加固

调治构造物包括导流堤、梨形堤、丁坝、顺坝和格坝等。调治构造物的作用是引导水流均匀、顺畅地通过桥孔，防止和减少桥位附近河床和河岸的不利变迁，保证桥梁墩台基础、河堤以及引道的稳定和安全。

一、调治构造物的养护

需要增建或改建调治构造物的桥梁，应查明每年河床与调治构造物的变化，并做记录，其内容如下。

（一）桥位处河床状态

桥位处河床状态包括河槽对桥梁的相对位置、宽度、弯曲状况、河滩宽度、土质，有无沙洲、支流、水塘和冲刷坑以及植物覆盖和航行情况。

（二）各种水位标高

水位标高包括历史洪水位、常水位、枯水位、流冰高水位、流冰低水位以及观测的日期；桥墩上有无常设的水位尺，是否鲜明完好，其零点标高与国家水准点的标高是否相同；桥台上游侧面有无当年的最高水位标记。

（三）洪水通过形态

洪水通过形态包括流速、主流方向及流量，有无涡流、斜流、流速不均匀、沉积不规则，水流是否偏离正常通道以及有无漂浮物等。

（四）结冰及流冰状况

结冰时间、封冰范围、结冰时冰层厚度及冰色变化，冰层初期移动时间、流冰开始和持续时间以及流冰密度、冰块尺寸。

（五）调治构造物工作状况

调治构造物工作状况包括是否能正常发挥调治功能，着重检查桥下有无冲刷、淤积继续发生。

另外，经常巡视并及时清除调治构造物上的漂浮物、杂草和荆棘等；各调治构造物边坡受到洪水冲刷与波浪或流冰冲击、坡脚发生局部破坏时，应及时抛压片石防护；因河道改变而增做护岸工程容易受洪水冲刷，要注意坡面有无变化、基础是否牢固，发现问题及时处理。

二、调治构造物的维修与加固

第一，根据需要，将临时性的竹木、铁丝、石笼的调治构造物，有计划地改成浆砌块片石或混凝土永久性结构。

第二，如调治构造物的边坡不足以抗御流水冲刷或流冰冲击时，应进行加固。加固方法、形式与引道护坡相同，淹没式的需加固至坝顶；非淹没式的加固高度，应高于设计洪水位至少 50 m。

第三，通过一定时期的观察，发现调治构造物的位置不当，或个数、长度不足，不能发挥正常作用时，应在洪水退后进行改建。

第四，砌石调治构造物由于遭受漂浮物的撞击，基础冲空，发生损坏或砌缝开裂时，应立即进行修理。

第五，当河道变迁、流向不顺或因桥梁上下游河道弯曲形成斜流或涡流危及桥梁墩台、桥头引道时，应根据不同情况增建调治构造物，具体情况如下：

①导流堤。变迁性河流河滩不太宽时，可修建不漫水的封闭式导流堤，从桥孔一直延伸到基岸，封闭变迁区。与桥梁衔接部分应做成曲线，而与边岸衔接的上游段可做成直线。

②梨形堤。当河滩很宽、变迁很大时，为节省造价，可修筑短的梨形堤，并加固引道路堤。

③丁坝。河床演变比较剧烈时，可在桥头引道的一侧或河岸边设置丁坝将水流挑离桥头引道和河岸，改变水流方向，使泥沙在丁坝后淤积。成群布置丁坝，其位置、方向、坝长等应符合导治线，其几何尺寸及与水流交角按有关设计确定。

④顺坝、格坝与丁坝的联合布置。由于上游第一个丁坝易遭冲刷损坏，可改为顺坝，组成联合布置。应注意短丁坝群头部的连线必须吻合导线的一条平滑曲线，曲线两端需与河岸平顺连接，使水流不致突然改变方向。

第五，导流堤与丁坝的联合布置。当引道路堤伸入河滩较长、桥梁与河道正交时，为防止滩流对路堤的冲刷，可在河滩引道上设置导流堤和丁坝群的联合布置。注意丁坝头部的连线应为一直线，使各丁坝充分发挥其挑流能力。

第七节　桥涵构造物的预防性养护

由于桥梁所处的环境位置，承受自然灾害是不可避免的。自然灾害的出现是随机的，一般说来，破坏性越严重的灾害出现的频率越小。基于经济技术条件，桥梁设计时是依据道路等级、结构物的规模及重要性，针对一定频率的灾害来设防。超过设防限度，就会造成损害，因此要有应对超过设计安全度以外灾害的应急预案。灾害事件一旦发生，轻则损伤桥梁结构，影响其安全性和耐久性，重则造成桥梁毁坏、交通中断，对生命、财产造成重大损失。因此，在桥梁养护管理中对防灾、减灾应做到高度重视，常备不懈。实践证明，加强防护、消除隐患以及准备充分的灾害应对措施可以大大减少灾害的危害程度。对桥梁防灾减灾方面应按"预防为主，防治结合，保证安全"的方针，积极防治，做到治早、治小、治轻直至根除隐患，应通过社会效益、技术经济的综合比较来确定治理措施。

重要的大、中桥梁及易遭受灾害的桥梁，宜事先储备必要的材料和设备，制订应急预案。一旦发生灾害，应及时组织抢修，抢修时应以尽快恢复交通为第一位，确保安全通行。确定抢修方案时，要考虑其在后期恢复工程中能够被充分利用。

一、水毁防治

抗洪能力评定是一项重要的基础工作，是实行科学管理的要求。一般应每 3～6 年进行一次评定，公路管理机构视辖区的具体情况做出规定。山区公路桥梁，因洪水造成破坏的概率较大，故建议每年评定一次。

根据桥长及孔径大小、桥孔位置、桥下净空、基础埋深、墩台冰害等情况，将公路桥梁的抗洪能力划分为强、可、弱、差四个等级。现场检查与测量后，按公路桥梁原有的技术等级进行检算评定。其评定标准件如表 7-5 所示。

表 7-5 桥梁抗洪能力评定标准

等级	评定标准
强	1. 桥下实际过水面积满足设计要求，桥下净空符合规定； 2. 桥（孔）位置合适，调治构造物设置合理、齐全，河床稳定； 3. 基础埋深足够，基底埋深安全值满足要求，浅基础已做防护，防护周边的冲刷深度小于设计冲刷深度； 4. 墩台无明显冲蚀、剥落。
可	1. 桥下实际过水面积基本满足设计要求，河道压缩小于10%，上部结构底面标高与设计水位相同； 2. 桥（孔）位置略有偏置，设置调治构造物，调治构造物有局部缺损，河床基本稳定； 3. 基础埋深基本满足要求，基底埋深安全值满足规定的60%，浅基础防护基本完好； 4. 墩台有冲蚀、剥落，面积小于10%。
弱	1. 桥下实际过水面积大于设计的80%，不满足设计要求或河道压缩小于20%，上部结构底面标高基本与设计水位相同； 2. 桥（孔）有偏置，调治构造物不齐全或有较大损坏； 2. 基础埋深安全值较低，在规定的30%～60%以内，浅基础防护有破坏； 4. 墩台冲蚀、剥落，面积超过10%，有露筋及钢筋锈蚀。
差	1. 桥下实际过水面积小于设计的80%，或河道压缩超过20%，上部结构底面标高低于设计水位； 2. 桥（孔）偏置，应设而未设调治构造物，或调治构造物严重损坏； 3. 基石埋深不够，基底埋深安全值在规定的30%以下，浅基础未做防护或防护被冲空面积在20%以上； 4. 墩台冲蚀、剥落严重且面积超过20%，桩顶外露或有颈缩、墩台砌体松动、脱落或变形、脱落及钢筋锈蚀严重。

汛期的水文观测，尤其是行洪过程的水文观测，对于掌握洪水动态、判断对桥梁的影响十分重要。一般观测，只记录当年最高洪水位；对处于不良状态的河床，或因养护管理

的特殊需要，可增加流速、流量、流向等观测项目，还可观测河床断面冲刷情况。水位观测一般采用水尺测读，水尺可设置在桥台、桥墩或调治构造物上。未设置水尺的，可用水准仪巡回测量洪水线高程。流速和流向观测可采用浮标法。

防洪能力的评定及水文观测都是为了指导桥梁的养护、维护与加固。评定为弱或差等的，已经不能满足正常使用的要求，应进行维修加固。

水毁预防包括汛期前的技术检查与采取预防工程措施，如清淤、加固维修、增设防漂浮物碰撞的设施及调治构造物等，以及做好抢修的各种准备。

近年来，盲目挖沙取石，破坏桥梁上、下游河道造成桥梁水毁的恶性人为灾害较多，公路桥梁直接毁于人为破坏河道的更是时有发生。因此，应加强检查桥位上、下游有无挖沙取石和人为破坏河道危及桥梁安全的行为。

增设和调整各种调治构造物，也应该引起重视。引起河势变化的因素较多，一般说来，修建桥梁、设置调治构造物都会引起河道水文条件的变化，有的变化可能与原设计的目的不符。因此，调治构造物的设置往往不能一劳永逸。在桥梁的使用过程中，应结合抗洪能力评定工作勤加检查，并采取相应的工程措施。

针对以上情况，水毁预防措施有以下几点：

第一，每年汛期前，应对公路桥梁进行一次预防水毁的技术检查。其主要内容如下：①桥梁墩台、调治构造物、引道、护坡、挡墙结构是否完好，基础是否冲空或损坏；②桥下有无杂草、树枝、石块等杂物淤塞河道，桥位上下游有无堆积物、漂浮物；③桥梁上游河道是否稳定，水流有无变化，桥梁下游是否发生冲刷；④有无挖沙取石对桥梁上、下游河道造成破坏的情况；⑤调查桥梁上游附近有无水库及其设计标准，是否存在病害隐患。

第二，为防止或减轻洪水对桥梁的危害，在雨季和洪水来临之前进行下列水毁预防工作：①做好河道清淤工作；②修理、加固、改善或增设各类调治构造物及基础防护构造物；③采取适当措施，防止漂浮物大量进入桥孔；④做好抢险物资和设备的准备。

第三，在漂浮物较多的河流，为避免漂浮物撞击桥墩，可在桥墩前一定距离处设置防撞设施。其形式可根据水流缓急、水位高低、漂浮物多少、流量大小等选择，一般可采用单桩、群桩或三角形护墩等。

第四，公路管理机构的雨天、汛期巡查和值班制度必须坚持，汛期应组织人员对所辖路线上的桥梁进行昼夜巡查，防洪指挥部门应实行全天24小时值班制度。小的水毁及时进行处理排除；发生严重毁坏，危及行车安全时，应立即在桥梁两侧设立警告标志或禁止通行标志，或由专人负责指挥车辆，防止车辆在断桥处发生跌陷失事等二次事故，并及时组织抢修，同时向上级报告。

二、洪水期的抢险与维修

抢险的主要工作有防止因漂浮物在桥墩处聚集阻水，加大对桥梁的冲击力；基础冲刷的紧急防护，用抛填块石、沉沙袋、柴排等防止冲刷继续扩大；引流分洪等。

洪水期间的抢险，应针对不同情况采取下列措施：

第一，监视漂浮物在桥下的通过情况，必要时用竹竿、钩杆等引导其顺利通过桥孔。对堵塞在桥下的漂浮物，应随时移开或捞起。

第二，洪水时，如桥梁墩台、引道、护坡、锥坡发生冲刷，危及构造物安全时，应采取抛石、沉沙袋或拆排等紧急措施进行抢护。但抛填不能过多，以免减少泄水面积而增大冲刷。抛填块石时，可设置临时木溜槽，以控制抛填位置。

第三，遇特大洪水，若采用抢险措施仍不能保障安全的重要桥梁，在紧急情况下，经上级主管部门批准，可用炸药炸开桥头引道宣泄洪水，以保护主桥安全度汛。

由于洪灾的情况不同，抢修工作应相机处置，果断指挥。当发生桥梁毁坏、交通中断等严重灾情时，应安排车辆绕行，并组织抢修便桥、便道，尽快恢复交通，可报请当地人民政府支持抢修工作。

在抢修便道、便桥时，应遵循下列原则：

第一，便道、便桥应选择在被毁桥梁附近较窄的河段上，两岸地形较高、工程量较小处，且不会影响恢复原桥或新建桥梁的施工。

第二，便道、便桥应就地取材、施工方便，有利于快速建成。

第三，在宽滩性河流上修筑便道、便桥时，可采用漫水方式，必要时应对便道上、下游边坡做防冲处理。

第四，便桥可采用较小跨径及较短桥长，能满足宣泄水流最低要求即可，可采用钢梁桥或木桥，宜用简单的结构形式。无论何种便桥，必须满足承载力和稳定的要求。

第五，漫水便道、便桥应设置鲜明的警示水位标志，限速、限载标志、行车道宽度标志。

第六，便道、便桥宽度可根据通行要求确定，一般不小于 4.5 m。

第七，便道、便桥附近应备有应急的抢修物资，以随时修复损毁的便道、便桥，保证交通顺畅。出现需要中止交通的情况，应按规定逐级上报，同时向有关部门通报情况，通过新闻媒体或互联网，向社会发布信息。绕行便桥、便道的标志应在需要绕行的路段路口前方设立，避免给道路使用者造成通行的麻烦。

三、冰害防治

防治冰害的方法主要有两种：一种是针对水源不大的情况的防治，即通过工程措施截流或防冻疏流，一般用于中、小桥；另一种是防治解冻时冰凌对桥墩的撞击，实行爆破的方法，一般用于大江、大河的大型桥梁。

针对冰害的具体情况，预防措施如下：

第一，应根据以往的治理情况，结合现场调查，对桥梁冰害进行分析研究，以制定预防和抢修措施。

第二，对河流水源不大、入冬后河面结冰，且冰面上升造成桥孔被堵或在路上形成冰坝的情况，可选择下列方法进行防护。

①桥梁上游如有大片低洼地，可用土坝截流。

②河床纵坡不大的河流，可于入冬初在桥位下游修筑土坝，使桥梁上、下游约 50 m 范围形成水池。水面结冰坚实后，在水池上游开挖人字形冰沟，同时在下游河床最深处挖开土坝，放尽池内存水，保持上下游进、出水口不被堵塞，使水从冰层下流走。

③在桥位上下游各 30～50 m 的水道中部顺流开挖冰沟，用树枝、柴草覆盖，再加铺土或雪保温，并经常检查、维修，使冰沟不被冻塞，解冻开始时将其拆除。

第三，防止流冰对桥墩、台、桩的危害，可采取下列防护方法：

①解冻前，对桥梁上游 5 km 河道中的冰层及其厚度进行调查、勘探。为防止流冰威胁桥梁安全，应备足抢护材料、工具和照明设备。在流冰期，由专职小组进行检查、观测和抢护，并提前在桥边设置悬梯，在墩台和破冰体之间搭设跳板以便抢护工作进行。

②解冻临近时，在桥位下游用人工或爆破方法开挖冰池。开挖长度为河面宽的 1～2 倍，宽度为河面宽的 1/3～1/4，并不小于最大桥跨。当河面宽度小于 30 m 时，开挖长度宜增加到河面宽的 5 倍，冰池下游应开凿 0.5 m 宽的横向冰沟。当冰块很厚且有强流冰发生时，可在桥台、墩、桩、破冰体周围及桥位下游 20～25 m 范围内，开挖纵横冰沟。应经常检查冰池、冰沟，若有冻结应反复捣开。危急时刻，可在下游用撬棍、长杆、钩杆等工具，将凿开的冰块逐一送入冰层下流走。

③流冰临近时，应清除上游冰层。冰层厚度在 30 cm 以下的，可用人工撬拨；大于 30 cm 的，宜用炸药炸碎；对较大的流体冰，应在上游用炸药炸碎。

四、冻害防治

对含水的岩土，当温度降至负温时，所含水将从液态转变为固态的冰，此时因体积膨胀而产生冻胀力，水还产生胶结力（冻结力）等。伴随着土中水的冻结和融化，会发生一系列冻土现象（冻胀丘、冰锥、冰湖、融冰滑塌、冰胀与融沉等），以及冻结过程水分迁移、冰的析出。这些冻土现象，构成了对工程建筑物稳定性和安全性的威胁，一般称之为冻害。

对多年冻土地区的桥梁结构，冻土融化除使地基土承载力、抗剪强度等发生急剧下降外，水分的挤渗排出还会产生融化沉降变形（简称融沉），尤其是不均匀的融沉会造成结构的破坏。防治融沉主要采用保护覆盖法，即尽量不破坏基础周围的地表覆盖层，尤其对草皮和泥炭层更应注意，以减少热量散失。对已发生轻微融沉的桥梁，应在融化前采用隔热保冻措施，用隔热性好的材料或土壤换填覆盖，保证地基土处于冻结状态。

对季节性冻土地区的桥梁结构，由于土的冻胀作用可使地基产生不均匀冻胀变形、基桩冻拔；对支挡结构物（桥台前、侧墙，挡土墙等）会在墙背产生远大于土压力的水平冻胀力，使桥台产生破坏（如八字墙外倾、前墙与侧墙开裂），使轻型桥台台身断裂等。

冻胀防治的主要措施如下：

第一，基侧换土。将基础侧面的冻胀土挖除，换填纯净的粗颗粒不冻胀土，换土厚度不小于 2.0 m 或 2 倍桩径。若换填土下是不透水黏土层时，由于冻结时未冻水无通路挤渗排出而降低防冻胀效果，这时可加深换填深度或采用盲沟加深排水。

第二，改善基础侧面光滑程度。将原粗糙的基础侧面改建成表面光滑的侧面，并用工业凡士林、沥青渣油或渣油表面活性剂（活性剂可用铬盐和憎水性脂肪胺）等涂抹基础侧面，也可在侧面铺油毛毡，以减少冻结力。

第三，分离式套管法。用于桩基础的防冻套管可采用钢或钢筋混凝土制作，为防止套管因土冻胀而被不断拔出，可在套管底部焊板或加翼缘，套管与桩之间填充沙石与渣油（或腊）的混合料。

五、泥石流防治

泥石流是山区公路中危害桥涵构造物的主要灾害之一。泥石流的成因较复杂，涉及气象、地形、地质等方面。按照物质组成和运动特性，泥石流可分为下列三种：

（一）黏性泥石流

固体物质含量达 40%～60%，最高可达 80%，含有大量黏土和粉土并夹有石块，水和固态物质凝聚为黏稠的整体，以相同的速度做整体运动，大石块或黏土浆包裹的泥球漂浮于表面而不下沉。流经弯道时有超高和裁弯取直作用，破坏力极大。

（二）稀性泥石流

固体物质含量在 10%～40%，黏土和粉土物质含量少，水和固体物质不能形成整体，水浆构成的泥浆速度远大于石块速度，石块在床面以滚动的方式运动，并有一定的分选性。

（三）泥流

固体物质为粉沙，平均粒径小于 1 mm，含量为 60% 以上，其中粒径小于 1 mm 的粉沙占 90% 以上。

对泥石流的治理，可采用工程措施、生物防护等以消除其成因，改变形成泥石流的环境条件，此项工作涉及部门较多，应由人民政府协调各有关方面综合进行。公路管理机构主要考虑线路和构造物的安全，应从泥石流类型、发生频率、规模等因素判定危害程度，拟订防治方案，一般多采用绕避或疏导。当泥石流规模小、危害程度轻时，宜用疏导的方案，包括桥孔清淤、增设调治构造物等。由于泥石流的冲击破坏力大，设置调治构造物宜导不宜挑，否则可能引起调治构造物的破坏，或对下游造成新的危害。对于规模较大、破坏力强的泥石流进行防护，耗费很大，经比较可采用改道绕避的方法，使桥梁在泥石流冲积扇的上游跨越；有条件的地方，也可在泥石流形成区域采取措施安全通行。

六、甘肃省干线公路"十三五"期间危桥加固改造情况介绍

近年来，随着公路交通基础建设投入的增加，特别是高速公路、路网改造及农村公路的大规模建设，致使我省的桥梁数量急剧增加。在加大公路建设的同时，为了保障原有公路安全畅通，在"十三五"期间，我省加大公路桥梁养护及预防性养护力度，同时进一步加大危旧桥梁加固改造力度，对设计荷载标准低、承载能力不足、因各种原因不同程度存在的缺陷病害进行维修、加固和改造。

（一）甘肃省公路桥梁现状

截至 2019 年年底，甘肃省辖区运营的公路桥梁共计 1183252.26 米 /14863 座，其中按养护性质分：14 个省属公路局养护高速公路和普通干线公路的桥梁 836704.59 米 /8527 座，地方交通运输局养护的公路桥梁共计 346547.67 米 /6336 座。国道的公路桥梁共计 893945 米 /7921 座，其中高速公路桥梁为 784108.47 米 /5591 座、普通国道为 109836.53 米 /2330 座。

（二）"十三五"期间我省干线危旧桥梁改造执行情况

2016 年至 2020 年，我省危旧桥加大改造力度，已先后对干线公路 328 座桥梁进行维修加固和改造，总投资 45023 万元。

——2016 年实施国省干线危桥改造 13 座（其中交通运输部下达国省干线危桥改造 13 座），共投资 4100 万元（其中部危桥改造补助资金 3000 万元，我省自筹资金 1100 万元），已全部完成。

——2017 年实施国省干线危桥改造 12 座（其中交通运输部下达国省干线危桥改造 12 座），共投资 2375 万元（其中部危桥改造补助资金 1900 万元，我省自筹资金 475 万元），已全部完成。

——2018 年实施国省干线危桥改造项目 21 座（其中交通运输部下达国省干线危桥改造 21 座），共投资 8818 万元（部危桥改造补助资金 4000 万元，我省自筹资金 4818 万元），已全部完成。

——2019 年实施国省干线危桥改造 202 座（其中交通运输部下达国省干线危桥改造 202 座），共投资 20630 万元（其中车辆购置税收入补助地方资金 15000 万元，我省自筹资金 5630 万元），已全部完成。

——2020 年我省实施国省干线公路危桥改造 80 项，总投资 9100 万元（车辆购置税 7800 万元，一般债券 1300 万元），目前已全部开工，截至 8 月完成投资 8512 万元，占总投资的 93.5%。

（三）实施危旧桥梁改造工程的成效

危旧桥隧改造工程的实施，是贯彻落科学发展观的体现，实现以人为本，促进社会和谐，努力保障人民群众生命财产安全，提高桥隧使用功能和延长桥隧使用寿命，有利于提高公路的服务水平和保证公路营运安全，树立交通行业的良好形象。

通过危旧桥隧改造工程，使我省干线公路的公路运营安全得到了很大的改观，有效降低了桥梁使用的安全隐患，提高了桥梁的使用功能，延长了桥梁使用寿命，保证了公路安全畅通，收到良好的社会效果。

七、经典案例介绍

（一）马槽沟桥碳纤维加固

马槽沟桥位于 G345 线 K2353+530 处，上部结构为 1×20m 钢筋混凝土 T 梁，下部构造为混凝土 U 形桥台、扩大基础，桥梁全长 31.64m。设计荷载：汽—20、挂—100 级。桥面布置 1.75m+9m+1.75m。该桥于 2001 年 6 月建成通车，2015 年对 T 梁、铰缝进行加固，对横隔板进行钢板加固。在灾后重建项目及日常养护过程中，曾对桥面多次加固，共计 46cm。本桥的主要病害在于桥梁的横向刚度小，单向受力效应明显。危桥改造过程主要对该桥 T 梁的腹板两侧进行碳纤维板加固，以及对腹板底面进行碳纤维进行加固。

马槽沟桥采用碳纤维加固补强，加固后桥梁承载能力增强，跨中挠度变形显著减小，安全储备增大，有效延缓了 T 梁在重载交通环境下的服役期限。T 梁铰缝的加固，增强了每片梁之间的横向联系，桥梁整体性增强。后期的桥梁养护检查发现，碳板加固有效遏制了梁体横向裂缝的发展，特别是跨中裂缝宽度较加固前有明显的收敛。

（二）王家湾大桥加固维修

王家湾大桥于 109 国道上跨斜交，交角 50°，桥梁位于缓和曲线和直线段，桥梁分左、右两幅桥梁，全长 181m，全宽 24.5m，单幅桥面横向布置为：0.50m（防撞护栏）+11m（行车道）+0.50m（防撞护栏）。上部结构采用装配式预应力混凝土 T 梁，先简支后桥面连续；全桥共 2 联，单幅横向布置 6 片梁。下部结构采用双柱式墩（柱径 1.2m，柱高 16～17m），肋板式桥台，钻孔灌注桩基础（桩径 1.5m，桩长 15～22m）。由于台前锥坡坡比不足 1:1.5，同时台前护坡沉降导致台前土压力降低，台后台前土压力不平衡，导致桥台向桥跨方向偏移，最大位移为 13cm，严重影响了桥梁运行安全。

对上部结构加厚端横隔板、盖梁及台帽两端增设反力架，对偏移梁体进行纠偏，垫石修整、顶面调平，顶升更换支座，支座底面采用环氧胶液与垫石或下钢板顶面黏结，增加抗滑性能；盖梁增大截面加固，墩柱外包钢板增大圆截面加固，对桥墩前后增设 Φ1.2m 桩基加固；桥台台前分层填土反压；拆除全桥旧伸缩缝，重新安装 D80 模数伸缩缝，凿除现有破损挡块，重新增设盖梁、台帽两侧钢筋混凝土限位挡块，混凝土开裂、破损等常规病害进行修补等。通过加固维修，恢复了本桥原设计荷载要求及车辆安全通行要求。

（三）庄浪河大桥危桥改造

庄浪河大桥位于兰州市永登县城内，为跨越庄浪河而设，始建于 1972 年。上部结构为 4~30m 等截面空腹式双曲拱桥，桥梁全长 140.8m，下部为重力式墩台、扩大基础，桥面净宽为 - 7+2×1.1m 人行道原设计荷载等级为汽 - 13，拖 - 60。该桥服役时间较长，随交通量及超限运输车辆增加，虽经过加固，但无法满足现行交通需要和荷载等级，桥梁出现了拱顶沉降、拱波纵向裂缝、墩台拱脚竖向裂缝、加固钢板锈蚀等病害，存在较大安全隐患。

受限于结构形式及原设计荷载，桥梁已无提升荷载能力空间，故于 2018 年在原桥址新建 5~30m 预应力混凝土连续箱梁，桥梁全长为 154.45m，下部结构采用钻孔灌注桩基础、柱式台，桥面宽为净 - 9+2×1.5m 人行道。改造后荷载等级为公路 - I 级。桥梁改造后满足公路 - I 级及过往车辆安全要求。

（四）码头沟桥"增大截面"法加固

码头沟桥位于 G310 线 K1469+513 处，为 1 跨 35 米钢架拱桥，桥梁全长 56.5m，于 1995 年建成。危桥改造主要方案为对桥梁各构件裂缝、破损等常规病害进行修复，采用"增大截面"法加固拱座及拱肋弦杆、斜撑、拱腿、实腹段，更换桥面铺装及伸缩缝，将原没有防撞功能的混凝土栏杆扶手更换为 SB 级钢护栏等。完成主要工程量：拱肋、拱座钢筋混凝土增大截面 105.2m3，更换桥面铺装 67.8m3，更换钢护栏 113m 等。加固完成后承载能力恢复到原有水平，消除了危桥隐患，解除了 G310 线牛北路的交通限行措施，保障了国道主干线的畅通。

（五）临园大桥危桥改造

临园大桥位于 S309 线 K81+206 处，横跨洮河，是临夏连接定西、兰州的一座重要桥梁。原桥始建于 1959 年，桥梁结构为 5×22 米混凝土墩台半穿式木桁架桥，桥梁全长 123.48 米，桥面净宽 7 米，设计荷载为汽-13、拖-60；1965 年维修加固将上部结构更换为钢板梁钢筋混凝土桥面联合桥梁。

因临园大桥服役期长，设计荷载标准低，且为宽路窄桥，加之近年来交通量剧增，大型车辆通过时桥梁变形较大，诱发桥面板产生多处横向裂缝、泛碱渗水等病害，存在严重安全隐患。2019年该桥被评定为4类桥，经申请交通运输部补助资金1101万元对临园大桥实施危旧桥改造工程。主要方案为拆除原桥上部结构，按公路-Ⅰ级荷载进行改造，对桥台及墩帽进行加宽，上部结构更换为22.2m钢混组合梁，两侧设置钢筋混凝土防撞护栏，并对桥头两侧路面进行维修，改造后桥梁宽度为12米、桥面净宽11米。该项目于2020年3月15日开工建设，2020年9月30日建成通车。

（六）定陇公路转体3#桥危桥加固

定陇公路转体3#桥位于定陇公路上，中心桩号K44+550，是定西至陇西公路上的重要桥梁，其对定西和陇西两地经济发展起着至关重要的作用，该桥2002年6月开始施工，2003年7月完工。桥梁全长101.2米，主跨为1~70米的钢筋混凝土桁架拱桥，矢跨比1/6，采用转体施工法施工；下部结构桥台为重力式桥台，采用C15片石混凝土砌筑，原基础为两台扩大基础，后经改造为桩基础；拱脚基础采用钢筋混凝土桩式基础。该桥自2006年投入运营以来，交通量逐年增加。尤其是2008年以来，随着天定高速、兰渝铁路建设和祁连山集团漳县水泥厂的投产，重型自卸汽车急剧增加，致使该路线桥梁超负荷运营，造成沿线桥梁主要构件结构性破损，桥面板断裂、横梁、拱圈裂缝。以3号转体桥技术状况评定和结构检测结果来看，该路线主要桥梁已属于带病工作状态，严重影响桥梁的安全运营。

对拱肋上缘黏贴钢板加固、下缘黏贴钢箱加固；全桥斜撑节点处黏贴钢套箍加固；原拱肋连接系杆处及横系杆节点黏贴钢套箍加固；更换全桥桥面板、更换桥面铺装；全桥横梁黏贴碳纤维布加固；上弦杆黏贴钢板加固；更换伸缩缝；安装桥梁栏杆；对桥台护坡进行维修；对全桥进行预防性养护。加固后荷载等级为公路-Ⅱ级，加固后近几年技术状况等级稳定保持在2类。未发生明显病害，桥梁运营状况良好。

(七)沙沟 1 号桥危桥改造

大沙沟 1 号桥位于兰州市永登县境内，于 1985 年建成通车，为 G341 线跨越大沙沟而建。桥梁为 1~30m 钢筋混凝土双曲拱桥，全长 46m，下部结构为重力式桥台、扩大基础，桥面宽度：净 7m+2×0.5m。桥梁设计汽车荷载等级：汽-15，挂-80。近年来随着交通量增加，尤其是重型车辆较多，桥梁承载能力严重不足，长期超负荷运行，导致主拱圈拱脚处桥台开裂，拱上建筑及拱顶沉降变形，拱波渗水腐蚀严重等病害，存在严重的安全隐患。

于 2019 年进行改造，对旧桥进行拆除，在原桥位新建 3~20m 预应力砼小箱梁桥。桥长 66.08m，桥梁宽度：净 8.5+2×0.5m。桥墩采用双柱式圆形墩，桩基础；桥台为双柱式轻型桥台、扩大基础。桥梁改造后满足公路-Ⅰ级及过往车辆安全要求。

(八)乍岭沟桥危桥加固

乍岭沟桥位于 G310 线 K1411+573 处，为 1 跨 35 米钢架拱桥，重力式桥台，桥梁全长 58.58m，于 1996 年建成通车。危桥改造主要方案为对桥梁各构件裂缝、破损等常规病害进行修复，采用"增大截面"法加固拱座及拱肋弦杆、斜撑、拱腿、实腹段，更换桥面铺装及伸缩缝，将原没有防撞功能的混凝土栏杆扶手更换为 SB 级钢护栏等。主要工程量：拱肋、拱座钢筋混凝土增大截面 120.1m3，更换伸缩缝 7.9m，更换桥面铺装 70.9m3，更换钢护栏 118m 等。加固完成后承载能力恢复到原有水平，消除了危桥隐患，解除了 G310

线牛北路的交通限行措施，保障了国道主干线的畅通。

（九）云田大桥加固改造

云田大桥为 3~40 米钢筋混凝土刚架拱桥，桥梁全长 150 米，设计荷载汽－20、挂－100。该桥经过多年的运营，加之近年来车流量的增加，尤其超载车辆的增多，导致该桥病害日益严重，承载力明显下降。经检测，桥梁主要病害为：2~3# 纵梁在 2# 墩顶与斜撑连接部位发生全截面断裂；主拱梁湿接缝部位均出现不同程度的裂缝；微弯板不同程度出现钢筋锈胀、混凝土剥落和纵向裂缝；横系梁焊缝大多断裂，横向联系已失去作用；0 号桥台出现 3 道竖向裂缝。存在严重的安全隐患。加固改造中拆除上部构造及部分桥墩台混凝土，重新预制安装 3~41.6 米预应力钢筋混凝土 T 形梁，重新浇筑墩台帽混凝土及附属结构。

通过静载试验及动载试验证明，该桥维修加固后满足各项要求。同时该桥加固前荷载等级为汽－20、挂－100；技术状况等级为 4 类。加固后荷载等级为公路－Ⅱ级，加固后近几年技术状况等级稳定保持在 2 类，未发生明显病害，桥梁运营状况良好。

（十）鹰嘴桥钢波纹板加固

鹰嘴桥建成于 1998 年，桥梁上部结构为 1~6m 钢筋混凝土矩形板，下部为混凝土 U 形台身扩大基础。该桥主要病害：板底有 6 道纵向通缝，2 道横向裂缝；0、1# 台身均有 1 道横向通缝，3~4 道竖向裂缝，2018 年对裂缝进行了注胶封闭处治。侧墙纵横向裂缝严重，混凝土脱落，台帽开裂；桥梁部分板底泛碱、锈胀、碳化，混凝土脱落严重。主要对鹰嘴桥做钢波纹板内衬加固、护栏更换，以及对桥台及附属结构进行修复处理。

桥梁经过加固后，桥梁技术状况明显提升、桥梁荷载等级能够达到公路Ⅰ级的标准，经过对已加固桥梁的观测，未发现裂缝、单板受力等病害，达到预期加固效果。

鹰嘴桥

（十一）大河家黄河大桥危桥改造

大河家黄河大桥位于 G310 线 K1964+200 处，是为临大公路跨越黄河而设，是连接甘肃和青海两省的一座重要桥梁。旧桥位于大河家黄河大桥上游侧，桥梁全长 175.9m，设计荷载为汽-20、挂-100，桥面宽度为 9.5m，桥型结构为中跨带挂梁的预应力混凝土 T 形钢构桥。

因旧桥修建已近 30 年，设计荷载标准较低，且为宽路窄桥，随着社会经济的发展，交通量不断增大，重型车辆逐年增多，造成桥梁病害多发、结构受损，存在严重安全隐患。2017 年该桥被评为四类危桥，经申请交通运输部补助资金 1791 万元对大河家桥进行危桥改造工程，具体方案如下：在旧桥下游侧新建一座连续梁桥，桥梁全长 185.5m，设计洪水频率 1/100，设计荷载为公路-Ⅰ级，新旧桥梁净距离 1.5m，跨径组合为（45+90+45）m 三跨一联的预应力混凝土连续梁桥，桥宽 12m，两侧各设 1.5m 人行道，行车道净宽 9.0m，桥梁上部结构采用单箱单室变截面连续箱梁，基础采用钻孔灌注桩基础，下部结构为柱式桥台，墙式桥墩。该项目于 2018 年 5 月 15 日开工建设，2020 年 5 月 22 日建成通车。

大河家黄河大桥的建成使用，对于沟通甘肃、青海两省往来，改善黄河两岸群众安全便捷出行具有显著作用；对于提升路网通行能力，促进区域经济社会发展和文化交流具有重大意义。

第八章 公路突发灾害的预防治理

第一节 水毁的防治

公路在建成后正常运营使用过程中,必须采取行之有效的措施,防止洪水和流冰侵袭公路,造成公路构造物的破坏;防止路面积雪和积沙影响行车安全或阻碍交通。

防洪、防冰、防雪、防沙和防雾要坚持"预防为主,防治结合"的原则。根据当地的水文气候条件、季节特点、公路状况,结合当地具体情况,分析掌握路段、桥涵的抗灾能力,做出必要的预防措施和应急抢修技术方案。

重要工程和水毁、雪阻、沙阻多发路段,宜事先储备必要的材料和机械设备,一旦发生毁阻,应及时组织抢修,以保证公路正常通行。在抢修时,应尽量考虑抢修工程能在恢复工程时被充分利用。

公路水毁防治坚持"预防为主,防治结合"的原则,雨前抓预防、雨后抓防毁、雨后抓恢复。做到及时预防、积极抢修、彻底根治、逐步提高,从而增强公路本身的抗洪能力,以减轻暴雨、洪水对公路的破坏。在日常养护工作中,以疏导为主,及时消除堵塞物,不断完善排水系统,发现问题,立即消除,做到"堵小洞,防大害"。根据各地的气候特点和地理条件,结合不同的道路状况,制定具体的防治措施,吸取以往的经验教训,从检查水毁隐患入手,在思想上重视水毁,在行动上加强防毁。

一、水毁的预防

水毁是指暴雨、洪水对公路造成的各种损毁。水毁预防是在雨季和洪水来临之前为防止或减轻暴雨、洪水对公路的危害而进行的工作,其范围包括以下几个方面:

第一,防止漂浮物大量急剧地下冲;
第二,清疏各种排水系统;
第三,修理、加固和改善各类构造物;
第四,检修防洪设备,备足抢护的材料、工具及救生、照明和通信等设备。

对公路水毁要做到全面预防,重点治理。为此,每年汛期应进行必要的水文观测,掌握洪水的动态，并与当地气象、水文部门取得联系，及时收集水、雨情况预报资料，或向沿河居民进行调查，预先了解洪水强度、到达时间和变化情况，以判断对公路的危害性，及早采取措施；在汛前应进行一次预防水毁的技术检查，内容包括以下几个方面：

第一，检查桥梁墩台、调治构造物、涵洞、引道、护坡和挡土墙基础有无冲空或破坏；

第二，桥下有无杂物堆积淤塞河道，涵洞、透水路堤有无淤塞，以及河流上游堆积物、漂浮物的情况；

第三，河床冲刷情况和傍河路基急流冲刷处有无淘空或下沉；

第四，浸水路堤和陡边坡路段的路基有无松裂；

第五，边沟、盲沟、跌水等排水系统有无淤塞，路面、路肩横坡是否适当，路肩上的临时堆积物是否阻碍排水；

第六，沿路房屋的基础有无淘空，墙体有无破裂倾斜、剥落，屋顶有无流水。

查出的隐患，应在雨季、汛期之前治理完毕。

在洪水期，顺流急下的巨大漂浮物对下游的桥梁构成极大的威胁，因此首先要对桥梁上游沿河的根部被淘空的树木、竹林及洪水位以下的竹、木、柴、草和未系结牢固的竹、木排筏进行检查，做必要的处理。

漂流物较多的河流，为避免漂浮物撞击墩台，可在墩台前一定的距离处设置护墩体；其形式可根据水流的缓急、水位的高低、漂流物的多少、流量的大小等情况选择。一般有单桩、单排、束桩、双排、三角形等，材料有木、钢、石块、水泥混凝土等。

在漂流物未到达桥梁之前，应尽快打捞，一般可在桥梁上游河流转弯处将漂流物拉向河边，并用缆绳锚定。

在洪水期间，发现有整排木排或特大流冰冰块时，可在上游采取爆破打散。

空腹拱桥，特别是双曲拱桥的拱上立柱，经不起漂流物冲击，更应加强防患，确保桥梁安全。

各种构造物的基础如有淘空，应及时处置。当河床冲刷严重危及墩台基础时，除必要时在上游设置调治构造物外，还以可根据河床水位的高低，在枯水期铺砌单层、双层块（片）石护底，或采用沉排、沉石笼（可采用耐特龙塑料网石笼）、抛石块护基处理。

防止透水路堤淤塞是预防水毁的关键。如水流混浊，水中含有较多黏土颗粒时，应在上游设置过滤堰。

水流中夹有较多树叶、杂草或地势平坦，沟底土质松软时，可用小木桩环绕进水口边打入土中，柱顶要露出最高水面 20 cm 以上。木桩上用竹片或柳条编成弧形防护篱，以阻拦夹带物，并注意在洪水期间经常清除杂物。

水流中夹带沙质颗粒时，可在上游设置沉沙井积沙，每次洪水后清除积沙一次。渗水路堤如不能满足泄水需要时，应根据流量改建为涵洞。

二、水毁的抢修

在雨季和汛期，公路管理机构应组织人员对所辖公路进行昼夜巡视检查，对易毁的路段和构造物应设专门的抢护队伍守护，以便随时发现险情及时采取措施。当洪水对公路造成破坏时，应进行紧急抢护，并做到以下几个方面要求：

第一，保证重点，照顾全面；

第二，先干线，后支线；

第三，先修通，后恢复，抢修与恢复相结合；

第四，先路基、桥涵，后路面工程；

第五，干线公路应随毁随修，力争水退路通，待雨季过后再进行恢复；

第六，乡级公路应由沿线乡镇积极抢修，尽快恢复通车，公路管理部门给予适当经费补助和必要的技术指导。

（一）路基水毁抢修措施

对于因养护不够而发生的路基水毁，可以分析水毁原因，按照有关养护修理的要求进行修复。如路基发生坍陷，应迅速使用已经备好的土料进行修补，如路基行车部分已泥泞难行，应将稀泥挖出，撒铺沙粒料维持通车。

1. 对靠近河流、湖塘及洼地的路基

因洪水猛涨并不断冲刷路基，使路基发生塌陷时，可以根据具体情况，适当采用下面几种方法进行抢修：

第一，在受水冲刷的部分抛石块、沙袋、土袋等；

第二，洪水冲刷并有波浪冲向路基时，可在受水浪冲击的部分用绳索挂满芦苇编成的芦排或带树头的柳树，以防水浪冲打；

第三，如果路基边坡已大部分塌陷，可以在毁坏部分顺路方向每米打木桩一根，桩里面铺设秸料或树枝，并填土挡水，或用草袋装上沙石、黏土等材料填筑；

第四，当路堤有被洪水淹没的危险时，可在临河一面的路肩上，用草袋或黏土筑成土坡临时挡水。

2. 对于因漫水造成的路基水毁

可根据漫水的深度、路基宽窄、材料取运难易，采用下面几种方法进行抢修。

（1）填土赶水法

路基漫水长度不大，漫水深度在 0.3 m 以下时，可以直接从两头填土把水赶出，填土厚度要比现有水面再高出 0.3 ~ 0.5 m。填土后先将表层夯实维持通车，或填沙砾、碎砖、炉渣等矿料，提高路基以维持通车。

（2）打堤排水法

如路基漫水较长，漫水深度在 0.5 m 以下时，可在漫水路段的两侧路肩上，用草袋装土填起两道土堤，先把路基上面的水围起来，然后将土堤里面的水排除，露出原路面后有的可以直接维持通车，如土壤湿软时可以撒铺一层沙或碎砖、炉渣后再维持通车。

（3）打桩筑堤排水法

如果路基浸水深度在 1m 左右时，可采取打桩筑堤，每道堤必须先打两行木桩，间距和行距都是 1m 左右，木桩直径一般为 10～15 cm，打好木桩后，在桩里面铺秸料，然后在中间填土踏实，达到堤不漏水以后，再把围起来的水从路上排出，并在原路上铺一层沙料、碎砖等维持通车。

（二）桥涵等构造物水毁抢修

1. 汛期对抗洪能力不足的桥梁

应有专人负责查看，以便及时发现险情进行抢护，区分不同情况可采取下列措施：

第一，监视漂浮物在桥下通过的情况，必要时用竹竿、钩杆等引导其顺利通过桥孔，防止其聚集在桥墩附近。堵塞在桥下的漂浮物，必须随时移开或捞起。

第二，洪水时，如桥涵墩台、引道、护坡、锥坡或河床发生冲刷，危及整个构造物时，应采取抛块石、沉放沙袋或柴排等紧急措施进行抢护。但抛填不能过多，以免减少泄水面积而增大冲刷。抛填块石时，可沿临时设置的木槽滑下，以控制抛填位置。

第三，遇有特大洪水，采用抢护措施仍不能保全的重要桥梁，在紧急情况下，经上级主管部门批准，可用炸药炸开桥头引道，以增加泄水面积，保护主桥安全度汛。

2. 桥涵锥坡、路堤和导流坝等边坡被水浪冲击和水流冲刷时

应按不同情况，因地制宜采用下列防浪措施进行抢护：

第一，土袋、石袋防浪。用草袋装入沙石料、黏土等（每袋只装其容量的 2/3），铺置于迎水坡上，袋口向里互相叠压。

第二，芦排防浪。用芦苇编成芦排，铺置于迎水坡上，用竹条或绳索压住，并用小桩固定，用石袋压稳。

第三，草席防浪。用普通草席铺于边坡上，下端坠系沙石袋，上端用绳索固定在堤顶的木桩上。

第四，铅丝石笼防浪。用 8 号或 10 号铅丝编成铅丝笼，内装石块，置于迎水边坡上。

冲毁的路基、桥涵，需立即抢修便道便桥。便道便桥是维持通车的临时措施，能够保证在使用期间的行车安全即可。便桥可用打桩或石笼做桥墩，不宜过高，应尽量省工省钱，以免增加施工困难和拖延时间。

三、水毁的主要原因及治理对策

（一）沿河路基水毁的成因及治理

1. 沿河路基水毁的成因

沿河（溪）公路受洪水顶冲和淘刷，路基发生坍塌或缺断，影响行车安全，乃至中断交通，称为沿河路基水毁。它常发生在弯曲河岸和半填半挖路段，主要成因有下列几种：

第一，受洪水顶冲、淘刷的路段，路基缺少必要的防护构造物；

第二，路基防护构造物基础处理不当或埋置深度不足而破坏，引起路基水毁；

第三，半填半挖路基地面排水不良，路面、边沟严重渗水，路基下边坡坡面渗流普遍出露，局部管涌引起路基坍垮；

第四，风浪袭击路基边坡，边坡过量水蚀而坍垮。

2. 防治沿河路基水毁的措施

防治沿河路基水毁的措施，可以采用设置不漫水丁坝、漫水丁坝和浸水挡土墙等。

（二）桥梁水毁的成因及治理

1. 桥梁水毁的成因

桥梁受洪水冲击，墩台基础冲空危及安全或产生桥头引道缺、断，导致桥梁倒坍，称为桥梁水毁。其主要原因有下列两种：

第一，桥梁压缩河床，水流不顺，桥孔偏置时，缺少必要的水流调治构造物；

第二，基础埋置深度浅又无防护措施。

2. 防治桥梁水毁的措施

防治桥梁水毁的措施，可根据情况采取增建各种水流调治构造物和墩台基础防护构造物，具体如下：

（1）增建水流调治构造物防治桥梁水毁

①稳定、次稳定河段上桥梁水毁防治

稳定、次稳定河段上桥梁水毁防治措施，可根据调整桥下滩流、河床冲淤分布的实际需要及水流流向等情况分别加以选择。

正交桥位，两侧有滩且对称分布时，两侧桥头布置对称的曲线形导流堤。

正交桥位，两侧有滩但不对称分布时，两侧导流堤一般布置成口朝上游的喇叭形。大滩侧为曲线形导流堤，小滩侧为两端带曲线的直线形导流堤。

桥位在河流弯道上，凹岸布置直线形导流堤，凸岸布置曲线形导流堤。

桥位与河槽正交，一侧引道向上游与滩地斜交，另一侧引道与滩地正交时，斜交侧桥头布置梨形堤，引道上游侧设置短丁坝群。当水深小于 1m、流速小于 1m/s 时，可以边坡加固代替短丁坝群；正交侧桥头设置直线形导流堤。

桥位与河槽正交，一侧引道伸向下游与滩地斜交形成"水袋"，另一侧引道与滩地正交时，斜交侧桥头设置曲线形导流堤，引道上游进行边坡加固，并在适当位置设置小型排水构造物，以排除"水袋"积水；正交侧桥头设置直线形导流堤。若斜交侧滩地不宽，可设封闭导流堤消除"水袋"。

斜交桥位，两侧有滩地对称分布时，根据河槽流向，锐角侧设梨形堤，另一侧设两端带曲线的直线形导流堤。

②不稳定河段上桥梁水毁防治

在不稳定河段上桥梁水毁防治，可根据河岸条件、河床地貌及桥孔位置等情况分别采取下列措施：

桥梁位于出山口附近的喇叭形河段上，封闭地形良好，宜对称布置封闭式导流堤。

引道阻断支岔，上游可能形成"水袋"。为控制洪水摆动，防止支岔水流冲毁桥头引道，视单侧或双侧有岔及地形情况，可对称或不对称设置封闭式导流堤。

一河多桥时，为防止水流直冲两桥间引道路基，可结合水流和地形条件，在各桥间设置分水堤。

桥梁位于冲积漫流河段的扩散淤积区、一河多桥而流水沟槽又不明显时，宜设漫水隔坝，并加强桥间路堤防护。

③增建各种调治构造物具体布置与设计

参照现行《公路桥位勘测规程》有关章节的规定。

（2）增设冲刷防护构造物防治桥梁墩治水毁

桥梁墩台明挖（浅埋）基础，应根据跨径大小、桥位河段稳定类型，分别增建基础防护构造物。当河床较稳定、冲刷范围小时，宜采用立面防护措施；当河床稳定，冲刷范围较大时，宜采用平面防护措施。

四、公路、桥涵抗洪能力的评定

为了预测水毁的程度和分析水毁成因及制定治理对策，公路管理机构应组织力量，每5年对所辖公路、桥涵进行一次抗洪能力评定。如遇设计洪水及超设计洪水量，宜结合水毁调查当年进行一次抗洪能力评定。公路可根据水文、地质、路基、路面等条件基本类同的原则，划分成若干路段，按表8-1进行评定。桥涵以工程为单元，按表8-2进行评定。

第八章　公路突发灾害的预防治理

表 8-1　公路路段抗洪能力的评定标准

等级	评定标准	等级	评定标准
强	路基坚实、稳定，高度达到设计计算高程，路面为半刚性基层、高级路面； 边坡稳定、平顺无冲沟，坡度符合规定的高限值（缓），边坡有良好的防护加固； 边沟、截水沟、排水沟完善，纵坡适度，无淤塞，水流畅通，进出口良好； 支挡结构物布设合理、齐全，完整无损坏，泄水孔无堵塞； 防冲结构物布设合理、齐全，完整无损坏，基础冲刷符合设计。	弱	路基高程低于设计计算高程 0.5 m，高于次一技术等级的设计洪水高程，无明显沉降，路面为柔性基层、次高级路面； 边坡有冲沟或少量坍塌，坡度接近规定的低限值； 边沟、截水沟、排水沟有短缺，或淤塞量较大，或进出口有缺损，影响正常排水； 支挡结构物短缺，或损坏严重，但无倾斜、沉陷等变形； 防冲结构物短缺，或基础冲空面积达 10%~20%，或结构物局部断裂、沉陷，但无倾斜等变形。
可	路基坚实、稳定，高度低于设计计算高程不超过 0.5m，路面为半刚性基层、次高级路面； 边坡稳定、平顺无冲沟，坡度不低于规定的低限值（陡），边坡有必要的防护加固； 边沟、截水沟、排水沟完善，纵坡适度，有淤塞但易于清除，进出口良好； 支挡结构物布设合理，有缺损易于修理，泄水孔基本畅通； 防冲结构物重点布设合理，基础冲空面积不超过 10%，结构物无断裂、沉陷、倾斜等变形。	差	路基有明显沉陷，高度低于次一技术等级的设计洪水高程；路面为柔性基层、沙石路面； 边坡沟洼连片，局部坍塌，坡度陡于规定的低限值； 边沟、截水沟、排水沟应设而没有设； 支挡结构物应设而没有设，或结构物断裂、倾斜、局部坍塌； 防冲结构物应设而没有设，或基础冲空面 20% 以上，或结构物折裂、倾斜、局部坍塌。

表 8-2　桥涵抗洪能力评定标准

等级	评定标准	等级	评定标准
强	孔径大小：桥下实际过水面积满足设计排水面积，桥下净空高度、最小净跨符合规定； 孔、涵位置合适，水流调治构造物设置合理、齐全； 墩、台基础埋深足够，深基础的冲刷深度线在设计冲刷线以上，浅基础已做防护，防护周边的基础深度线在设计冲刷线以上； 墩、台无明显冲蚀、剥落。	弱	孔径大小：桥下实际过水面积小于设计排水面20%以内，上部结构底高程与设计水位相同，或净跨小于规定的10%~20%； 孔、涵位置偏置，水流调治构造物短缺，或调治构造物局部损坏，河床发生严重的不利变形； 深基础冲刷深度线在规定的基底最小埋深安全值的30%~60%内；浅基础防护周边冲刷深度线在规定的基底最小埋深安全值的30%~60%内，或防护体损坏明显； 墩、台冲蚀剥落露筋，面积超过10%，钢筋严重锈蚀。
可	孔径大小，桥下实际过水面积满足设计排水面积，上部结构底高程与设计计算水位相同，或净跨偏小但不超过规定值10%； 孔、涵位置略有偏置，设立了调治构造物，其基础冲刷深度线在基底最小埋深安全值的30%以内，或调治构造物有局部缺损，河床无大的不利变形； 深基础冲刷深度线在规定的基底最小埋深安全值30%以内，浅基础防护周边冲刷深度线在规定的基底最小埋深安全值30%以内，防护有局部缺损； 墩、台有冲蚀剥落，面积小于10%，深度小于2cm。	差	孔径大小：桥下实际过水面积小于设计排水面10%以上，上部结构底高程低于设计水位，或净跨小于规定值的20%以上； 孔、涵位置偏置，无必要的水流调治构造物； 深基础的冲刷深度线在规定的基底最小埋深安全值的60%以上；浅基础未做防护，冲空面积在20%以上； 墩、台冲蚀剥落严重，桩有缩颈，砌体松动脱落或变形。

第二节　冰害的防治

公路冰害应根据以往治理情况，做好现场调查，分析研究，制定预防或抢修措施，降低工程造价，提高治理效果，并对沿线冰害的预防和治理措施进行全面记录。在寒冷地区，河水冻结可对桥梁浅桩产生冻拔，使小桥涵形成冰塞引起构造物冻裂，解冻时大量流冰对桥梁墩台产生巨大冲击，以至形成冰坝威胁桥梁安全；在地下水或地表水漫溢到地面或冰面时，逐层冻结形成涎流冰。涎流冰覆盖道路，会造成行车道凸凹不平或形成冰块、冰槽等，严重影响行车的安全；若堵塞桥孔则会挤压上部结构导致损坏。

为防治桥基冻拔，可适当加大桩深。对于冻塞现象，除经常清除涵内冰冻外，必要时可适当加大孔径和涵底纵坡或在上游采用聚冰池或冰坝等构造物。

为避免气温突变解冻的流冰对桥梁墩台、桩的冲击，一般可在桥位上游设置破冰体，并在临时解冻前，在桥位下游对封冻冰面用人工或爆破方法开挖冰池及时疏导。冰池长度为河宽的1~2倍，宽为河宽的1/3~1/4，并不小于最大桥跨。

如水面宽度小于 30 m 时，冰池长度宜增加到水面宽的 5 倍，并在接近冰池下游开挖 0.5 m 宽的横向冰沟。在危急时，应在下游将冰块凿开逐一送入冰层下冲走，在上游将流冰人工撬开或用炸药炸开予以清除。

公路上的涎流冰面积一般有数百平方米到数千平方米，有的可达数万平方米，其厚度一般为数厘米到数米。涎流冰主要分布在我国东北大、小兴安岭和长白山地区及西藏、川西和西北地区海拔 2500~3000 m 以上的山地和高原上。

涎流冰可分为河谷涎流冰和山坡涎流冰，前者主要危害桥涵，后者主要危害公路路面。

一、河谷涎流冰防护方法

第一，桥梁上游如有大片地形低洼的荒地，可用土坝截流。

第二，河床纵坡不大的河流，可于入冬初，在桥下游筑土坝，使桥梁下游各约 50m 范围形成水池，水面结冰坚实后，在水池部位上游开挖人字形冰沟，以便于集中水源。同时挖开下游河床最深处的土坝，放尽池内存水，保持上下游进出口不被堵塞，使水从冰层下流动。

第三，于桥位上下游各 30~50 m 的水道中部顺流开挖冰沟，用树枝柴草覆盖，再加铺土或雪保温，并经常检修，保持冰沟不被冻塞，于解冻时拆除。

二、山坡涎流冰的主要防治措施

（一）聚冰沟与聚冰坑

聚冰沟多用于拦截冲积扇沟口处的泉水涎流冰和地势较缓的山坡涎流冰；聚冰坑多用于水量较小、边坡不高的堑坡涎流冰，用于积聚涎流冰使之不上路。

（二）挡冰墙

挡冰墙适用于涌水量不大的山坡涎流冰和挖方边坡涎流冰，用于阻挡和积聚涎流冰，防止其上路。

（三）挡冰堤

挡冰堤一般用浆砌片石、块石筑成，高度需根据冰量而定，一般为 60~120 cm，顶宽为 40~60 cm。基础埋置深度按土质、积冰量及当地冰冻深度等情况确定。当积水量较大时，可与聚冰坑配合使用。

挡冰堤适用于地势平坦、涌水量不大、有山坡涎流冰和径流量不大的小型沟谷涎流冰。修筑在路基外，山坡地下水露头的下侧或沟谷内桥涵的上游，用于阻挡涎流冰，减小其漫延的范围。

山坡上的涎流冰，可采用柴草、草皮或石砌的长堤予以拦截。在沟谷内一般采用干砌石堤，以利于秋夏排水。挡冰堤的长、宽、高和道数按当地的地形及涎流冰数量确定，基础埋置深度按当地土质和冰冻深度而定。

（四）设置地下排水设施

适用于一般寒冷和严寒地区，常用的有集水渗井、渗水池、排水暗管和盲沟等。必要时在出口处设置保温措施或出口集水井。

（五）涎流冰的清除

对流至路面的涎流冰要及时清除，撒布沙、炉渣、矿渣、石屑、碎石等防滑材料或氯化钙、氯化钠等盐类防冻剂，以防行车产生滑溜，并设置明显标志。当冰层在盐类物质和行车作用下变软时，应立即将冰层铲除，以防降温时重新冻结，并应重撒防滑材料。

第三节　雪害的防治

公路雪害有积雪和雪崩两种形式。积雪对公路的危害主要是影响行车安全，严重的则会阻断交通。较严重的积雪，在我国多发于东北地区、青藏高原及新疆等地。山上大量的积雪突然沿山坡或山沟崩落下来，就会发生雪崩，在我国新疆及西藏的山区多有发生。大量的雪崩不仅能掩埋路基、阻断交通，还能击毁路上的行车及建筑物。

对雪害的防治，应通过全面的调查研究，摸清雪害的成因与基本规律，了解现有防雪设施工作效果，保持防雪设施的完好，增添必要的防雪设施，减少雪害对公路及交通的危害程度。

一、公路风吹雪灾害的形成

公路积雪与地形、地物及路基横断面形式，以及路基和风向夹角有关，见表8-3所列。

表 8-3　积雪与地形、地物、路基横断面关系

积雪因素	地形、地物及路基横断面形式	积雪情况
地形	平原	不易积雪
地形	山地丘陵	路基位于山脊背风侧易积雪； 路基下风侧有突出障碍物易积雪； 路基位于坡面整齐的迎风地中的上部路线易积雪； 位于背风或迎风坡的坡脚、地形有明显凹坡的路线易积雪； 路基上、下风侧有导致积雪的凸出山嘴或土坎时易积雪； 圆心位于山内侧的弯道上，当风向与路线大致平行时，弯道后半部积雪严重，当路线绕过小山嘴或低而平缓的山坡时，积雪更为严重； 圆心位于山外侧的弯道上，特别是当公路绕进较深的山凹时，会产生严重的积雪
地形	沟谷地区	除风向与沟谷方向一致者外，一般不会产生积雪
地形	森林	不发生风吹雪现象
地形	建筑物稠密区	不发生风吹雪现象
地形	灌木丛、草墩、小土丘	易形成路基积雪
地形	草地	不产生积雪现象
路基横断面形式	路堤	当路线与风向斜交或正交时，路基积雪与路堤高度及边坡坡度有关： 边坡缓于 1∶4 时，不易积雪； 路堤高度大于 1m 时，不易积雪
路基横断面形式	路堑	当风向与路线正交或斜交时，一般都会形成积雪； 路堑深度大于 6m 时，可减轻积雪现象； 深度较小的浅路堑，如采用敞开式横断面，可以防止积雪
路基与风向夹角	小于 30°	不易积雪
路基与风向夹角	垂直或接近垂直	易积雪

二、风雪流的防护

（一）风雪流的防护措施

第一，设置阻雪设施，使风雪流通过路基时无大量雪的沉积。

第二，设置下导风板，以加大路基附近的贴地面风速，使风雪流通过路基时不沉积并吹走路基上疏松的积雪。

第三，路线通过迎风或背风山坡的坡角处和距离坡度转折点 5～10m 处最易积雪。开阔地区低于该地平均积雪深度或草丛深度以上 0.6m 的路堤和深度小于 6m 的路堑也易

积雪。在有条件的地方，可采取局部改线或提高路基高程的办法解决，否则，应根据实际情况增设相应的防雪措施。

第四，受风雪流影响的公路，路基边坡和路肩交接处应建成和保持流线型，清除公路两侧影响风雪流顺畅通过的建筑物、草木和堆积物，公路养护材料应堆积在路外的备料台上，堆放高度不得高于路基的设计高程。

受风雪流影响的路段，在路旁一定范围内不得植树。高速公路和一级公路的分隔带不得栽植和设置有碍风雪流通过的树木及构造物。防雪林带也应按规定的位置种植。

第五，在风雪流影响能见度的路段，为保障行车安全，应在公路一侧设置标注或导向桩。设置间距在直线段一般为30~50m，弯道上可适当加密，在窄路、窄桥处应在两侧同时设置标注。

第六，在冬季风吹雪次数频繁的平原和微丘荒野地区，可沿公路另建一条平行的辅道。开始降雪时，立即封闭主线，开放辅线，主线上的雪被清除后，开放主线交通，同时清除辅线的积雪，以备下次降雪时使用。平时应对辅道予以必要的维修和养护，保持其良好的状况。

第七，防雪林带是防治风雪流的重要措施。其他防雪工程是配合防雪林带的辅助措施，防雪林带的树种可以选用下列树种：

①乔木，如白榆、白杨、沙枣和白蜡等；
②灌木，如沙拐枣、花棒、梭梭和柠条等；
③草，如芨芨草、苜蓿和扫帚苗等。

防雪林带应指定专人养护管理，保证林木的成活和正常生长。

（二）防风雪设施的设置及养护要点

防风雪流设施包括下导风板、屋槽式导风板、防雪墙、阻雪堤和防雪栅栏等，其设置和养护要点如下：

1. 下导风板

设在公路的上风侧路基边缘，先埋设立柱，在立柱上部钉以木板或涂以沥青的铁丝网，使风雪流被阻挡，集中加速在下部缺口处通过，并吹走路上疏松的积雪。设置时应符合下列要求：

①控制板面的透风度。风速较大时，不大于35%；风速较小时，不大于25%。
②下口高度，背风时为1.0~2.2m；迎风时，为1.0~1.8m。总高度不宜小于3m。
③两种风向交替作用的地方，可在路基两侧都设下导风板，组成双向导风板系统。
④雪季终止后，应对设施进行检修。活动式下导风板应在拆除后妥善保管，以备下次雪季用。

2. 屋槽式导风板

适宜于山区背风山坡路段设置。雪季应进行维修，以保持结构完好。板面坡度与山坡自然坡度一致，并具有原设计的足够长度。

3. 防雪墙

防雪墙是设在公路上风侧的阻雪设施，可用木、石、土、树枝或雪块等筑成。设置时应符合下列要求。

①保持其高度不小于1.6m，与路基边缘的距离为其高度的10倍左右。

②迎风面尽量保持直立的形状，走向与风向垂直。雪量较大时，可平行设置多道防雪墙。如不符合上述要求，应在雪季前调整、补修。

4. 防雪堤

防雪堤设在雪阻路段迎风口一侧，距离路基15～20m，高度不低于1.6m，边坡为1∶1，长度与雪阻路段同长。

5. 防雪栅

防雪栅的作用同防雪墙。一般用木材制成，有较大的透风度，设置时应符合下列要求：

①保持高度为2～3.5m，栅栏与地面保持50 cm的间距。

②迎风地形山坡坡度大于25°时，不宜设置防雪栅。

③保证其阻雪后雪堤的末端与路基的距离不小于5 m。

④防雪栅的透风度：风速较小、移雪量较多、场地宽广的地段，宜50%~60%；风速较大、移雪量较少，场地狭窄地段，宜20%～30%。

⑤活动式防雪栅被埋2/3～3/4时，应及时拔出重新在迎风侧的雪堆顶部安放。

三、雪崩的防治

（一）雪崩的防治原则

第一，路线（特别是盘山公路）多次通过同一雪崩地带时，应尽快将公路移出。

第二，对危害公路的雪崩生成区，应于雪季前后，对防雪崩工程措施，如水平台阶、积雪栅栏等进行维修，保护森林、植被，以充分发挥稳定积雪体的作用。

第三，对雪崩运动区，要保持工程措施（如土丘、楔、铅丝网和排桩等）的完好，以减缓和拦阻雪崩体的运动。

第四，对雪崩的运动区与堆积区，应保持使雪崩体从空中越过公路的工程措施（如防雪走廊）或将雪崩体引向预定的堆雪场地的导雪堤等的完好。

第五，在大的雪崩发生前，制造一些小规模的"人工雪崩"，化整为零，以减轻雪崩对公路的危害。

第六，各种防治雪崩的工程措施，都应注意保持原有植被和山体的稳定，避免造成人为的滑坡、泥石流与碎落坍方。

（二）防雪崩工程措施的设置及养护要点

1. 水平台阶

水平台阶是在公路侧面山坡上稳定积雪并阻拦短距离滑雪的工程设施。养护应符合下列要求：

①水平台阶养护时，要经常整修台阶平面和坡面，并种植草植树，保持其良好的稳雪能力；

②台阶平面宽度应保持在 2 m 左右。

2. 稳雪栅栏

稳雪栅栏是为防止山坡上积雪的蠕动沿等高线设置的防雪措施。

①露出地面部分的高度 H 应保持大于该处的积雪深度；

②栅板宽度与栅板间距均宜保持在 10 m 左右；

③立柱的间距在 2 m 左右；

④栅板宽度与坡面角度宜保持 105°，斜支柱与坡面角度宜保持 35°～40°之间，支撑点应位于立柱高的 2/3 处；

⑤最高的一排栅栏应尽可能接近雪崩的裂点及雪檐下方。

3. 导雪堤

导雪堤是为改变雪崩运动方向，使雪崩堆积到指定地点的防雪设施。导雪堤有土堤、浆砌石堤、铅丝笼石堤等结构形式，可根据当地沟槽坡度及施工条件选择使用。设置应符合下列要求：

①与雪崩运动方向的夹角宜小于 30°；

②堤体应及时进行维修，保持其原设计的抗冲击与摩阻力；

③导雪堤末端应保持有足够的堆雪场地，雪季前应进行检查并进行必要的清理。

4. 防雪走廊

防雪走廊是在公路上修筑的构造物。形式与明洞相似，能使雪崩雪从其顶上越过；也可防止风吹雪堆积。养护应符合下列要求：

①必须保持工程各部结构完好。

②防雪走廊与公路及内侧的山坡应紧密连接。如有空隙，可用土石分层回填并夯实。

③保持防雪走廊上部沟槽中设置的各种防治发生雪崩的辅助设施及山坡植被的完好。

④走廊的顶盖倾角应尽量与山坡坡度一致，两者之间的夹角一般不宜超过 15°。

5. 导雪槽

导雪槽是在公路上修筑的构造物，内侧与山坡紧密连接，外侧以柱支撑，可使雪崩雪从其顶上越过的工程设施。适用于防治靠近公路一侧上方的小雪崩。根据实际情况可做成临时性或永久性。设置和养护应符合下列要求：

①必须保持工程各部结构牢固完好；

②槽下净空应满足有关规定；

③导雪堤宜做成从内向外略倾斜。

6. 阻雪土丘

在雪崩运动区的沟槽内，用土堆筑而成，养护应符合下列要求：

①保持宽为 10～12 m、长为 15～20m，高于该沟最大雪崩峰面高度。有损坏或几何尺寸不足，应及时修补。

②修补时不得在土丘下部或两侧取土。

7. 楔

楔是在雪崩运动区下部和堆积区上部设置的楔状构造物群。其主要作用是分割、阻挡、滞留雪崩体。其高度应大于雪崩体峰面高度，可用木、石、水泥混凝土、金属等制成，养护应符合下列要求：

①保持构造物完好；

②保证其高度大于雪崩峰面高度，不足时应及时加固。

8. 铅丝网

铅丝网是设在沟槽雪崩运动区的狭窄通道内，阻止崩雪继续向下运动的设施。设置和养护应符合下列要求：

①铅丝网宽度与沟槽同宽，但不宜超过10cm，高度应大于雪崩峰面高度，支柱埋置深度不应小于 1 m；

②网眼铅丝不得小于 8 号，网孔不得小于 6cm，支柱宜用型钢；

③雪季后应及时检修。

9. 排桩

排桩的作用同铅丝网。设置在较大的沟槽雪崩支沟口处或规模不大的雪崩沟槽内。养护应符合下列要求：

①保持所有柱体完好；

②高度应大于雪崩峰面高度。

（三）减缓或阻止雪崩体崩落的措施

在雪崩体崩落前，可采取以下措施减缓或阻止其发生崩落：

第一，在雪崩生成区的积雪体上撒钠盐，促使雪崩融化后形成整体，增加雪体强度，减轻雪崩的危害。

第二，用炮轰或人工爆破以破坏雪檐、雪屋的稳定性；也可在雪崩体坡面从两端用拉紧的绳索将下部的积雪刮去，使其上部失去支撑，制造小规模的"人工雪崩"，以减轻雪崩的危害程度。

第三，阻止风雪流向雪崩生成区聚雪。

四、积雪路段雪害的防治

根据有关调查研究及现场观测资料的介绍，对公路积雪路段宜采取如下措施：

（一）放缓边坡

路堤边坡的坡度小于1∶4时，路堤及其边坡上一般不会产生积雪现象。因此，如果当地条件允许，可将低于1m的路堤边坡改建成1∶4。

（二）提高路基

在平原地区，当路线走向与主导风向垂直或接近垂直的路段，风雪流绕越1m高的路堤时则速度增加，雪粒不会落在路堤上。因此，对低于该地平均积雪深度或草丛深度为0.6m的路堤，应提高至1m以上。

（三）加深路堑或改线

路堑与风向垂直时，在浅于2m的路堑中将形成减速区，因而产生积雪现象。路堑越浅，积雪越快；但风雪流在深路堑中则产生回转气流使风速增加。所以，大于6m的路堑几乎不会出现积雪现象。对于2~6m深的路堑，虽然也能形成一定的回转气流，但速度增加不大，因而也会形成比较缓慢的积雪现象。因此，对浅于2m的路堑，应根据当地情况采取加深路堑或改线的办法，以消除或减轻积雪的产生。

五、除雪

（一）除雪方式

1. 人工除雪

如采用木制刮板、畜力拉刮板等方法进行除雪。

2. 机械除雪

如采用平地机、推土机、除雪机、汽车或拖拉机带扫雪机械等方法进行除雪。

（二）除雪方法

第一，每次除雪后都要及时清理有风雪流的路段，将雪抛弃到下风的路堤以外。

第二，在冬春降雪或下雨后，路面上有结冰现象时，应在桥面、陡坡、急弯、桥头引道、居民区和交岔道口处，首先撒铺一层沙、沙砾、石屑等防滑材料，以保证行车安全。

第三，如积雪很厚阻车时，为尽快恢复交通，应在路线中心清出一条车道，然后再继续清除路面两侧积雪。

(三) 除雪人员及其他人员安全

第一，在立交桥、上跨桥上作业人员，要注意防止落下冰雪伤害下面的行人，清理桥面积雪时如果下面有车辆和行人通过，要采取预防措施，不使冰柱或积雪落下。

第二，桥面结冰，往往会比道路其他部分早一些，如果使用警告标志，一定要使标志清晰。

第三，积雪融化后再度结冰，较原来降雪的危险性更大，因此应尽可能排除桥面积水，不使结冰。

第四，因冰雪造成的车辆事故可能会逐渐累积。因此，当一辆车阻碍道路交通时，应尽可能在远离事故地点，开始向驶近车辆的驾驶员发出警告。

第五，在路上除雪作业的养路工人及车辆，要注意自身安全，对前后车辆的驾驶员要发出适当警告，可设置闪光信号、布置信号旗手等来警示驾驶员，严防交通事故发生。

第六，除雪时要有出发和返回时间、人员、机械工作记录。如发现作业人员、机械没有按时返回，应及时派人寻找。

第四节　沙害的防治

在多风沙地区，沙害是公路的常见病害。其危害主要表现为风蚀和沙埋，其中尤以沙埋为主。治理风沙应贯彻以防为主，防治结合；因地制宜，因害设防；先治标，后治本，本标兼治的原则。

以工程措施防治沙害，能及时解决紧迫的路线通阻问题，是治标的措施。以植物措施防治沙害是治本的措施，但见效时间较长，一般应与治标措施结合进行。确定防治风沙的具体方案，应根据事先调查的流沙移动方式、方向、年移动距离、输沙量、沙丘形态、高度及风向、风速等，并在摸清其变化规律、综合分析的基础上，制订出防治风沙的最佳方案，以确保公路畅通。

一、风沙对公路的危害

(一) 路基风蚀

因表土被风侵蚀，会使路基变窄、变低，主要产生在凸起的迎风面部位，如路肩、边坡上部等。其对策是将路基表面进行封固，以抵抗风蚀。

（二）移动沙丘上路

沙丘在风力的反复作用下，以近似滚动的形式前进上路，形成堆状积沙。对移动的沙丘可采用"阻"的对策加以控制。

（三）路基流沙堆积

风沙流遇路堤、路堑、取土坑、废土坑、沙障及其他地形突然变化处，贴地表的沙流分离，产生涡流，局部风速降低，使沙粒沉积，在公路上形成舌状或片状积沙。这种情况，必须在清除一切障碍后，采用"输"或"导"的对策，适当使风速加大，以增加风沙流的输沙能力，使积沙顺利吹走。

二、防治沙害的措施

采用"固""输""导"等措施防治沙害，应根据当地情况，各有侧重、配合使用。

（一）固沙

1. 路基表面的固沙措施

为防止沙质路基遭风蚀，一般用柴草、土石或无机结合料（水泥土、石灰土及水玻璃加固土等）、有机结合料（石油沥青土、煤沥青土等）进行固沙防护，在沙砾卵石丰富的地段，可平铺砾卵石或堆砌卵石后填沙砾来防护。

2. 路旁沙丘的固沙措施

一是采用各种材料（柴草、土类和沙砾石等）作为覆盖物，将沙质表土与风的作用隔离；二是用柴草、黏土、树枝等材料设置成沙障，以减少地表风速，削弱风沙流活动能力，并阻挡部分外来流沙，可因地制宜，选用草方格沙障、黏土沙障、草把子沙障和树枝条高立式沙障等。

3. 植物固沙

植物固沙是防治沙害的根本措施，是在路基边坡及两侧沙地内种草育林，逐步控制以至消灭沙害。植物固沙应贯彻草、灌、乔相结合的原则，将沙固定并将风沙所夹带的流沙拦截下来，以达到最大的防风固沙效果。

①年降雨量在100mm以上的地区，可以先播种草籽，当草生长后种植灌木，再植乔木，为保证草木成长良好，宜适当进行人工灌溉。

②年降雨量低于100mm的地区，如地表水或地下水的水源充足，按优选的方法开渠引水，将沙地分割包围。选择适宜树种，沿渠营造乔、灌防风混合林。被分割包围的沙地可灌水播草，使之在几年内草茂林密。

③适合沙漠造林的树种主要有以下几种：

半灌木，如籽蒿、油蒿等；

灌木，如梭梭、花棒（小叶锦鸡儿）、柠条、沙拐枣、胡枝子、紫穗槐、黄柳、红柳等；

乔木，如樟子松、油松、小叶杨、小青杨、新疆杨、胡杨、沙枣和旱柳等。

④受风沙危害的路段进行生物固定的作用范围，其上风侧不小于500 m，下风侧不小于200m。在上述范围的四周应设立界桩，严禁采伐、放牧等一切有碍树木植被生长的活动。

⑤对风沙地区的原有植被，即使是稀疏矮小，也要严加保护，并进行必要的灌溉培育，播草种树，扩大植被面积。

（二）阻沙

阻沙是在适当位置设置若干沙障，以降低近地面的风速，减弱风沙流的作用，使沙粒沉积在一定的区域内，以防止或减轻其对公路的危害。经常采用的阻沙工程措施主要有以下几种：

1. 直立式防沙栅栏

用灌木枝条或玉米秆、高粱秆、芦苇等埋入沙内30～50 cm，外露1m以上；或者每隔2 m钉木桩或混凝土桩，将植物杆条编成1.5m×2m的篱笆，固定在桩上。紧密不透风的篱笆减低风速的有效距离为其高度的15～20倍。其迎风侧积沙宽度为篱高的2～3倍，背风侧积沙宽度为篱高的5倍左右。当篱笆的孔隙率为50%时，迎风侧积沙甚少，背风侧积沙宽度为篱高的12～14倍。因此，从防风阻沙的作用来看，直立式防沙栅栏以紧密结构为宜。

2. 挡沙墙（堤）

可利用就地沙土或沙砾修筑，一般高度为2～2.5m，用沙修筑的需用土或沙砾封固，堤两侧的边坡坡度为1∶1.5～2，其阻沙量V与墙高h及风向与路线的交角α的关系大致为：

$$V = 4.5h^2 \sin \alpha$$

阻沙设施也可采用栅栏和墙（堤）结合的形式，阻沙设施设置的道数及近路的一道与路基边缘的距离，应根据沙源数量、年风沙流量、风向与路线的交角等因素进行综合考虑。阻沙设施距路基边缘的最小距离一般不小于150 m，并设置在上风侧，多道设施的间距应不小于设施高度的15～20倍。

（三）输沙和导沙

输沙和导沙是借助人工构造物人为地改变地形，以加大地面风速，使路基两旁防护变成非堆积搬运地带，达到防沙的目的，主要措施如下：

1. 修筑路旁平整带

将路基两旁20～50 m范围内的一切突出物整平，并以固沙材料封固，有取土坑的，可以将坑做成弧形浅槽。

2. 下导风板

类似防雪栅栏，其板面宽度与下口间的高度以 1：0.7 为宜。适用于风向单一、沙丘分布稀疏、移动快的低矮的沙丘、沙垄等造成的局部严重沙害。其设置长度应超过沙害路段的长度，以免两端出现舌状积沙。

3. 在道路的迎风侧设置浅槽

借助于浅槽特有的气流升力以加大风速，浅槽采用固沙封底。一般适用于沙源不太丰富且起伏不大的流动沙地，若沙源丰富，还可以在输沙槽外缘加设风力堤。

4. 将路堤做成输沙断面

路堤高度低于 30 cm，边坡坡度为 1：3；路堤高度大于 500m，风向与路线呈锐角，边坡度为 1：6，成钝角，边坡度为 1：8，路肩边缘应做成流线型。

5. 路线与沙垄延长线锐角相交时

可在上风侧 30～40m 处设置大体与路线平行。尾部稍向外摆的沙障或导沙堤，将风沙流角度做微小的移动，以将风沙流导出路外。

6. 为减少积沙对公路的危害，也可在公路设计上采取一些措施

比如在经沙区最短的地方通过，在沙丘起伏不大的地段通过，路线走向宜与当地的主风向大致平行，尽量少用曲线，特别不宜用小半径曲线，必须设置时，只宜用在路堤地段，并将凸弧朝向主风向，采用适当高度的路堤等。

由于沙害情况比较复杂，各种工程设施如设置不当，容易造成更严重的沙害。因此，在设置新的防沙工程设施时，应先进行小规模的试验，并及时总结经验，逐步推广。

三、除沙

公路沙害防治，尽管采取了一些工程措施和生物措施，但是公路上的积沙现象仍会经常出现。因此，公路路面上和边沟里的积沙，应及时全部清除，并弃于路基下风侧 20 m 以外的地形开阔处摊撒平顺。

第九章 防洪与抢修

第一节 桥涵防洪、防寒、防凌

一、桥涵防洪

为保证洪水、流冰能正常通过桥涵，防止堵塞、淤积或河床冲刷，任何单位都不得在桥涵上、下游一定范围内（桥长 100 m 以上的大桥为 500 m，桥长 20～100 m 的中桥为 300 m，桥长 20 m 及以下的小桥位 200 m）拦河筑坝、围垦造田、采集沙石，以及修建其他工程设施，以保证铁路桥涵安全。

（一）疏通河道

对平时无水的河道，必须清理桥涵附近的淤土杂物和阻碍水流的杂草，清除上、下游至少各约 30 m 范围内的灌木丛，使洪水能正常通过。在春汛和每次洪水通过后，需及时组织人力将小桥下及涵洞内的淤积物清除。

（二）防止堵塞

对易被漂浮物、泥石等堵塞的涵洞，应在洞前设置栅栏或沉淀池并及时进行清除；对有流木、流石等通过的河流，应采取措施，加强管理，使其安全通过桥涵，防止堵塞桥孔或撞击桥墩。

（三）防止淤积

在山区铁路，线路依山傍水，小桥涵多放在沟口或临近沟口处，如上游汇水面积内地层不良、坡度陡，则山洪暴发或区域性暴雨和融雪时，会形成不同性质的泥石流通过桥涵。泥石流含有 10%~60% 的固体杂质，它的基本特征是突然短时的水流携带大量泥土、碎石或大块石、树枝或杂草从山谷中流出。由于泥石堵塞桥孔，形成水漫桥梁路基，将桥梁和路基冲毁。整治山区小桥涵的泥石流时，应根据实践经验，分别按不同情况，采用下列措施。

1. 水土保持

在山坡上种植成长快、防御力强的树木，并顺等高线挖掘鱼鳞坑，其作用在于拦蓄泥沙并起缓流作用，也能保证幼年树木的成长。当地面岩层风化或松散时，应扫山除石，刷方换土，及时勾缝支顶，保持山体稳定。用黏土或草皮覆盖表面或硬化覆盖层。流域面积很大时，可在山坡表面增设排水系统及时排除地面雨水。

水土保持是有效防止泥石流的措施，但工作量大、时间长。如需尽快保证铁路不受泥石流损坏，在进行上述工作的同时，还应采取其他防护措施。

2. 谷坊拦截

在上游沟谷适当的位置修建拦沙坝（谷坊）或拦石栅拦截沙石，即将水位分段抬高，使水流从坝顶漫过，而沙石在坝间沉积下来。这样可变泥石流的紊流为缓流，急剧消耗水流的能量，并连续改变河道的纵向坡度，形成跌水，只有冲积物溢出谷坊坝顶以后才能继续流动。谷坊就地取材，根据冲积物成分可采用柳囤、柳干单层编篱、柳干木笼、干砌片石、浆砌片石、混凝土或钢轨内填充石堆等建筑。

拦截沙石也可在上游山地流水洼处挖面积较大的水塘，或在山谷适当地方修建水库保持水土，使水流夹带的沙石在水塘或水库中沉积。

修建谷坊有工程量小、便于施工、收效快等优点，但寿命有一定限制，淤满后需另行采取措施。

3. 排泄

对河床已沉积的泥石等淤积物，可采用加大河床坡度、加大流速的方法将其向桥孔下游排泄，防止桥渡淤积。例如，采取在主游附近修建跌水坝，以提高水位、加大流速或加陡桥涵附近及下游的坡度等。

上述各种措施如配合进行，可以收到较好的效果。在修建谷坊坝或跌水坝时，两端应伸入河床（如 0.5~1m），并设防护（如三角形或圆锥形的砌石护体），坝下游应设有坚固的护体以防被洪水冲毁。

（四）预防冲刷

为防止小桥涵，特别是山区或山前区小桥涵上、下游附近河道被冲刷，保持桥涵墩（台）基础有足够的埋置深度，应根据当地条件进行防护。

1. 草皮护底

一般用平铺法。在河床坡度超过 7%~10% 时，应分段钉竹或木橛；坡度为 10%~15% 时，可适当加筑截水墙几道；坡度再大时可挖成阶梯形；筑砌跌水墙降低坡度后再铺草皮。

2. 柴排护底

桥梁一般用方格式柴排；涵渠用鱼鳞式柴排。

方格柴排由 2 层 10 ~ 13 cm 厚的树枝粗缆编成方格（约 1 m²），上、下方格间铺设厚为 25 ~ 30 cm 的树枝层，纵横缆交叉处用铁线捆紧并在该处树枝上钉上木桩，木桩突出的端部编成 15 cm 高篱格，当柴排浮运到要沉入的地方时，方格内填充石块。柴排厚度一般为 0.5 ~ 1m，平面尺寸在 50m×15 m 以内，石块填层厚度约为柴排厚度的 1/3。

3. 增设消能设备

山坡陡，冲刷较严重的小桥涵，可在上游附近设置缓流或者带阶梯的跌水槽等消能设备来减少桥涵下的河床冲刷。

4. 下游筑拦沙坝

桥下河道比降大，流速急或因下游在河内取沙，河床逐年下切（这对桥梁基础特别是浅基非常不利），当河宽不大时，为了稳定河床，一般可在桥梁下游适当位置修筑拦沙坝拦截泥沙，坝位及顶高可根据各桥具体情况确定，但需严格注意坝下及两端冲刷或潜流危及坝身安全。

5. 浆砌片石护底

浆砌片石护底是桥梁整孔防护最常用的一种。这类防护适用于山区及山前区漂石、卵石及沙质河床（或平原沙质河床集中冲刷不严重的河流），适用于枯水期水浅、梁跨较小、净空容许，或局部防护难以达到一般冲刷线者。当流速小于 7m/s 时宜采用浆砌片石护底，当流速大于 7m/s 时宜采用混凝土护底。浆砌片石护底不但适用于小桥，而且实践也证明其可广泛适用于大、中桥。

另外，在天然河床被下切成一般冲刷较大的河段上，或有潜流危害时，应增加垂裙深度及强度。在严寒地区还应考虑护底后冰冻的危害。在稳定河段上，为减少壅水，有利于农田排灌及含碱河流减轻沙浆腐蚀，可将护底做成凹槽。下游锥体护坡的垂裙应与浆砌片石底下游垂裙等强度，以防止水流突破较弱部分，导致整个防护体的破坏。

对冲刷不剧烈的河床也可用干砌片石做整孔防护。为了防止片石流失，可先砌方格的浆砌片石墙（在浆砌片石有冻结时可用石笼格），再在方格中干砌片石，或在上、下游隔一定距离打小木桩，也可用石笼整孔防护，也可用条石整孔防护或在上、下游做浆砌片石垂裙以石笼或干砌片石护底等。不过它们的抗冲能力均不及浆砌片石。

（五）河道裁弯取直

在平原地区曲折的河流上，为消除桥涵上游具有威胁性的河湾，可根据具体条件，做适当的裁弯取直。取直时新河道水流方向应与洪水流向一致，新河槽宽度可以做得比原主河槽小一些，而借洪水冲刷扩宽，但新河槽的深度不宜小于原主河槽的最大深度。新河槽与上、下游原河道衔接处应保持顺直。因为新、旧河道断面在初期相差较大，因此在入口处的旧河道上应修建漫水的拦河坝或过水的半坝来调节水流，使新河道逐渐冲刷扩大，而让旧河道逐渐淤积。为了迅速达到上述目的，往往还需在旧河道内设置一些临时透水拦水坝和种植防护林等。

二、桥涵防寒

寒冷地区为防止涵洞内发生冻结，在冬季应用挡雪板挡住小孔径涵洞的洞口。对基底在冻结线以上，翼墙后为渗水不良土壤，或有冻害的漏洞、墩（台）、翼墙等应及早进行整治，如加深基础至冻结线以下，桥台及翼墙后更换为透水性土壤并做排水盲沟，进行基底压浆等。在未彻底整治前，视不同情况，在冬季采用培土、培草、挂帘、临时抬高水位、填平冲刷坑等措施来进行整治。

三、桥涵防凌

（一）冰凌对桥涵的危害

在严寒冰冻地区，春融期间水位上涨有时会和大量流冰同时发生，流冰可撞坏墩（台），严重时会堵塞桥孔，甚至堆积成冰坝和冰桥，以致推走整个桥梁。有时冰层在骤冷情况下会开裂，如遇大风，冰层移动，也会挤歪桥墩。河流在结冰后，由于水流的影响或其他原因，冰层会发生爬动，当水位涨落时，冰面也能升降。这些对墩（台）都会产生破坏作用，特别是木墩（台）桥梁，甚至可把木桩拔出。所以在这些河流中除设破冰凌设施外，还应视冰凌情况采取对策。

（二）防凌的一般措施

1. 封冻时的防凌措施

木桥应在结冰期间，将木墩（台）、破冰凌设施以及在水库中墩（台）的周围（距最外一排木桩 0.2～0.3 m）凿成冰沟（0.5～1.0 m 宽），以防止冰凌拔起木桩或挤坏墩（台）。

2. 春融时的防凌措施

在冰层开始移动时，应将实体墩（台）、翼墙、堤坝的周围（宽约 0.5 m）以及木桥墩上游（约 50m）的一部分冰层破开，以免流冰撞击建筑物。

对有大量流冰的河流，应预先采取有效措施。例如，冰层很厚的河流，除按上述方法处理外，还应在桥梁上游不少于 50m、下游不少于 30m 范围内开凿多道纵横冰沟。流冰特别严重的河流，为保护木桥，应在上、下游各不少于 2 倍的河宽范围内将冰层凿成冰池（用手工或炸药爆破）。当有大量流冰形成冰坝或冰桥时，除在到达桥址以前投掷炸药包爆破外，还要使用迫击炮远程射击，必要时动用飞机侦察和轰炸冰坝。

四、上游水库安全

新中国成立以来，一方面，全国各地兴修水利，修建了大量的水库，不仅为农田水利化奠定了基础，也减轻了铁路防洪工作的负担。但另一方面，当遇较大洪水时有的水库可能容纳不下洪水量，以致水坝溃决危及铁路线路、桥涵建筑等物的安全。所以各工务段应与桥涵上游水库主动联系，取得当地政府和水利部门的协助和支持，检查了解沿线水库的标准和质量，对有问题的水库及时提出意见，请有关部门采取措施保证水库安全。洪水期要与水库管理单位取得密切联系，及时掌握上游水库情况，充分估计可能对线路及桥涵的影响，检算桥涵防洪能力，并对桥涵采取适当的加固和防护措施。

第二节 紧急抢修

工务部门在每年汛期来临前，应检查管内桥涵本身、现有导流建筑物及防护设备的完好状态，对查出的问题提出整改方案。除与洪水有关的一切工程应在汛期前完成外，还要做好抢险料具的储备和人员的组织培训，并与有关单位建立密切的联系。

一、桥梁抢修

1. 抬桥

山洪暴发或水库溃决，水位迅速上涨，以致水漫铁路、中断行车，当桥梁只是被水淹没，墩（台）、梁跨结构都未遭受破坏时，可采用抬高桥梁的方法以顺应抬道的要求。

抬桥方法有上抬法和下抬法。

（1）上抬法

上抬法就是保持原桥跨结构的高程不变，在原桥面上加一层或数层桥枕，以达到提高桥上线路高程的目的。其前提是，原桥跨结构必须能承受原有荷载及新增桥面荷载，而且水位尚未升至钢梁。

上抬法中，也可以采用在原桥上架设扣轨梁或钢梁的方法，称为桥上架桥。其适用范围同上。

（2）下抬法

下抬法就是在洪水未淹没梁底时，在钢梁与墩（台）之间加设临时支座抬高钢梁，以达到提高线路高程的目的。下抬法的优点是不阻水、施工简单、速度快。但需要千斤顶之类的施工机具，尤其是对自重较大的圬工梁，施工很困难。

当然也可根据实际情况采用上、下抬结合的方法。

当洪水已经淹没桥面时，大多采取桥上架桥的方法（水中抬桥），即在桥面上扣轨，将预先装钉好的桥面，运到桥上与桥头钢轨相接。

2. 漂浮物堵塞桥孔的应急处理

洪水期间随水冲下的漂浮物及流放的木排、竹排等会堵塞桥孔，冲击桥台，甚至因壅水而冲击梁部，推倒桥梁，必须立即设法清除漂浮物，以保桥梁安全。清除漂浮物时，应根据漂浮物的堵塞情况，采取相应的防护措施（见表9-1）。

表9-1 漂浮物堵塞的应急处理

项目	状态分类	抢护措施
防止漂浮物堵塞桥孔	上游冲来的柴草、树木、房屋木料	在桥孔上游用钩杆、长柄斧头等疏导、砍散，随时清除，不使其堆积
	流筏河流有木筏流下	距桥上游或适当处备船派人监视，拦截流下的木筏，用拖轮或人力加以控制或砍散
	钢梁阻水，防止钢梁被冲走，墩（台）被推移	在上游清除漂浮物
桥孔堵塞抢修	漂浮物或木排堵塞桥孔，若继续堵塞，情况紧急	利用桥上吊软梯或船只在外围用钩杆将木排推向未堵桥孔排送，陆续清除；岸边埋地垄，使用绞车将木排拖上河岸，河中木排用拖轮拖出，组织人力带好救生圈到木排上把木排砍散，单根流放排出，遇有钢绳时应用氧气切割机
涵渠堵塞抢修	漂浮物堵塞进口，壅水逐渐增高漫过线路	水中爆破，炸开通道

清除漂浮物时，还应注意壅水造成的水压增加，一旦冲开决口，因水流的冲击力很大，其他漂浮物会随着水流对桥跨产生更大危害。同时，要充分考虑清除漂浮物过程中的人身安全。在20世纪60年代，某大桥前木头堵塞桥孔，清除时曾因组织不当死亡10多人。

被流木堵塞和梁部受淹的桥梁，墩（台）基础冲刷必然加剧，必须设法立即进行基础和河床的探测，发现险情立即采取加固措施。

3. 防止桥梁被冲毁的应急措施

洪水迅猛上涨，流速很大，墩（台）基础遭受严重冲刷，必将导致墩倾梁翻，中断行车。为此，应在洪水期间，经常探明墩（台）基础冲刷情况，根据冲刷深度、桥面轨道变化、墩身晃动及基础埋置情况，结合原设计规定及所见迹象决定加固措施。同时也要考虑河流主流变迁情况和桥墩历史情况，采取应急措施，具体措施见表9-2。

表 9-2　防止桥梁被冲毁的应急措施

措施种类	适用范围	施工方法
投片石及石笼加固桥墩，防护	流速大于 3 m/s，采用直径 30 cm 以上的片石和石笼加固，对流速大、冲刷深的处所可在周围抛石笼、中间抛投片石填充	尽可能地使用船只在指定地点抛投，并尽量向上游抛，以借水力冲到适当位置。注意不能投得过高、过多，也可把片石车停在桥上向下抛投，最好采用石笼架抛投
干灰浆麻袋加固冲空基础	适用于洪峰过后的抢修，防止下次洪峰时再冲刷。洪水大、水深流急，潜水员作业困难，不宜采用	在基础冲空部分用装干灰沙的小麻袋填塞，每袋装 0.005 m³（灰沙比 1∶2～3），由潜水员慢慢塞入，小麻袋间用小扒锯钉连接，基底周围需投片石或石笼进行防护
木围堰浇筑水下混凝土加固冲空基础	桥墩基础冲空	用装土麻袋将桥墩周围填平，再打下木围堰，然后由潜水员用片石填满桥墩基础冲空部分，并埋好灌浆管，进行灌浆，围堰周围浇筑水下混凝土
抢修冲毁的护锥	桥头护锥被冲毁危及路基和桥台，必须及时加固	以片石或石碎袋投下做基础，再在基础上面砌土草袋，流速大时，改以石笼基础坠石、挂柳减缓附近水的流速，防止冲刷，打木桩防护，在桥头扣轨或吊轨以保行车安全

二、墩（台）倾斜下沉的抢修方法

桥梁墩（台）倾斜下沉一旦发生，要根据其倾斜、下沉程度以及发展速度，对其承载能力加以判断，然后采取相应措施（包括封锁线路），立即进行抢修。

首先应探明基础底部是否被冲空，如发现冲空，应先将冲空部分填实；如未被冲空，亦应在周围抛填片、石或堆砌石笼至一定高度，以增强墩（台）的稳定性。然后将梁顶起至规定高程，移正、垫实、接通线路。根据墩（台）损坏程度和抢修情况确定试车计划，可由轻到重、由慢到快，进行多次试车。对墩（台）的位移情况应进行详细的观测，并做好记录，进行分析确认安全后，才能正式开通线路，限速运行。运行过程中，应设专人负责监测，发现有变化时，立即分析研究，采取加固措施，确保行车安全。

三、便桥

洪水冲毁正桥，在短时间内修复比较困难时，往往在原桥位或下游修便线、便桥通车。

1. 便桥基础

便桥基础有多种形式，应根据河流、车速、荷载及当地供应材料的情况进行比较，如表 9-3 所述。

2. 便桥墩（台）

便桥墩（台）应根据现场实际情况，如洪水大小、地质条件、墩（台）高度、材料供应和争取抢修通车时间等条件决定。

3. 便桥桥跨

抢修使用的桥跨通常根据河流大小、防洪备用器材、原桥长度及墩（台）高度的不同而定，如表9-4所示。

表9-3 常用临时性基础比较

名称		适用范围	优点	缺点
卧木基础		跨度较小的旱桥；不考虑度洪的沙或卵石河滩的小引桥	结构简单，可应急使用	易受水流冲刷不能度洪
抛石基础		石料来源方便的地方	施工简单；沉陷量小	体积过大，妨碍流水
草袋基础		沙或卵石河床，无水或浅水地方	较抛石基础工作量少，施工方便	不易防火；沉陷量大；不能度洪
木笼基础		沙石河床、深浅水均可	结构较简单、坚固，可渡一般洪水；沉陷量小	暴露在河床上，不能度过大洪水
桩基础	木桩	河床松软，上述基础不能修建处；水深流急，河床冲刷较大；度洪或半永久性桥梁	阻水面小，抗冲刷，适于度洪；体积小，下沉极微	施工准备工作较复杂、费时
	钢轨桩	硬质河床做基础；加固残桩余的混凝土桩基础；做木桩的导桩	可穿过较硬的地基	施工准备工作较复杂、费时；与木墩（台）连接困难
简易混凝土基础		沙石河床的便桥基础	整体性好	施工复杂、费时

表9-4 抢修用梁比较

梁的名称		适用跨度	优点	缺点
无键木梁		1.0～7.0m，一般用于4m以下	加工容易、结构简单、架设方便	跨小，易燃、易腐，使用较少
扣轨梁		1.0～6.7m，一般用于5m以下	结构简单，架设组拼简单	跨小、用轨料多、挠度大
工字钢梁 双层	单层	6.4～12.7 m	结构简单、拼架方便	横向抵抗力较弱
		17.0～23.6m	适应跨度稍大	拼架不便，用钢料较费
空腹式工字钢梁		14.5 m	用料省、重量轻	只设计一种跨度，制造复杂
空腹式工字钢梁		21.0 m	支点高度小，用料省，重量较轻	只设计一种跨度
空腹式铁路焊接板梁		21.0m	重量较轻，省钢料，支点高度小	只设计一种跨度

续 表

梁的名称			适用跨度	优点	缺点
六四式铁路军用梁	单层		16～24 m	杆件互换性强，为多片结构。销接组装，可分片或整孔拼组、架设	挠度较大，组拼桥面较复杂
	双层		28～40 m		
	加强型	单层	16～30 m		
		双层	32～50 m		
拆装式桁架	普通桥梁钢		16～64 m	适合大跨度梁抢修，杆件本身互换性强，对跨度和建筑高度适应性强，也可做永久性结构	必须整孔架设，架梁设备较复杂，构件、配件，种类设多
	低合金钢	单层	12～52 m		
		双层	56～80 m		
99式日本军用梁	单层		8～17 m	组拼架设简便	配件多，互换性差，将逐渐淘汰
	双层		18.5～32 m		

除表中所述的几种临时便桥以外，还有一种较好的万能杆件拼装的临时便桥。其优点是结构简单、施工方便、利用率高、节省木材和劳力。

万能杆件又称拆装式杆件，是一种由定型的角钢、连接钢板（节点板）和螺栓所组成的钢构件。主要杆件的长度有 2m 及 4m 两种，根据需要可组拼各种形式的结构，可以多次使用，并有多种用途，故称万能杆件。此种杆件有 M 形和 N 形两种，N 形形式较新、规格较多、承载能力强，故目前使用较广泛。

万能杆件可根据需要拼装成膺架、塔架、脚手平台及施工便桥等，不管拼装形式如何，其基本形式均由桁架及墩架所构成。

用万能杆件拼装桁架时，桁高可为 2m、4m、6m 及以上。当高度为 2m 时，腹杆为三角形形式；高度为 4m 时，腹杆可做成菱形；高度超过 6m 时，可做成多斜杆的形式。

桁架之间的距离可为 0.28m、2m、4m、6m 及以上，为了适应对桁架承载能力的要求，可用变更组成杆件的零件数目、杆件的自由长度、桁架高度或桁架片数等方法调整。

用万能杆件拼制的墩架、柱的距离和桁架之间的距离可完全一样，柱高除柱头及柱脚各为 0.561 m 外，可按 2m 一节变更。

4. 便桥的架梁方法

便桥架梁方法的选择取决于抢险现场的实际情况、施工机具的拥有情况以及抢险人员的素质，可根据上述因素选择一种方法，也可几种方法综合使用，见表 9-5。

表 9-5　便桥架梁方法比较

架梁方法	适用范围	优缺点
钢轨滑架法	架设单片或成组的工字钢梁	方法简便，架设速度快，但不能整孔架设
脚手架横移换架法	换架钢梁	可缩短线路中断时间，但准备工作量大
脚手架纵移换架法	换架钢梁	不受桥高、水深限制，但准备工作量大
探臂架设法	架设单片或成组的工字钢梁	方法简便，但只适于轻便的短梁
独臂扒杆法	吊架坠落于河床钢梁，或在桥下组拼的钢梁，也可用来拆除被冲毁的钢梁	准备工作简便，但钢梁较重，河床有水或地质较软时，施工不便
天线法	可吊架工字钢梁或单片军用梁	不受桥高、水深影响，并可以吊立木排架墩（台），组拼军用桥墩，但因天线强度及挠度的限制，吊重不大
钓鱼法	在桥孔中不易搭支点时，架设较大跨度的抢修用梁	不受桥高、水深影响，技术性较高，起重设备较多
纵向拖拉法	架设多孔大跨度军用梁、折装式桁架	不受桥高、水深影响，技术性较高，起重设备较多
浮吊法	在水深、流速平缓的河流上架设单片或多片军用梁	吊船可预先组拼，但准备工作量大，起重设备多
浮架法	可架设各种整孔钢梁，多用于水深、流速平缓的河流上架梁	不受水深限制，但受风速、流速及桥高等影响，且设备较多，技术性较强，架设能力受浮船限制
浮拖法	可架设各种整孔钢梁，多用于水深、流速平缓的河流上架梁	不受水深限制，但受风速、流速及桥高等影响，且设备较多，技术性较强，架设能力受浮船限制
木扒杆吊车法	整孔架设 10m 以下的工字钢梁及其他短跨梁	结构简单，便于组拼，可预先组成备用，不受桥高、水深影响，操作简便，架梁速度快。但因受木材强度所限，吊重、吊距不大
简易架桥机	根据架桥机结构性能，可整孔或分片架梁	结构简单，利于简便辑材和军用梁组，不受桥高、水深影响，操作简便，架梁速度快。但设备较多，对桥头线路要求高

参考文献

[1] 裴畅茂编. 公路桥梁养护与维修 [M]. 北京：人民交通出版社，2019.

[2] 刘传宝. 公路桥梁与维修养护 [M]. 延吉：延边大学出版社，2019.

[3] 李涛，冯虎，王理民. 公路施工与养护管理基础工作研究 [M]. 长春：吉林科学技术出版社，2019.

[4] 马运朝. 道路桥梁养护决策与管理体系研究 [M]. 哈尔滨：黑龙江人民出版社，2019.

[5] 魏洋，端茂军，李国芬主编. 桥梁检测评定与加固技术 [M]. 人民交通出版社股份有限公司，2019.

[6] 晁海龙主编. 公路桥梁与维修养护 [M]. 天津：天津科学技术出版社，2018.

[7] 申强. 公路常用桥梁养护管理指南 [M]. 北京：人民交通出版社，2018.

[8] 王凯英，张振华，李惠霞，等主编. 公路养护与管理 [M]. 北京：机械工业出版社，2018.

[9] 樊永伟，屈大忠，胡海军主编. 公路工程与养护 [M]. 南昌：江西科学技术出版社，2018.

[10] 颜景波著. 道路施工技术研究 [M]. 天津：天津科学技术出版社，2018.

[11] 高峰. 公路施工组织实务 [M]. 北京：北京理工大学出版社，2018.

[12] 严战友，崔冬艳，夏勇编. 山区高速公路施工安全与管理 [M]. 成都：西南交通大学出版社，2018.

[13] 徐永峰主编. 道路与桥梁工程概论 [M]. 长春：吉林大学出版社，2018.

[14] 王友顺，刘冰峰，常柱刚编著. 道路桥梁与交通工程 [M]. 天津：天津科学技术出版社，2018.

[15] 修林岩，徐小娜，孙文杰编著. 公路工程与桥梁施工 [M]. 天津：天津科学技术出版社，2018.

[16] 杨金翠，陈春宇，王佳主编. 公路工程与桥梁隧道施工 [M]. 海口：南方出版社，2018.

[17] 王天彪，安国庆，王龙主编. 公路桥梁工程施工与管理 [M]. 哈尔滨：东北林业大

学出版社，2018.

[18] 黄关平著. 常规公路桥梁典型病害分析与养护对策 [M]. 杭州：浙江大学出版社，2017.

[19] 赵之仲，王琨主编；王宇驰，韩喜波，石祥玉副主编；刘桂强，苏芸华，王璐璐参编. 公路工程养护及改扩建施工技术 [M]. 徐州：中国矿业大学出版社，2017.

[20] 李瑜，王东，曹巍. 公路桥梁与维修养护 [M]. 昆明：云南科技出版社，2017.

[21] 吴留星，王卫，涂远明主编. 公路桥梁与维修养护 [M]. 北京：中国纺织出版社，2017.

[22] 占劲松，黄志刚. 公路桥梁检测与维修加固指南 [M]. 人民交通出版社股份有限公司，2017.

[23] 孙虎，杜祝遥. 国家示范性高等职业教育土建类"十三五"规划教材公路桥梁隧道养护技术 [M]. 武汉：华中科技大学出版社，2017.

[24] 张风亭，武春山主编. 公路工程养护技术 [M]. 北京：人民交通出版社，2017.

[25] 侯相琛，曹丽萍主编. 公路养护与管理：第 2 版 [M]. 人民交通出版社股份有限公司，2017.

[26] 张美娜主编；顾威，左志军副主编. 桥梁养护加固技术 [M]. 北京：北京师范大学出版社，2017.

[27] 雍黎明. 农村公路建设养护管理指南 [M]. 北京：人民交通出版社股份有限公司，2017.

[28] 徐杰，宋亮，王宁主编. 公路工程与技术创新 [M]. 长春：吉林人民出版社，2017.

[29] 杨守臻，刘华栋，张原主编. 道路桥梁与隧道工程 [M]. 天津：天津科学技术出版社，2017.

[30] 赵树青，王义国，樊兴华主编；邓小军，薛振华，赵巧明，高晶晶副主编；沈洪涛主审. 公路养护与管理 [M]. 武汉：华中科技大学出版社，2016.

[31] 范伟主编. 道路桥梁维修与加固 [M]. 徐州：中国矿业大学出版社，2016.

ISBN 978-7-5578-9404-7

定价：65.00元